陳攖寧 著
蒲團子 編

陳攖寧文集·三

楞嚴經講義
楞嚴經釋要
耳根圓通釋

心一堂

書名：**陳攖寧文集三** 楞嚴經講義、楞嚴經釋要、耳根圓通釋
作者：陳攖寧
編者：蒲團子
責任編輯：陳劍聰
出版：**心一堂有限公司**
通訊地址：香港九龍旺角彌敦道610號荷李活商業中心十八樓05-06室
深港讀者服務中心：深圳市羅湖區立新路六號羅湖商業大厦負一層008室
電話號碼：(852)90277110
網址：publish.sunyata.cc
電郵：sunyatabook@gmail.com
網店：http://book.sunyata.cc
淘寶店地址：https://shop210782774.taobao.com
微店地址：https://weidian.com/s/1212826297
臉書：https://www.facebook.com/sunyatabook
讀者論壇：http://bbs.sunyata.cc
版次：二〇二〇年七月初版
平裝
定價：港　幣　二百五十八元正
　　　人民幣　一百八十元正
　　　新臺幣　九百九十八元正
國際書號：ISBN 978-988-8583-43-0

香港發行：**香港聯合書刊物流有限公司**
地址：香港新界大埔汀麗路三十六號中華商務印刷大厦三樓
電話號碼：(852)2150-2100
傳真號碼：(852)2407-3062
電郵：info@suplogistics.com.hk

臺灣發行：**秀威資訊科技股份有限公司**
地址：臺灣臺北市內湖區瑞光路七十六巷六十五號一樓
電話號碼：+886-2-2796-3638
傳真號碼：+886-2-2796-1377
網絡書店：www.bodbooks.com.tw
臺灣秀威書店讀者服務中心
地址：臺灣臺北市中山區松江路二〇九號一樓
電話號碼：+886-2-2518-0207
傳真號碼：+886-2-2518-0778
網絡書店：www.govbooks.com.tw

中國大陸發行 零售：**深圳心一堂文化傳播有限公司**
地址：深圳羅湖區立新路六號羅湖商業大厦負一層008室
電話號碼：(86)0755-82224934

陳攖寧文集・三　目錄

仙學專著卷下

仙學專著卷

下

陳攖寧　著

楞嚴經講義

大佛頂首楞嚴經叙

陳攖寧頂批　刻版者不將作叙人姓名、時代列入，是何居心？余觀別本楞嚴，此叙有作者姓名。

首楞嚴經者，諸佛之慧命，衆生之達道，教綱之宏綱，禪門之要關也。世尊成道以來，五時設化，無非爲一大事因緣，求其揔攝化機，直指心體，發宣真勝義性，簡定真實圓通，使人轉物同如來，彈指超無學者，無尚楞嚴矣。釋其名，則「一切事究竟堅固」，即所謂「徹法底源，無動無壞，而如來密因、菩薩萬行，靡不資始乎此而歸極乎此耳」。

考其所詮，則談玄理以明真性，開圓行以示真修。其性也，體用雙彰；其修也，果因一契。原始要終，了義之說也。良由諸修行人，背真向妄，不成無上菩提；或愛念小乘，得少爲足；或欲漏不除，畜聞成過。故阿難以多聞邪染爲緣，浚發大教，而世尊首告之曰：「一切衆生，生死相續，皆由不知常住真心，性淨明體，用諸妄想。此想不真，故有輪轉。」又曰：「有三摩提，名大佛頂首楞嚴王，具足萬行，十方如來，一門超出妙莊嚴路。」斯一經理行之大本也歟。由是破七處攀緣，別二種根本，因見顯心，因心顯見。雖心見互顯，而正顯在心。如以盲人矚暗，喻見非眼；屈指飛光，驗見不動。印觀河之非變，比垂手之無遺。辨於八還，擇於諸物。非舒非縮，無是無非。使悟淨圓真心，妄爲色空及聞見耳。既悟妄爲，尚疑混濫，故又破自然因緣，示見見之非見，合別業同分，指見妄之所生。且以一人例多人，以一國例諸國，摠顯器果根身同一妄耳。自淺而深，自狹而廣，雖多方顯妄，而所顯惟真。故又舉陰入處界，廣及七大，融會入於如來藏性，使悟物我同根，是非一體，妄無自性，全體即真，凡十界依正之相皆循業發現而已。既悟即真，尚迷循發，故又答山河大地之難，深窮生起之由，譬虛空不拒諸相發揮，顯真妙覺明圓照法界，一多互應，小大相容，即體即用，非俗非真，至於離即離非，是即非即，則藏心妙性不涉名言矣。復引照鏡狂走，喻妄無因，結責多聞，勸修無漏。通而言之，皆圓理也。

理解雖圓，非行莫證。故又明二決定義。初審因地發心，伏斷無明爲修行之要；次審煩惱根本，意擇圓根爲發行之由。於是定六根優劣，令一門深入，擊鐘驗常，綰巾示結，陳二十五聖所證法門，敕選耳根，爲初心方便。而又教以攝心軌則，安立道場，遂聞四重律儀，頂光神咒。通而言之，皆圓行也。乃至由三增進成就五十五位真菩提路。雖談證位，未盡行因。下而戒業習於七趣情想，防禪定於五陰魔邪，無非行門之事。必期於圓滿菩提，歸無所得，始得名爲究竟堅固之證也。

然則依究竟堅固之理，立究竟堅固之行，修究竟堅固之行，證究竟堅固之理，楞嚴教旨大抵如是。是知教、行、理三，悉號「楞嚴」，了義之說，莫此加矣。科經者，合理行爲正宗。雖正宗爲五分，一見道，二修道，三證果，四結經，五助道。謂見道而後修道，修道而後證果，此常途之序固爾。究論上根修證，如發明藏性之後，謂不歷僧祇獲法身，請入華屋之前，謂疑惑消除，心悟實相之類，又豈局於常哉？

大哉教乎！夫欲發真歸元，明心見性者，於此宜盡心焉。

一名中印度那爛陀大道場經，於「灌頂部」錄出。別行「大唐神龍元年歲次乙巳五月己卯朔二十五日辛丑天竺沙門般剌密帝於廣州制止道場譯；烏萇國沙門彌伽釋迦譯語；菩薩戒弟子前正議大夫同中書門下平章事清河房融筆受」。陳攖寧

頂批　此三行由磧砂本錄出。

大佛頂無上如來密因成佛以此爲初因。陳攖寧頂批 如是不變，來是隨緣修證了義一切聖人皆依此而證果諸菩薩覺有情萬行首楞嚴經一切事究竟堅固卷第一

首楞嚴，即一經理行之本、聖凡依止之體也。以未明此體，一切事法，宛爾差殊，爲法所縛；得此體時，山河大地，明暗色空，聖凡染淨，一切事法，當處寂滅，即是常住心性，故云「一切事究竟堅固」。

唐天竺〔五印度〕沙門〔勤息〕般剌密諦 譯

烏萇國〔北天竺〕沙門彌迦釋迦 譯語

清河房融 筆受 明睢陵王應乾 參標

〔原頂批 序起。〕**如是我聞，一時，佛**〔覺〕**在室**〔豐德〕**羅**〔好道〕**筏**〔聞物〕**城，祇**〔祇陀〕**桓**〔林。祇陀林中〕**精舍**〔陳攖寧頂批 祇，梵語「祇陀」，華言「戰勝」，即波斯匿王太子名；桓，林也。祇陀太子與給孤長者布金建造精舍，請佛說法〕，**與大比丘眾**〔乞士、破惡、怖魔〕**千二百五十人**〔陳攖寧頂批 初度陳如五人；次度三迦葉弟兄兼徒一千；次度舍利弗、目犍連，各兼徒一百；次度耶舍長者等五十人。此皆常隨眾〕**俱，皆是無漏**〔不漏落二邊〕**大阿羅漢**〔應供。應受天人供養。陳攖寧頂批 須陀洹，入流；斯陀含，一來；阿那含，不還；阿羅漢，不生〕。**佛子住持**〔住於中道，任持不失，即無漏義〕，**善超諸有**〔不漏於有〕，**能於國土，成就威儀**〔不漏於空〕，**從佛輪轉**〔陳攖寧頂批 住持，住於中道，任持不失；無漏，不漏落於二邊也；輪轉，轉法輪也〕，**妙堪遺**

囑〔因其能不滯空有〕，嚴淨毗尼〔律法〕，弘〔弘揚〕範〔師範〕三界，應身〔應化之身，有感即應〕無量，度脱衆生，拔濟未來，越諸塵累〔繫縛〕。其名曰大智〔慧解過人〕舍利〔身子，母〕弗〔子。　陳攖寧頂批　舍利弗，舍利，此云「鶖」，弗即子，其母名「舍利」。以其眼黑白分明，轉動流利如之，故連母名〕、摩訶目犍連〔陳攖寧頂批　目犍連，姓也，此云「采菽氏」；　其名爲「拘律陀」，此云「無節樹」〕、摩訶拘絺〔音「癡」〕羅〔陳攖寧頂批　摩訶拘絺羅，此云「大膝」〕、富樓那〔父（滿）〕彌多羅尼〔母（慈）〕子、須〔空生〕菩〔善吉〕提、優波尼〔近少〕沙陀〔塵性空〕等，而爲上首。

復有無量辟支〔獨覺〕無學〔緣覺。　陳攖寧頂批　辟支，具云「辟支迦羅」，此云「緣覺」，以觀十二因緣而覺悟故。出有佛世即緣覺，出無佛世即獨覺；　無學，第四果羅漢位〕，並其初心，同來佛所。屬〔值〕諸比丘休夏自恣〔陳攖寧頂批　休夏，一夏九旬安居，七月十五日乃夏安居之終了日；　自恣，自過不知，一任僧舉，律開三日，七月十四、十五、十六也〕，十方菩薩〔陳攖寧頂批　菩薩，具名「菩提薩埵」，譯爲「覺有情」。又「薩埵」，勇猛之義。勇猛求菩提，故云〕，諮決心疑，欽〔恭敬〕奉〔承受〕慈〔恩〕嚴〔威〕，將求密義。即時如來敷坐〔展開坐具〕宴安，爲諸會中，宣示深奥。法筵清衆〔清淨梵行〕，得未曾有。迦陵〔仙禽。　陳攖寧頂批　迦陵頻伽〕仙音，遍十方界。恒沙菩薩，來聚道場，文殊〔妙吉祥。　文殊，此云「妙德表根本智」〕師利而爲上首。

時波斯匿王〔即舍衛國王。　陳攖寧頂批　波斯匿，此云「勝軍，舍衛國王」〕，爲其父王諱日〔忌日〕營齋，請佛宮掖〔内庭〕，自迎如來〔陳攖寧頂批　如來，乘真如之道，由因來果而成正覺，是真身如來也。又乘真如之道而來三界乘化，亦曰「如來」，是應身如來也。法性之理體，平等不二，謂之「如」；彼此諸法皆如，謂之「如如」〕，廣設珍羞無上妙味，兼復親延諸大菩薩。城中復有長者〔陳攖寧頂批　長者，德財俱備之稱〕居士，同時飯僧，佇〔待〕佛來應。佛敕文殊，分領菩薩及阿羅漢，應諸齋王。唯有阿難〔慶喜〕先受別請，遠遊未還，不遑〔及〕僧次〔陳攖寧頂批　僧次，謂次第差僧受請〕。既無上座〔即上首〕，及阿闍梨〔軌範師〕，途中獨歸。其日無供。即時，阿難執持應器〔陳攖寧頂批　應器，鉢多羅，戒僧盛食之器〕，於所遊城，次第循乞，心中初求最後檀越〔施主。陳攖寧頂批　最後檀越，謂尚未飯僧者〕，以爲齋主。無問淨穢、剎利〔國王種族〕尊姓及旃陀羅〔屠膾婬酒家。陳攖寧頂批　旃陀羅，此云「殺者」，即屠膾也〕，方行等慈，不擇微賤，發意圓成一切眾生無量功德。

阿難已知如來世尊訶須菩提及大迦葉，爲阿羅漢心不均平，欽仰如來，開闡無遮，度諸疑謗。〔原頂批　如來訶之，欲令其心無遮限，息不均之疑謗，故曰「開闡無遮，度諸疑謗」。陳攖寧頂批　須菩提，捨貧乞富，爲富者易施；大迦葉，捨富乞貧，爲貧植因。如來訶之，欲其心無遮限，而息不均平之疑謗。〕經彼城隍〔無水地〕，徐步郭門，嚴整威儀，肅恭齋法。

爾時，阿難因乞食次，經歷婬室，遭大幻術。摩登伽〔婬女名〕女以娑毗迦羅〔黃髮外道〕先梵天咒〔幻咒名〕攝入婬席，婬躬撫摩，將毀戒體。如來知彼婬術所加，齋畢旋歸。王及大臣、長者居士俱來隨佛，願聞法要。於時，世尊頂放百寶無畏光明，光中生出千葉寶蓮，有佛化身，結跏趺坐，宣說神咒，敕文殊師利將咒往護。惡咒銷滅，提獎阿難及摩登伽歸來佛所。

〔原頂批　正宗文分五。　陳攖寧頂批　一見道分；　二修道分；　三證果分；　四結經分；　五助道分。〕阿難見佛，頂禮悲泣，恨無始來，一向多聞，未全道力，殷勤啟請十方如來得成菩提〔問如來密因，即自性首楞嚴也〕妙奢摩它〔止，寂〕、三摩〔觀，照〕、禪那〔靜慮，寂照不二。　陳攖寧頂批　奢摩他，止、空、不變；　三摩，觀、幻有、隨緣；　禪那，即空、即假、即中〕最初方便〔法界性中，尚絕修證，何假密因？　今云「得成菩提」，明自性，皆方便耳〕。〔原頂批　一見道分。〕於時復有恒沙菩薩及諸十方大阿羅漢、辟支佛等，俱願樂聞，退坐默然，承受聖旨。〔陳攖寧頂批　錄圓覺經：　奢摩他、三摩、禪那，合爲三觀。修得奢摩它成，即能斷煩惱障，證生空理，入信心住；　修得三摩觀成，即伏我法二執，證相似覺，入三賢四加行位；　修得禪那觀成，即斷無明，證隨分覺。以上三種觀行，皆是親近隨順之方便，所謂因地法行也。〕

佛告阿難：「汝我同氣〔共宗族〕，情均天倫〔兄弟行〕，當初發心，於我法中，見何勝相，頓捨世間深重恩愛？」〔原頂批　阿難首問三觀，如來不答，而詰問發心出家之由，先討他病根所在，然後對症施藥。〕阿難白佛：「我見如來三十二相，勝妙殊絕，形體映徹，猶如瑠璃。常自思惟，此相非是欲愛所生。何以故？　欲氣麤濁，腥臊交遘，膿血雜亂，不能發生勝淨妙明紫金光聚，是以渴仰，從佛剃落。」〔陳攖寧頂批　三十二相：一，足定平；二，千輻輪；三，手指纖長；四，手足柔軟；五，手足縵網；六，足跟滿足；七，足跟高好；八，腨如鹿王；九，手過膝；十，馬陰藏；十一，身縱廣；十二，毛孔生青色；十三，身毛上靡；十四，身金色；十五，身光面各一丈；十六，皮膚細滑；十七，七處平滿；十八，兩腋滿；十九，身如師子；二十，身端嚴；二十一，肩圓滿；二十二，四十齒；二十三，齒白齊密；二十四，四牙白淨；二十五，頰車如師子；二十六，咽中津液得上味；二十七，廣長舌；二十八，梵音深遠；二十九，色如金精；三十，眼睫如牛王；三十一，眉間白毫；三十二，頂上肉髻。〕

佛言：「善哉！阿難，汝等當知，一切眾生，從無始來，生死相續，皆不知常〔不變〕住〔不動〕真〔非幻妄〕心、性淨〔不染污〕明〔不昏〕體，用諸妄想。此想不真，故有輪轉〔流入無明〕。汝今欲研無上菩提〔覺道〕，真發明性〔陳攖寧頂批　真發明性，不爲世間法所擾，了悟真理者，即發明性，乃對無明性而言〕，應當直心詶我所問。十方如來，同一道故，出離生死，皆以直心。心言直故，如是乃至終始地位，中間永無諸委曲相。阿難，我今問汝，當汝發心，緣於如來三十二相，將何所見〔目〕？誰爲愛樂〔心〕？」阿難白佛言：「世尊，如是愛樂，用我心目，由目觀見如來勝相，心生愛樂，故我發心，願捨生死。」〔原頂批　阿難見如來勝相，心生愛樂，此便是病根所在。「心」「目」二字，是通部血脈。陳攖寧頂批　目即眼根，心即意識。根識虛妄，猶如空華。既執有體，能見能樂，即是不知真而用妄想。〕

佛告阿難：「如汝所說，真所愛樂，因於心目。若不識心目所在，則不能得降伏塵勞。譬如國王爲賊所侵，發兵討除，是兵要當知賊所在。使汝流轉，心目爲咎。吾今問汝，唯心與目，今何所在？」〔原頂批　一徵心不在身内。〕阿難白佛言：「世尊，一切世間〔情世間、器世間〕，十種異生〔陳攖寧頂批　十種異生，本經卷七有十二類生，卵生、胎生、濕生、化生等等。十二類生，卵、胎、濕、化、有色、無色、有想、無想、若非有色、非無色、非有想、非無想。除去無色之空散銷沉及無想之土木金石，則止有十種〕，同將識心〔意識〕，居在身内。縱觀如來青蓮華〔即優鉢羅，其葉青白分明〕眼，亦在佛面。我今觀此浮根四塵〔陳攖寧頂批　浮根四塵，詳見本經卷四後段。浮根，又名「扶塵根」。眼如葡萄，耳如卷葉，爲外形者，曰「浮根」。浮塵，一切有爲法，浮而不實，塵翳真性，曰「浮塵」〕，只在我面。如是識心，實居身内。」

佛告阿難：「汝今現坐如來講堂，觀祇陀林，今何所在？」「世尊，此大重閣清淨講堂，在給孤園〔陳攖寧頂批　「給孤獨」，乃舍衛城長者之號，長者欲買地供養佛，祇陀太子戲謂以金布地則賣之。長者如命，祇陀太子遂施其林木以供佛。二人並舉，則稱「祇樹給孤獨園」〕。今祇陀林，實在堂外。」

「阿難，汝今堂中，先何所見？」「世尊，我在堂中，先見如來，次觀大眾。如是外望，方矚林園。」

「阿難，汝矚林園，因何有見？」「世尊，此大講堂，户牖開豁，故我在堂，得遠瞻見。」

爾時，世尊在大眾中，舒金色臂摩阿難頂〔上愛下之表情〕，告示阿難及諸大眾：「有三摩提〔亦云「三摩地」，亦云「三昧」，正定也〕，名大佛頂首楞嚴王，具足萬行，十方如來，一門超出，妙莊嚴路。汝今諦聽。」阿難頂禮，伏受慈旨。

佛告阿難：「如汝所言，身在講堂，戶牖開豁，遠矚林園。亦有眾生在此堂中，不見如來見堂外者。」〔原頂批　身在堂中，未有不先見堂內而後見堂外者，則心在身中，豈有不先見身內而先見身外者？既不見身內，心非在內可知。〕阿難答言：「世尊，在堂不見如來，能見林泉，無有是處。」「阿難，汝亦如是。汝之心靈，一切明了，若汝現前所明了心實在身內，爾時先合了知內身。頗〔可〕有眾生先見身中，後觀外物，縱不能見心肝脾胃、爪生髮長、筋轉脈搖，誠合明了，如何不知？必不內知，云何知外？是故應知，汝言覺了能知之心，住在身內，無有是處。」〔原頂批　二徵心不在身外。〕阿難稽首而白佛言：「我聞如來如是法音，悟知我心實居身外。所以者何？譬如燈光，然於室中，是燈必能先照室內，從其室門，後及庭院。一切眾生，不見身中，獨見身外，亦如燈光居在室外，不能照室。是義必明，將無所惑。同佛了義，得無妄耶？」

佛告阿難：「是諸比丘，適來從我室羅筏城，循乞摶食，歸祇陀林，我已宿〔止〕齋，汝觀比丘，一人食時，諸人飽不？」〔原頂批　彼食不能飽此，不相干也。不相干則不相知。今眼見心便分別，相知也。相知豈不相干？既相干，豈得在外？〕阿難答言：「不也，世尊。何以故？是諸比丘，雖阿羅漢，軀命不同，云何一人能令眾飽？」

佛告阿難：「若汝覺了知見之心，實在身外，身心相外，自不相干。則心所知，身不能覺；覺在身際，心不能知。我今示汝兜羅綿手，汝眼見時，心分別不？」阿難答言：「如是，世尊。」佛告阿難：「若相知者，云何在外？是故應知，汝言覺了能知之心，住在身外，無有是處。」

〔原頂批　三徵心不在眼根。〕阿難白佛言：「世尊，如佛所言，不見內故，不居身內，身心相知，不相離故，不在身外。我今思惟，知在一處。」佛言：「處今何在？」阿難言：「此了知心，既不知內，而能見外。如我思忖，潛伏根裏，猶如有人，取瑠璃椀〔陳攖寧頂批　椀，他本作「盌」〕，合其兩眼。雖有物合，而不留礙。彼根隨見，隨即分別。然我覺了能知之心，不見內者，爲在根故。分明矚外無障礙者，潛根內故。」

佛告阿難：「如汝所言，潛根內者，猶如瑠璃，彼人當以瑠璃籠眼，當見山河，見瑠璃不？」「如是，世尊。是人當以瑠璃籠眼，實見瑠璃。」

佛告阿難：「汝心若同瑠璃合者，當見山河，何而不見眼？若見眼者，眼即同境，不得成隨。若不能見〔謂不能見眼〕，云何說言此了知心潛在根內如瑠璃合？〔原頂批　瑠璃合眼，必先見瑠璃。若心潛伏眼根裏，如瑠璃合，則心既見山河，亦當先見眼。若見眼，則眼同境不成隨；若不見眼，則心非在根裏矣。〕是故應知，汝言覺了能知之心，潛伏根裏，如瑠璃合，無有是處。」

〔原頂批　四徵心非兩在。〕阿難白佛言：「世尊，我今又作如是思惟，是衆生身，腑藏在中，竅〔七竅〕穴居外，有藏則暗，有竅則明。〔陳攖寧頂批　此復計心在內，故以見暗爲見腑藏。〕今我對佛，開眼見明，名爲見外；閉眼見暗，名爲見內。是義云何？」佛告阿難：「汝當閉眼見暗之時，此暗境界，爲與眼對，爲不對眼？〔原頂批　見明爲外，義可無辨，故單辨「見暗爲見內」句。〕若與眼對，暗在眼前，云何成內？若成內者，居暗室中，無日月燈，此室暗中，皆汝焦腑。若不對者，云何成見？〔未有境不對眼而稱見物者。既不成見，云何成內？〕若離外見，內對所成，合眼見暗，名爲身中，開眼見明，何不見面？〔眼前之境名外見，身內之境名內對。假使說不是由內向外看，是由外向內看。〕若不見面，內對不成。〔原頂批　反覆辨明眼無反觀理也。〕見面若成，此了知心，及與眼根，乃在虛空，何成在內？若在虛空，自非汝體。即應如來今見汝面，亦是汝身。汝眼已知，身合非覺，必汝執言，身眼兩覺，應有二知，即汝一身，應成兩佛。是故應知，汝言見暗名見內者，無有是處。」

〔原頂批　五徵心非隨合。〕阿難言：「我常聞佛開示四衆〔陳攖寧頂批　四衆，發起衆、當機衆、響應衆、結緣衆；比丘、比丘尼、優婆塞、優婆夷；常隨衆、影響衆、隨緣衆、發起衆〕，由心生故，種種法生〔境從心起〕，由法生故，種種心生〔心逐境遷〕。〔陳攖寧頂批　一切相皆是色法，能分別者即是心法。〕我今思惟，即思惟體實我心性。隨所合處，心則隨有，亦非內、外、中間三處。」佛告阿難：「汝今說言，由法生故，種種心生，隨所合處，心隨有者，是心無體則無所合。〔原頂批　詳明思惟無心體。〕若無有體而能合者，則十九界因七塵合〔陳攖寧頂批　十九界七塵，無此理也，在佛法中只有十八界六塵〕，是義不然。若有體者，如汝以手自挃其體，汝所知心，爲復內出，爲從外入。若復內出，還見身中；若從外來，先合見面。」〔陳攖寧頂批　大涅槃經卷三十六第五葉云：「魔王化作佛像，語首羅長者：『我先所說四真真諦，是說不真。今當爲汝更說五諦、六陰、十三入、十九界。』長者聞已，尋觀法相，都無此理。是故堅持其心不動。」〕

阿難言：「見是其眼〔能見是眼〕，心知非眼〔能知是心而不是眼〕，爲見非義〔心知不可爲見，以爲心能見者，非也〕。」〔原頂批　阿難分心、眼爲二，佛約眼見歸心，微露其端，後方點明。〕佛言：「若眼能見，汝〔喻心〕在室〔喻身〕中，門〔喻眼〕能見不？〔陳攖寧頂批　眼若能見物者，門應當能見物。蓋室之有門，譬如身之有眼。「汝在室中」，譬如心在身中。〕則諸已死尚有眼存，應皆見物。若見物者，云何名死？阿難，又汝覺了能知之心，若必有體，爲復一體，爲有多體？今在汝身，爲復遍體，爲不遍體？若一體者，則汝以手挃〔陳攖寧頂批　音「質」，觸也，撞也〕一支時，四支應覺。若咸覺者，挃應無在。若挃有所，則汝一體自不能成。〔非一體。〕若多體者，則成多人，何體爲汝？〔非多體。〕若遍體者，同前所挃。〔非遍體。〕若不遍者，當汝觸頭，亦觸其足。頭有所覺，足應無知。今汝不然。〔非不遍。〕是故應知，隨所合處，心則隨有，無有是處。」〔原頂批　挃一支而四支不覺，則非一體

可知。知非一體，則知非遍體矣。併觸而併知，則非不遍體可知。知非不遍體，則知非多體矣。互文也。既已無體，安能有合？〕

〔原頂批　六徵心非在中間。〕阿難白佛言：「世尊，我亦聞佛與文殊等諸法王子談實相時，世尊亦言心不在內亦不在外。如我思惟，內無所見，外不相知。內無知故，在內不成；身心相知，在外非義。今相知故，復內無見，當在中間。」佛言：「汝言中間，中必不迷，非無所在。今汝推中，中何爲在？爲復在處，爲當在身。若在身者，在邊非中，在中同內。若在處者，爲有所表〔陳攖寧頂批　表者，標示也〕？爲無所表？無表同無，表則無定。何以故？如人以表，表爲中時，東看則西，南觀成北。表體既混，心應雜亂。」

阿難言：「我所說中，非此二種。如世尊言，眼色爲緣，生於眼識。眼有分別，色塵無知，識生其中，則爲心在。」佛言：「汝心若在根塵之中，此之心體，爲復兼二？爲不兼二？若兼二者，物〔根、塵〕體〔心〕雜亂〔陳攖寧頂批　物體雜亂，即塵根心雜亂，亦即無知與知雜亂〕，物非體〔心〕知，成敵兩立〔物無知，心有知，兩相對立〕，云何爲中？〔陳攖寧頂批　縱使不雜，物與心體相對立，如何爲中？〕兼二不成〔謂不兼二〕，非知〔眼根〕不知〔色塵。陳攖寧頂批　不兼根，則非知；不兼塵，則非不知〕，即無體性，中何爲相？是故應知，當在中間，無有是處。」〔原頂批　「若兼二者」下，破「兼二不得爲中」；「兼二不成」下，破「不兼亦不得爲中」也。兼二，謂雙即根塵，則物體雜亂矣；不兼二，謂雙離根塵，則物體

俱無矣。二義既非，中無可定。〕

〔原頂批　七徵心非無著。〕阿難白佛言：「世尊，我昔見佛與大目連、須菩提、富樓那、舍利弗四大弟子共轉法輪，常言覺知分別心性，既不在內，亦不在外，不在中間，俱無所在。〔陳攖寧頂批　在內、在外、在根，兩在；　在合、在中，無在。〕一切無著，名之爲心，則我無著，名爲心不？〔陳攖寧頂批　無著，是無流連、無罣礙、無恐怖、無粘滯意。　若訓「無所在」，則非矣。〕」佛告阿難：「汝言覺知分別心性，俱無在者。世間虛空水陸飛行諸所物象，名爲一切。汝不著者，爲在爲無？〔原頂批　無則實無，不可言「無著」；　在則有相，亦不可言「無著」。〕無則同於龜毛兔角，云何不著？有不著者，不可名無。無相則無，非無則相。相有則在，云何無著？是故應知，一切無著，名覺知心，無有是處。」

〔原頂批　阿難厭妄求真。〕爾時，阿難在大眾中，即從座起，偏袒右肩，右膝著地，合掌恭敬，而白佛言：「我是如來最小之弟，蒙佛慈愛，雖今出家，猶恃憍憐，所以多聞，未得無漏，不能折伏娑毗羅咒，爲彼所轉，溺於婬舍，當由不知真際所詣。惟願世尊，大悲哀愍，開示我等奢〔定〕摩〔止〕它路，令諸闡〔信〕提〔不具。信不具足〕隳〔破除，壞也〕彌戾〔惡見〕車。〔陳攖寧頂批　理明路正，惡見自滅。〕」作是語已，五體投地。及諸大眾，傾渴翹佇，欽聞示誨。

爾時，世尊從其面門放種種光，其光晃曜，如百千日。〔示此本明於諸根門，無所不現也。以無所不現，故齊彰並照，如百千日。〕**普佛世界**〔即法界〕，**六種震動**〔表破六識無明妄境。　陳攖寧頂批　動、踴、震、起、吼、擊〕，**如是十方微塵國土**〔本明洞照，妄塵不隔〕，**一時開現，佛之威神，令諸世界合成一界**〔智境圓現，情量不礙〕。**其世界中所有一切諸大菩薩，皆住本國，合掌承聽。**〔心量本周，心聞本洞。

陳攖寧頂批　了茲光瑞，即悟自性，而知妙莊嚴路矣。〕

佛告阿難：「一切眾生，從無始來，種種顛倒〔參看圓覺經首章文殊師利菩薩問〕，**業種自然，如惡叉**〔陳攖寧頂批　惡叉，此云「綫貫珠」，乃西域果名，三顆同蒂，喻惑、業、苦三不相離也〕**聚。諸修行人，不能得成無上菩提，乃至別成聲聞**〔陳攖寧頂批　聲聞，悟明四諦（苦、集、滅、道），厭有爲法。苦諦，三界六趣之苦報；　集諦，貪、瞋等煩惱及善惡諸業能集起三界六趣之苦報；　滅諦，真空寂滅，離生死苦；　道諦，八正道能通涅槃（一，正見；　二，正思惟；　三，正語；　四，正業；　五，正命；　六，正精進；　七，正念；　八，正定）〕**緣覺**〔陳攖寧頂批　緣覺，觀十二因緣而得道者。十二因緣，一，無明；　二，行；　三，識；　四，名色；　五，六入；　六，觸；　七，受；　八，愛；　九，取；　十，有；　十一，生；　十二，老死、憂悲、苦惱〕，**及成外道諸天魔**〔陳攖寧頂批　魔，即「魔羅」，翻爲「殺者」〕**王及魔眷屬，皆由不知二種根本，錯亂修習，猶如煮沙欲成嘉饌，縱經塵劫，終不能得。云何二種？**〔陳攖寧頂批　二種根本：　一，生死根本；　二，菩提涅槃。〕**阿難，一者，無始生死根本，則汝今者與諸眾生，用攀緣心爲自性者；　二者，無始菩提涅槃元清淨體，則汝今者識精元明**〔陳攖寧頂批　識精元明，即真精本明〕，**能生諸緣**〔陳攖寧頂批　能生諸緣，依本明而起根身器界等諸緣，所謂「元明照生所」也」，緣所遺者〔陳攖寧頂批　緣所遺者，諸緣既立，本明即失，故緣所遺者，即元明清淨體，所謂「所立照性亡」也〕，由諸衆生遺此本明，雖終日行，而不自覺枉入諸趣。〔原頂批　真元有二：元清淨體，性元也；識精元明，見元也。性元屬心，見元屬目，總是一元，非有一體。如下文所云：「如第二月，非月影也。」〕阿難，汝今欲知奢摩它路，願出生死，今復問汝。」即時，如來舉金色臂，屈五輪指，語阿難言：「汝今見不？」阿難言：「見。」佛言：「汝何所見？」阿難言：「我見如來，舉臂屈指爲光明拳，曜我心目。」佛言：「汝將誰見？」阿難言：「我與大衆，同將眼見。」佛告阿難：「汝今答我，如來屈指爲光明拳，曜汝心目，汝目可見，以何爲心，當我拳曜？」〔原頂批　喚起「心」「目」二字，令阿難推尋。阿難但解所推是妄，而不悟能推亦非真心，故叱破之。〕阿難言：「如來現今徵心所在，而我以心推〔推測〕窮〔窮究〕尋〔尋覓〕逐〔追逐〕。即能推者，我將爲心。」佛言：「咄！〔陳攖寧頂批　咄，音「禿」。〕阿難，此非汝心。」阿難矍然避座合掌，起立白佛：「此非我心，當名何等？」佛告阿難：「此是前塵虛妄相想，惑汝真性。由汝無始至於今生，認賊爲子，失汝元常，故受輪轉。」

阿難白佛言：「世尊，我佛寵弟，心愛佛故，令我出家，我心何獨供養如來，乃至遍歷恒沙國土，承事諸佛及善知識，發大勇猛，行諸一切難行法事，皆用此心。〔陳攖寧頂批　通潤云：「如如不動，了了常知，方是心體。」〕縱令謗法，永退善根，亦因此心。若此發明不是心者，我乃無心，同諸土木。〔陳攖寧頂批　無心之疑。〕離此覺知，更無所有。云何如來說此非心？我實驚怖。兼此大眾，無不疑惑。惟垂大悲，開示未悟。」〔原頂批　阿難仍認攀緣分別心爲自性，故有此問。〕

爾時，世尊開示阿難及諸大眾，欲令心入無生法忍。於師子座摩阿難頂而告之言：「如來常說，諸法所生〔萬法唯識〕，唯心所現〔三界唯心〕。一切因果，世界微塵，因心成體。阿難，若諸世界，一切所有，其中乃至草葉縷結，詰其根元，咸有體性。縱令虛空，亦有名貌。何況清淨〔本自無染〕妙淨〔染而不染〕明心，性一切心，而自無體？〔常住真心，能爲一切萬法之性，豈無自體乎？　陳攖寧頂批　心有自體。〕若汝執悋〔陳攖寧頂批　悋，音「吝」〕分別覺觀〔即能推之心〕，所了知性，必爲心者，此心即應離諸一切色香味觸諸塵事業，別有全性。〔原頂批　言分別心離塵無體，終歸斷滅。阿難認爲真心，所以不成聖果。〕如汝今者，承聽我法，此則因聲而有分別，縱滅一切見聞覺知，內守幽閒，猶爲法塵分別〔陳攖寧頂批　生法塵，滅法塵〕影事。〔陳攖寧頂批　分別聲塵是動，內守幽閒是靜；動屬前塵，靜屬法塵。若離動靜二塵，畢竟無有自性，故皆爲分別影事。內守幽閒，即住著靜境也。〕我非敕汝執爲非心，但汝於心微細揣摩，若離前塵，有分別性，即真汝心。〔陳攖寧頂批　真心離塵。〕若分別性，離塵無體，斯則前塵分別影事〔陳攖寧頂批　六塵如形，分別如影。形由影有，故無自體。心因塵有，豈有體乎？〕塵非常住，若變滅時，此心則同龜毛兔角，則汝法身同於斷滅，其誰修證無生法忍？〔陳攖寧頂批　無生法忍：無生法，即無生無滅之理體；忍者，安住於此理體而不動也。〕即時，阿難與諸大眾，默然自失。佛告阿難：「世間一切諸修學人，現前雖成九次第定〔陳攖寧頂批　九次第定，色界四禪定四，無色界四定四，滅受想定一。〕，不得漏盡，成阿羅漢，皆由執此生死妄想，誤爲真實。是故汝今雖得多聞，不成聖果。〔陳攖寧頂批　妄想誤修。〕

〔原頂批　阿難求認真心，然而尚以見屬眼、心屬分別。有此一疑關在，故如來先破之。〕阿難聞已，重復悲淚，五體投地，長跪合掌而白佛言：「自我從佛發心出家，恃佛威神，常自思惟，無勞我修，將謂如來惠我三昧〔即三摩提。陳攖寧頂批　三昧，心定一處不動。通潤云：「三昧，即大光明藏。」〕。不知身心本不相代，失我本心，雖身出家，心不入道。譬如窮子〔未曾修行之人之心〕，捨父〔道〕逃逝〔不入〕。今日乃知雖有多聞，若不修行，與不聞等。如人說食，終不能飽。世尊，我等今者，二障〔陳攖寧頂批　二障：一，緣塵分別之心，隨境生滅，如客之有去來者，此即所知障（理障）也；二，性中流動之心，起滅不停，如空中搖動之塵，此即煩惱障（事障）也。所知障有二：一取境所知，此即分別法執；二法愛所知，此即俱生法執。煩惱障，即作意分別之見惑，及任運俱生之思惑，皆因我執而起〕所纏，良由不知寂〔不動〕常〔不生滅〕心性。惟願如來哀愍窮露〔無法之故〕，發妙明心，開我道眼。」即時如來從胸卍字湧出寶光，其光晃昱〔表妙心照用，具足萬德〕，有百千色，十方微塵，普佛世界，一時周遍〔示清淨本然〕，遍灌十方所有寶剎諸如來頂〔表極果所同〕，旋至阿難及諸大眾〔示羣靈共有〕，告阿難言：

「吾今為汝建大法幢〔摧伏邪異，得正知見〕，亦令十方一切眾生，獲妙微密，性淨明心，得清淨眼。〔陳攖寧頂批　妙微密，生佛等有，而不可測知；　性淨明，垢不能染，暗不能昏；　清淨眼，見離眚病，廓然照了。〕阿難，汝先答我，見光明拳，此拳光明，因何所有？云何成拳？汝將誰見？」〔陳攖寧頂批　十番顯見。一，顯見是心。〕阿難言：「由佛全體，閻浮檀〔陳攖寧頂批　閻浮檀，閻浮，樹名；　檀，洲名。此洲有河，底生金沙，其色赤燄〕金，赩〔陳攖寧頂批　赩，許力切，大赤色，音「昔」〕如寶山，清淨所生，故有光明。我實眼觀五輪指端屈握示人，故有拳相。」

佛告阿難：「如來今日實言告汝，諸有智者，要以譬喻而得開悟。阿難，譬如我拳，若無我手，不成我拳；若無汝眼，不成汝見。以汝眼根，例我拳理，其義均不？」阿難言：「唯然。世尊，既無我眼，不成我見。以我眼根，例如來拳〔此「拳」字當作「手」字〕，事義相類。」佛告阿難：「汝言相類，是義不然。何以故？如無手人，拳畢竟滅。彼無眼者，非見全無。〔原頂批　以手例目，以拳例見，無手則無拳，無目非無見，故不相類。〕所以者何？汝試於途，詢問盲人：『汝何所見？』彼諸盲人必來答汝：『我今眼前唯見黑暗，更無他矚。』以是義觀，前塵自暗，見何虧損？」

阿難言：「諸盲眼前，唯覩黑暗，云何成見？」佛告阿難：「諸盲無眼，唯觀黑暗，與有眼人，處於暗室，二黑有別？為無有別？」「如是，世尊，此暗中人，與彼羣盲，二黑校量，曾無有異。」「阿難，若無眼人，全見前黑，忽得眼光，還於前塵，見種種色，名眼見者；彼暗中人，全見前黑，忽獲燈光，亦於前塵，見種種色，應名燈見。〔原頂批　此以上明見性是心，心、眼爲二之疑破矣。　見性即心，故下文即見以明心。〕若燈見者，燈能有見，自不名燈。又則燈觀，何關汝事？是故當知，燈能顯色，如是見者，是眼非燈；眼能顯色，如是見性，是心非眼。」

阿難雖復得聞是言，與諸大眾口已默然，心未開悟，猶冀如來慈音宣示，合掌清心，佇佛悲誨。〔陳攖寧頂批　二，顯見不動。〕

爾時，世尊舒兜羅綿網相光手，開五輪指，誨敕阿難及諸大眾：「我初成道於鹿園〔陳攖寧頂批　鹿園，如來垂化之地，在波羅柰國（中天竺）。鹿園，又名「鹿野苑」「仙人園」「施鹿林」，佛初成道，於此說四諦法〕中，爲阿若多五比丘〔陳攖寧頂批　五比丘：父族三，一阿鞞，二跋提，三拘利；母族二，一阿若多，二迦葉〕等及汝四眾言：『一切眾生不成菩提〔大乘〕及阿羅漢〔小乘〕，皆由客塵〔外境〕煩惱〔內心〕所誤。』〔原頂批　眾生失之於動。「客塵」二字，動之義也，故先點出，而下文遂明之。〕汝等當時，因何開悟，今成聖果？」

時憍陳那〔陳攖寧頂批　憍陳那，即阿若多憍陳如，最初受度五比丘之上首也〕起立白佛：「我今長老，於大眾中，獨得解名，因悟『客塵』二字成果。世尊，譬如行客〔生滅幻妄之身〕，投寄旅亭〔三界〕，或宿或食。宿食事畢，俶〔動也，作也〕裝前途，不遑〔暇〕安住〔報盡則遷〕。若實主人〔常住不動之真心〕，自無攸往。如是思惟，不住名客，住名主人，以不住〔遷流不息〕者名爲客義。又如新霽〔雨止〕，清暘〔日〕升天，光〔喻慧光〕入隙中，發明空中諸有塵相，塵質搖動，虛空寂然〔不動〕。如是思惟，澄寂名空，搖動名塵，以搖動者名爲塵義。」佛言：「如是。」〔原頂批　以上明客塵是動，意顯主空常住不動，已答阿難所問「寂常心性」矣。下約手見，又約頭見，由境至身，皆所以明寂常不動心性也。〕

即時，如來於大眾中屈五輪指，屈已復開，開已又屈，謂阿難言：「汝今何見？」阿難言：「我見如來百寶輪掌，眾中開合。」佛告阿難：「汝見我手，眾中開合，爲是我手，有開有合，爲復汝見，有開有合？」阿難言：「世尊寶手，眾中開合，我見如來手自開合〔搖動之塵〕，非我見性〔見性不動〕有開有合。」佛言：「誰動誰靜？」阿難言：「佛手不住，而我見性尚無有靜〔靜相尚不可得〕，誰爲無住〔何來動相〕。」佛言：「如是。」

如來於是從輪掌中飛一寶光在阿難右，即時阿難回首右盼。又放一光在阿難左，阿難又則回首左盼。佛告阿難：「汝頭今日因何搖動？」阿難言：「我見如來出妙寶光，來我左右，故左右觀，頭自搖動。」「阿難，汝盼佛光左右動頭，爲汝頭動？爲復見動？」「世尊，我頭自動，而我見性，尚無有止，誰爲搖動。」佛言：「如是。」

於是如來普告大眾：「若復眾生以搖動者名之爲塵〔見性非動搖〕，以不住者名之爲客〔見性無來去〕，汝觀阿難，頭自動搖，見無所動〔見性無動止〕。又汝觀我手自開合，見無舒卷〔見性無開合〕。**云何汝今以動爲身**〔不識不動之心〕、**以動爲境**〔不識寂然之空〕，**從始洎終，念念生滅，遺失真性，顛倒行事，性心失真，認物爲己**〔以外物爲自己〕，**輪迴是中，自取流轉。**〔**原頂批**　明客塵雖動，而見性不動。衆生以動迷不動，故念念生滅，遺失真性，顛倒行事。〕」

陳攖寧頂批　佛在舍衛國祇樹給孤獨園。尊者阿難平旦入城乞食。時甚熱，阿難中路焦渴。路上有旃荼羅女名鉢吉蹄，於井汲水。阿難詣井乞水，女曰：「我是摩鄧伽種，君爲貴種、瞿曇第一弟子、波斯匿王所敬、末利夫人師，我敢恃水不與？」阿難曰：「我不問汝旃荼羅非旃荼羅，但施我水。」女於是掬水灌阿難手足，於是生婬意。阿難飲水去。鉢吉帝女還家啟父母，願以沙門阿難爲夫婿。母曰：「此阿難爲轉輪王家子，沙門瞿曇弟子。我等旃荼羅種，何得以阿難爲女婿？」女曰：「若不得阿難爲婿，我當飲毒死。」母於是設祭壇請摩鄧伽神，誦摩鄧伽咒（摩鄧伽種族所傳梵天之神咒也）。時母亦澡浴著白服飾，以牛屎塗地，以五色綖結縷，盛滿四瓶水，盛滿四碗血，盛滿四椀香水，盛滿四碗餅漿，以四口大刀豎牛屎四角頭，豎四枚箭，燃八明燈，取四死人髑髏，種種香塗其上，以華布地，捉熨斗燒香，繞三匝，向東方跪而誦摩鄧伽咒術。阿難於祇桓意便恍惚，爲咒所縛，如魚被鐵鉤，如象隨鉤。

阿難在祇洹，恍惚牽心於此。至其家，鉢吉蹄女見阿難，踴躍抱之，著床上。暫時阿難以道力得自悟。自念：「我今困厄，世尊何不慈愍我？」佛乃知之，爲阿難誦佛語。於是阿難得脱幻術至佛所。婬女逐阿難而至，請佛以阿難。佛言：「汝欲得阿難，阿難既爲比丘，汝亦應爲比丘尼。」婬女乃還家白父母，剃髮至祇洹。時爲婬女廣說四聖諦法，婬女即思惟佛道，得阿羅漢果。昆奈耶三。

摩鄧女經一卷；摩登伽經二卷；摩鄧女解形中六事經。

大佛頂如來密因修證了義諸菩薩萬行首楞嚴經卷第一音釋

佛　具云「佛陀」，梵語也，華言「覺」也。

菩薩　具云「菩提薩多」，梵語也，華言「覺有情」。

首楞嚴者　梵語也。涅槃經云：「首楞者，名『一切事竟』；嚴者，名『堅』。即一切事究竟堅固也。」

如是我聞一時　雷庵曰：「古今諸師，皆以信、聞、時、主、處、眾六成就義，科上四字、下三字爲二句讀之。按龍勝論云：『世尊將入涅槃時，阿泥盧豆教阿難問佛未來要事者有四。阿難問曰：「如來滅後，一切經首當立何言？」世尊答曰：「當置『如是我聞一時』六事爲句。」』此其四問之一也。故今以『一時』二字聯上句，『佛』字綴下文也。」

室羅筏　梵語也，華言「豐德」，或云「聞物」，或云「好道」。此即城名，非是國號。筏，房發切。

祇桓精舍　祇，具云「祇陀」，華言「戰勝」，即太子名。桓，即林也，謂祇陀林中有此精舍也。

比丘　梵語也，華言「乞士」。

阿羅漢　梵語也，華言「應供」，謂應受人天供養。

毘尼　梵語也，華言「律」。律，法也。

範　音「犯」，法也。

累　力水切，繫縛也。

舍利弗　梵語也，華言「鶖子」，亦云「身子」。舍利，母名；弗，即子也。連母爲號，慧解過人，故云「大智」。

摩訶目犍連　梵語也，華言「大采菽氏」。

摩訶拘絺羅　梵語也，華言「大膝」，舍利弗舅也。絺，音「癡」。

富樓那彌多羅尼子　梵語也。富樓那，華言「滿」，父名也；彌多羅尼，華言「慈」，母名也；尼，女聲也。連父母名云「滿慈子」。

須菩提 梵語也，華言「空生」，或云「善吉」，或云「善現」。

優波尼沙陀 梵語也，華言「近少」。

辟支 梵語也，華言「獨覺」。

屬 音「燭」，會也，值也。

迦陵頻伽 仙禽也。其音和雅，佛聲如之。

文殊師利 梵語也，華言「妙吉祥」。

波斯匿王 梵語也，華言「勝君」，即舍衛國王，居室羅城。

諱 音「晦」，忌也。

宮掖 下音「亦」，王之內庭也。

羞 音「修」。

佇 直呂切，猶「待」也。

阿難 梵語也，華言「慶喜」。

遑 音「皇」，暇也，及也。

上座 同輩上下，曰「上座」。

阿闍黎　梵語也，華言「軌範」，謂於眾中而作軌範故。

應器　梵語「鉢多羅」，華言「應量器」，色與體量皆應法度也。

循　音「旬」。

檀越　梵語也，華言「施主」。

刹利尊姓　梵語「刹帝利」，華言「田主」，即王種也，故曰「尊姓」。

旃陀羅　梵語也，華言「殺者」，即魁膾婬酒家也。

大迦葉　梵語也，華言「飲光氏」。

隍　音「皇」。有水曰「池」，無水曰「隍」。

摩登伽　梵語也，華言「本性」，是此婬女名。

娑毘迦羅　梵語也，華言「黃髮外道」。

先梵天　幻咒名。

菩提　梵語也，華言「覺道」。

奢摩它　梵語也，華言「止」。

三摩鉢提　梵語也，華言「觀」。

禪那　梵語也，華言「靜慮」。

遘　故候切。

摩阿難頂　以上愛下，則摩頂；以下敬上，則接足。

三摩提　亦云「三摩地」，亦云「三昧」，華言「正定」。

摶　度官切。

竅　苦吊、砮叫二切。

挃　真栗切，猶觸也。

偏袒　袒，肉袒也，致敬之極。

闡提　涅槃經云「一闡」，云「信」；提，云「不具」。信不具足，名曰「闡提」。

隳　音「毀」，壞也。

彌戾車　梵語也，華言「惡見」。

惡叉聚　樹名，其子形如此方杏仁，一枝三子。生必同科，曰「聚」。

涅槃　梵語也，華言「不生滅」。

咄　當没切，呵叱聲。

矍然　上居縛切，驚愕貌。

避座　逸起貌。

悋 音「恪」。

揣 初委切，審察也。

閻浮檀 樹名。

赩 許力切，大赤色。

詢 音「新」。

旅亭 止客舍也。旅，力舉切。

俶 音「孰」，始也。

阿若多 梵語也，華言「解」。

霽 音「濟」。

暘 音「陽」。

隙 綺戟切。

盼 匹莧切，顧視也。

大佛頂如來密因修證了義諸菩薩萬行首楞嚴經卷第二

〔原頂批　問真妄生滅。　陳攖寧頂批　三，顯見不滅。〕爾時，阿難及諸大眾，聞佛示誨，身心泰然。念無始來，失却本心，妄認塵緣分別影事，今日開悟，如失乳兒，忽遇慈母。合掌禮佛，願聞如來，顯出身心真妄虛實，現前生滅與不生滅二發明性。

時波斯匿王起立白佛：「我昔未承諸佛誨敕，見迦旃延〔外道名〕、毗羅胝子〔外道名。皆斷見處道〕，咸言此身死後斷滅，名爲涅槃，我雖值佛，今猶狐疑。云何發揮證知此心不生滅地？今此大眾諸有漏者，咸皆願聞。」〔原頂批　明妄身有生滅。〕佛告大王：「汝身現在，今復問汝，汝此肉身爲同金剛常住不朽？爲復變壞？」「世尊，我今此身，終從變滅。」佛言：「大王，汝未曾滅，云何知滅？」「世尊，我此無常變壞之身，雖未曾滅，我觀現前，念念遷謝，新新不住，如火成灰，漸漸銷殞，殞亡不息，決知此身當從滅盡。」佛言：「如是。大王，汝今生齡已從衰老，顏貌何如童子之時？」「世尊，我昔孩孺，膚腠潤澤，年至長成，血氣充滿，而今頹齡，迫於衰耄〔陳攖寧頂批　耄，七十、八十、九十〕，形色枯悴，精神昏昧，髮白面皺，逮〔及〕將不久，如何見比充盛之時？」佛言：「大王，汝之形容，應不頓朽。」王言：「世尊，變化密移，我誠不覺，寒暑遷流，漸至於此。何以故？我年二十，雖號年少，顏貌已老〔於〕初十歲時，三十之年又衰〔於〕二十。於今六十，又過於二，觀五十時，宛然强壯。世尊，我見密移，雖此殂落，其間流易，且限十年。若復令我微細思惟，其變寧唯一紀二紀，實爲年變。豈唯年變，亦兼月化。何直月化，兼又日遷。沉思諦觀，剎那剎那，念念之間，不得停住，故知我身終從變滅。」佛告大王：「汝見變化遷改不停，悟知汝滅，亦於滅時，汝知身中有不滅耶？」波斯匿王合掌白佛：「我實不知。」佛言：「我今示汝不生滅性。大王，汝年幾時，見恒河水？」〔原頂批　明真見無生滅。〕王言：「我生三歲，慈母攜我謁耆婆天〔長命天神〕，經過此流，爾時即知是恒河水。」佛言：「大王，如汝所說，二十之時，衰於十歲，乃至六十，日月歲時，念念遷變，則汝三歲見此河時，至年十三，其水云何？」王言：「如三歲時，宛然無異。乃至於今年六十二，亦無有異。」佛言：「汝今自傷髮白面皺，其面必定皺於童年，則汝今時，觀此恒河，與昔童時觀河之見，有童耄不？」王言：「不也，世尊。」佛言：「大王，汝面雖皺，而此見精，性未曾皺〔未嘗變遷〕。皺者爲變，不皺非變。變者受滅，彼不變者，元無生滅，云何於中受汝生死，而猶引彼末〔迦旃〕伽〔毘羅〕梨等，都言此身死後全滅？」王聞是言，信知身後捨生趣生〔隨善惡業轉生〕，與諸大衆，踴躍歡喜，得未曾有。

〔陳攖寧頂批　四，顯見不失。〕阿難即從座起，禮佛合掌，長跪白佛：「世尊，若此見聞，必不生滅，云何世尊名我等輩，遺失真性，顛倒行事？願興慈悲，洗我塵垢。」〔原頂批　承上問「遺失真性，顛倒行事」，意以匿王見聞，既無生滅，而我見聞，寧有異同？云何遺失、顛倒耶？〕即時如來垂金色臂，輪手下指〔順垂〕，示阿難言：「汝今見我母陀羅手〔陳攖寧頂批　母陀羅，此云「印」，謂手能結印〕，爲正爲倒？」阿難言：「世間衆生以此爲倒，而我不知誰正誰倒。」佛告阿難：「若世間人以此爲倒，即世間人將何爲正？」阿難言：「如來豎臂，兜羅綿手上指〔逆豎〕於空，則名爲正。」佛即豎臂，告阿難言：「若此顛倒，首尾相換〔如以首爲尾、以尾爲首〕，諸世間人，一倍〔倍加倒見〕瞻視，則汝身與諸如來清淨法身比類發明。如來之身，名正〔正見〕遍知。汝等之身，號性顛倒〔由於倒見〕。隨汝諦觀，汝身佛身〔汝身與佛身比較〕，稱顛倒者，名字何處，號爲顛倒？」〔陳攖寧頂批　觀河之見，既無生滅，則前見佛手開合之見，亦不生滅矣，云何「名我等遺失真性，顛倒行事」耶？然上依性示，此就相執，即其所認具二顛倒，以如來所示，不變滅性，爲塵緣分別之見，是迷真爲妄，如以正爲倒；既認緣塵分別之見爲不生滅，是認妄爲真，如以倒爲正。此即性顛倒也。如來則以性爲真，以相爲妄，如以正爲正，以倒爲倒，故名「正遍知」。〕於時阿難與諸大衆，瞪〔陳攖寧頂批　瞪，音「澄」，直視〕瞢〔陳攖寧頂批　瞢，音「蒙」，不知貌〕瞻佛，目睛不瞬，不知身心顛倒所在。〔陳攖寧頂批　悟則識妄知真，迷則遺本認妄。今既認妄爲真，即是認悟中之迷，此即顛倒所在。〕佛興慈悲，哀愍阿難及諸大衆，發海潮音，遍告同會：「諸善男子，我常説言，色〔陳攖寧頂批　色，總舉五根六塵〕心〔陳攖寧頂批　心，總舉六識八識〕諸緣〔陳攖寧頂批　諸緣，即根識所緣諸法〕，及心所使〔依正二報，善惡二果。　陳攖寧頂批　心所使，即五十一心所法〕，諸所緣法，唯心所現〔陳攖寧頂批　諸所緣法，廣舉山河大地、明暗、色空、真妄、性相、邪正、因果，悉無自體，惟心所現〕。汝身汝心，皆是妙明真精〔陳攖寧頂批　妙明真精，謂心所現物如鏡〕妙心中所現物〔原頂批　此方揭出妙明真心真性，以解阿難等顛倒也〕，云何汝等遺失本妙〔陳攖寧頂批　本妙，本來自妙，不假修爲〕圓妙明心〔因圓而妙，從妙起明，言其用。　陳攖寧頂批　圓妙明心，心則從妙起明，圓融照了，如鏡之光〕、寶明妙性〔如寶之明，即明而妙，言其體。　陳攖寧頂批　寶明妙性，性則即明而妙，凝然湛寂，如鏡之體〕，認悟中迷？晦昧爲空，空晦暗中，結暗爲色，色雜妄想，想〔心〕相〔色〕爲身，聚緣内摇，趣外奔逸，昏擾擾相，以爲心性。一迷爲心，決定惑爲色身之内。不知色身外洎山河虚空大地，咸是妙明真心中物。譬如澄清百千大海棄之，惟認一浮漚體〔背真逐妄，如棄海認漚，早是迷失〕，目爲全潮，窮盡瀛渤〔執妄爲真，如認漚爲海，又一迷也〕。汝等即是迷中倍人〔兩重迷〕，如我垂手，等無差別〔與以正爲倒、以倒爲正者無異〕，如來説爲可憐愍者。」〔原頂批　迷真逐妄，正猶棄海取漚；　認妄爲真，亦如目漚爲海。　以正爲倒，以倒爲正，首尾翻覆，故曰「如我垂手無別」。　陳攖寧頂批　「晦昧爲空」者，由不了真如法一，遍迷法界而成頑空，即下經云「迷妄有虛空」也。「空晦暗中，結暗爲色」者，所變頑空與能變無明二法和合，變起四大，爲山河依報外色，即想澄成國土也。以四大色，雜妄想心，變起衆生正報內色，故曰「色雜妄想，想相爲身」。想謂妄心，相謂妄色，色心都合，五陰備矣，即知覺乃衆生也。「聚緣內搖」等者，謂妄有緣氣於中積聚，內則隨想搖蕩，外則逐境奔逸。既迷此昏擾之相爲心，決定以心爲在幻質之內，則不知「虛空世界皆真心所現」之廣大心矣。〕

〔原頂批　阿難不敢認妙明真心爲己心，猶然攀緣之心也。蓋無始薰習妄根，劇難拔去如此。　陳攖寧頂批　五，顯見不還。〕阿難承佛悲救深誨，垂泣叉手〔十指交叉〕，而白佛言：「我雖承佛如是妙音，悟妙明心，元所圓滿常住心地，而我悟佛現說法音，現以緣心〔攀緣之心〕，允所瞻仰，徒獲此心〔妙明真心〕，未敢認爲本元心地。願佛哀愍，宣示圓音，拔我疑根，歸無上道。」佛告阿難：「汝等尚以緣心聽法，此法亦緣，非得法性。〔我說之妙法，即變爲汝所緣之境，而失法之本性。　原頂批　言緣心難以聽法，當有域外之觀可也。〕如人以手指月示人，彼人因指〔喻法音〕，當應看月〔喻見性〕。若復觀指〔喻緣心〕，以爲月體，此人豈唯亡失月輪，亦亡其指。何以故？以所標指爲明月故〔以爲指即是月而亡其指〕。豈唯亡指，亦復不識明之與暗。何以故？即以指體爲月明性，明暗二性無所了故。汝亦如是。若以分別，我說法音，爲汝心者，此心自應離分別音，有分別性。譬如有客〔喻妄心〕寄宿旅亭，暫止便去，終不常住。而掌亭人〔喻真心〕都無所去，名爲亭主。此亦如是。若真汝心，則無所去，云何離聲無分別性？斯則豈唯聲分別心，分別我容，離諸色相，無分別性。〔不但因聲而有分別之心，即因容貌而有分之心，離了容貌，亦不能分別。〕如是乃至分別都無，非色非空，拘舍離〔即末伽梨〕等，昧爲冥諦。〔縱使做到無可分別之境，如非色非空，仍然有個前境在，尚非離塵之真心也。 陳攖寧頂批 前「真心離塵」一段有云：「如汝今者，承聽我法，此則因聲而有分別，縱滅一切見聞覺知，内守幽閒，猶爲法塵分別影事。」〕離諸法緣，無分別性，則汝心性，各有所還，云何爲主？」〔原頂批 言分別心有還。〕阿難言：「若我心性，各有所還，則如來說妙明元心，云何無還？惟垂哀愍，爲我宣說。」佛告阿難：「且汝見我，見精明元，此見雖非妙精明心〔譬如真月〕，如第二月〔見分，喻見精〕，非是月影〔相分，喻緣塵〕。汝應諦聽，今當示汝無所還地。〔原頂批 心不可見，而見於見，故即見以明心。二月雖非真月，然離真月必無二月可得；見精雖非真心，然離真心必無見精可得。何則？從真所起，全體即真故也。〕阿難，此大講堂，洞開東方，日輪升天，則有明曜，中夜黑月，雲霧晦暝，則復昏暗。户牖之隙，則復見通。牆宇之間，則復觀壅。分別之處，則復見緣。頑虛之中，遍是空性。鬱𡋯〔塵起貌〕之象，則紆〔縈繞〕昏塵。澄霽斂氛，又觀清淨。阿難，汝咸看此諸變化相，吾今各還本所因處。云何本因？阿難，此諸變化，明還日輪。何以故？無日不明，明因屬日，是故還日。〔陳攖寧頂批 所謂「還」者，就是還他一個所以然的理由。〕暗還黑月，通還户牖，壅還牆宇，緣還分別，頑虛還空，鬱𡋯還塵，清明還霽，則諸世間一切所有，不出斯類。汝見八種見精明性，當欲誰還？何以故？若還於明，則不明時，無復見暗。雖明暗等種種差別，見無差別。諸可還者，自然非汝。不汝還者，非汝而誰？〔原頂批言凡物有還，惟見性無還。前七處徵心，阿難摸索不着，此云「不汝還者，非汝而誰」，便已和盤託出矣。〕則知汝心，本妙明淨，汝自迷悶，喪本受輪〔喪失本妙明淨之心，而受生死輪迴之苦〕，於生死中，常被漂溺，是故如來，名可憐愍。」

〔原頂批　見性即是真。性。　陳攖寧頂批　六，顯見不雜。〕阿難言：「我雖識此見性無還，云何得知是我真性？」佛告阿難：「吾今問汝，今汝未得無漏清淨，承佛神力，見〔慧眼〕於初禪〔陳攖寧頂批　初禪，色界三天：梵眾天、梵輔天、大梵天〕，得無障礙。而阿那律〔如意。　陳攖寧頂批　阿那律，佛十大弟子之一〕見閻浮提〔樹洲。　陳攖寧頂批　閻浮提，即南贍部洲，亦名「剡浮」，或名「贍部」。須彌南面有此樹，故以名洲〕，如觀〔天眼〕掌中菴摩羅果〔形如橄欖〕。諸菩薩等見〔法眼〕百千界，十方如來〔佛眼〕窮盡微塵，清淨國土，無所不矚。眾生〔肉眼〕洞視，不過分寸。阿難，且吾與汝觀四天王〔陳攖寧頂批　四天王，帝釋之外臣，持國天管領東方，廣目天管領西方，增長天管領南方，多聞天管領北方〕所住宮殿，中間遍覽水陸空行，雖有昏明種種形像，無非前塵分別留礙。汝應於此分別自他。今吾將汝擇於見中，誰是我體〔能見之體〕？誰爲物象〔能見之物〕？〔原頂批　是物非見。〕阿難，極汝見源，從日月宮，是物非汝。至七金山〔陳攖寧頂批　七金山：一，雙持山；二，持軸山；三，檐木山；四，善見山；五，馬耳山；六，象鼻山；七，持地山。此七山，七重環繞於須彌山之外，皆有金色光明〕，周遍諦觀，雖種種光，亦物非汝。漸漸更觀，雲騰鳥飛，風動塵起，樹木山川，草芥人畜，咸物非汝。阿難，是諸近遠諸有物性，雖復差殊，同汝見精，清淨所矚，則諸物類，自有差別，見性無殊。此精妙明，誠汝見性。若見是物，則汝亦可見吾之見〔我的見性〕。若同見者〔依物之跡〕，名爲見吾。吾不見時〔離物之體〕，何不見吾不見之處〔吾當離物不見之際，其體何在？既無處可見，定不是物〕？〔原頂批　是見非物。〕若見『不見』，自然非彼不見之相。〔陳攖寧頂批　若能見他人所不見之處，自然不是他人所不見之相。愚意，「若見『不見』」至「之相」這十二字宜删去爲易於明了。〕若不見吾『不見之地』〔真性本體〕，自然非物〔不能見則非物〕，云何非汝〔之真性乎？再者，若見性是物，則凡物皆應有見性〕？又則，汝今見物之時，汝既見物，物亦見汝，體性紛雜，則汝與我，並諸世間，不成安立？〔原頂批　又約自他紛雜，辨見非物。若能於此了見與物，皆即狂勞空花，則直不見真性矣。〕阿難，若汝見時，是汝非我。〔當汝行見之時，見源由汝而發，與我無涉。〕見性周遍，非汝而誰？云何自疑汝之真性，性汝不真，取我求實？」

〔原頂批　阿難以見爲是，而不知即心即見，可見前疑未釋，是鈍根漢。陳攖寧頂批　七，顯見無礙。〕阿難白佛言：「世尊，若此見性，必我非餘。我與如來，觀四天王勝藏寶殿，居日月宮，此見周圓，遍娑婆國〔忍土，大千界之都名〕。退歸精舍，秖見伽藍〔衆園〕，清心户堂，但瞻簷廡。世尊，此見如是，其體本來周遍一界，今在室中，唯滿一室？爲復此見，縮大爲小？爲當牆宇，夾令斷絶？我今不知斯義所在，願垂弘慈，爲我敷演。」佛告阿難：「一切世間〔根身器界〕，大小內外〔一界一室〕，諸所事業〔舒縮夾絕之類〕，各屬前塵，不應說言，見有舒縮〔與見性無涉〕。譬如方器〔喻前塵〕，中見方空〔喻見體〕。吾復問汝，此方器中，所見方空，爲復定方？爲不定方？若定方者，別安圓器，空應不圓；若不定方者，在方器中，應無方空。〔陳攖寧頂批　方圓由器，不在虛空；大小由塵，何關見性。〕汝言不知斯義所在，義性如是，云何爲在？阿難，若復欲令〔虛空〕入無方圓，但除器方，空體無方。不應說言，更除虛空方相所在。〔空本無方圓，故但除器，不應除空。　陳攖寧頂批　緣塵辨見，見性似有大小之形。若復欲使見無大小，但離前塵，而見即無大小。不應更說除見，以見本無大小也。古云：「離塵觀性，自得本真。」〕若如汝問入室之時，縮見令小，仰觀日時，汝豈挽見齊於日面？〔既不可拉長，自不可縮短。　原頂批　心爲物轉則見有伸縮，心能轉物則遍合無礙，明即心即見之義也。〕若築牆宇，能夾見斷，穿爲小竇，寧無續跡？〔既不可續，自不可斷。〕是義不然。一切衆生，從無始來，迷己爲物〔迷性爲塵〕，失於本心〔因而顛倒妄想〕，爲物所轉〔如空隨器變〕。故於是中，觀大觀小，若能轉物〔除器觀空〕，則同如來，身心圓明，不動道場，於一毛端，遍能含受十方國土。」

〔原頂批　問見性實我，而身非我，如何能見見性耶。意言，在前之見，若實我心，是物能來見我，而我不能去見物矣。故下令離物推以明色空非見，令即物推以明色空是見，而佛俱印可者，蓋以妙明體中，彌滿清淨，更不容他。故引文殊與月，喻無是非可得也。　陳攖寧頂批　八，顯見不分。〕阿難白佛言：「世尊，若此見精，必我妙性

〔若謂見精是我〕，今此妙性現在我前〔與身心有異〕，見必我真〔見既是真性〕，我今身心，復是何物〔能見復是何物〕？而今身心分別有實〔若謂身無見性，而實有分別之能力〕，彼見無別，分辨我身〔所見之物，別無能力分辨我身〕。若實我心〔若彼外物實是我心〕，令我今見〔使我今時可見〕，見性實我〔則外物是我〕，而身非我〔而我之身心反不是我〕，何殊如來先所難言物能見我〔汝既見物，物亦見汝〕？惟垂大慈，開發未悟。」佛告阿難：「今汝所言，見在汝前，是義非實。若實汝前，汝實見者，則此見精既有方所，非無指示。且今與汝坐祇陀林，遍觀林渠，及與殿堂，上至日月，前對恒河。汝今於我師子座前，舉手指陳，是種種相。陰者是林，明者是日，礙者是壁，通者是空。如是乃至草樹纖毫，大小雖殊，但可有形，無不指著。若必其見，現在汝前，汝應以手確實指陳何者是見。阿難當知，若空是見，既已成見，何者是空。若物是見，既已是見，何者爲物。汝可微細披剝萬象，析出精明淨妙見元，指陳示我，同彼諸物分明無惑。」阿難言：「我今於此重閣講堂，遠泊恒河，上觀日月，舉手所指，縱目所觀，指皆是物，無是見者。〔陳攖寧頂批　無是見者。〕世尊，如佛所說，況我有漏，初學聲聞，乃至菩薩，亦不能於萬物象前，剖出精見，離一切物，別有自性。〔原頂批　明非見。〕」佛言：「如是如是。」佛復告阿難：「如汝所言，『無有見精，離一切物，別有自性』，則汝所指，是物之中無是見者。今復告汝，汝與如來坐祇陀林，更觀林苑，乃至日月種種象殊，必無見精受汝所指。汝又發明，此諸物中，何者非見？」阿難言：「我實遍見此祇陀林，不知是中何者非見。何以故？若樹非見，云何見樹？若樹即見，復云何樹？如是乃至若空非見，云何見空？若空即見，復云何空？我又思惟，是萬象中微細發明，無非見者。〔原頂批　明非非見。陳攖寧頂批　無非見者。〕」佛言：「如是如是。」於是大眾非無學者，聞佛此言，茫然不知是義終始，一時惶悚，失其所守。如來知其魂慮變慴〔陳攖寧頂批　慴，音「折」，怖也〕，心生憐愍，安慰阿難及諸大眾：「諸善男子，無上法王，是真實語，如所如說，不誑不妄，非末伽梨〔迦旃毘羅之徒〕四種不死矯亂論議。〔陳攖寧頂批　四種矯亂，見本經第十卷第五外道之論。一種論：「我今亦生亦滅，亦有亦無，亦增亦減。」二種論：「有人來問，但言其無，除無之餘，無所言說。」三種論：「有人來問，但言其是，除是之餘，無所言說。」四種論：「有人來問，答言『亦有即是亦無，亦無之中不是亦有』。」〕汝諦思惟，無忝〔辱也〕哀慕。」

是時，文殊師利法王子，愍諸四眾，在大眾中，即從座起，頂禮佛足，合掌恭敬而白佛言：「世尊，此諸大眾，不悟如來發明二種精見色空是非是義。世尊，若此前緣色空等象，若是見者，應有所指；若非見者，應無所矚。而今不知是義所歸，故有驚怖，非是疇昔善根輕鮮。惟願如來大慈，發明此諸物象與此見精，元是何物，於其中間無是非是。」佛告文殊及諸大眾：「十方如來及大菩薩，於其自住三摩地〔即三昧，即正定〕中，見與見緣〔即色空等〕，並所想相〔意識〕，如虛空華，本無所有。此見及緣，元是菩提妙淨明體，云何於中有是非是？〔原頂批　明見性即是真性，無是無非，如何可見？　又如何可指耶？〕文殊，吾今問汝，如汝文殊，更有文殊是文殊者，爲無文殊？」「如是。世尊，我真文殊，無是文殊。何以故？　若有是者，則二文殊。然我今日非無文殊，於中實無是非二相。」〔陳攖寧頂批　既無是文殊，亦非無文殊。〕佛言：「此見妙明，與諸空塵，亦復如是。本是妙明無上菩提淨圓真心，妄爲色空。及與聞見，如第二月，誰爲是月？又誰非月？文殊，但一月真，中間自無是月非月。是以汝今觀見與塵，種種發明，名爲妄想，不能於中出是非是〔不能超出是非兩途（「如第二月，誰爲是月，誰爲非月」）〕。〔陳攖寧頂批　若未見性，性在見中，同名見精，種種妄想分別，豈能超出是與非是？〕由是真精妙覺明性，故能令汝出指非指〔超出有所指，及無所指。（「但一月真，中間自無是月非月。」）有所指即物，無所指即見〕。〔陳攖寧頂批　若已見性，性脱於見，不名見聞覺知，一切分別都無，故能超出指與非指。〕」

〔原頂批　問見性近於外道之自然。　陳攖寧頂批　顯見超情。〕阿難白佛言：「世尊，誠如法王所說，覺緣遍十方界，湛然常住。性非生滅，與先梵志〔梵天苗裔，婆羅門。　陳攖寧頂批　梵志，意即「淨裔」，婆羅門四時期中之第二，受師修學之時也〕娑毗迦羅所談冥諦及投灰〔苦行外道〕等諸外道種，說有真我遍滿十方，有何差別？　世尊亦曾於楞伽山〔或云即錫蘭島〕爲大慧等敷演斯義，『彼外道等，常說自然，我〔佛言〕說因緣，非彼境界』。我今觀此，覺性自然〔陳攖寧頂批　阿難認覺性爲自然〕，非生非滅，遠離一切虛妄顛倒，似非因緣，與彼自然。云何開示，不入羣邪，獲真實心，妙覺明性？」佛告阿難：「我今如是開示方便，真實告汝，汝猶未悟，惑爲自然。阿難，若必自然，自須甄〔陳攖寧頂批　甄，表也，別也。〕明有自然體。汝且觀此妙明見中，以爲何爲自？此見爲復以明爲自？以暗爲自？以空爲自？以塞爲自？阿難，若明爲自，應不見暗；若復以空爲自體者，應不見塞。〔原頂批　非自然。〕如是乃至諸暗等相，以爲自者，則於明時，見性斷滅，云何見明？」〔原頂批　問見性合因緣性。〕阿難言：「必此妙見，性非自然，我今發明是因緣生。〔陳攖寧頂批　阿難意謂，非自然，即是因緣。〕心猶未明，諮詢如來，是義云何合因緣性？〔陳攖寧頂批　假物爲因，循物爲緣；資始爲因，助因爲緣。〕」佛言：「汝言因緣，吾復問汝。汝今因見，見性現前。此見爲復因明有見？因暗有見？因空有見？因塞有見？阿難，若因明有，應不見暗；如因暗有，應不見明。如是乃至因空因塞，同於明暗。復次，阿難，此見又復緣明有見？緣暗有見？緣空有見？緣塞有見？阿難，若緣空有，應不見塞；若緣塞有，應不見空。如是乃至緣明緣暗，同於空塞。當知如是精覺妙明，非因非緣，亦非自然，非不自然，無非不非，無是非是，離一切相，即一切法。〔原頂批　總明精覺妙明非因緣，亦非自然。　陳攖寧頂批　是非等相，皆是妄情偏計分別，妙明本體，原無是與非，故曰「離一切相」。偏計既離，則圓成實體，觸處現前，故曰「即一切法」。但離妄緣，即如如佛。〕汝今云何於中措心，以諸世間戲論名相而得分別？如以手常撮摩虛空，秖益自勞，虛空云何隨汝執捉？」

〔原頂批　阿難直窮到底，畢竟惑於因緣之說。　陳攖寧頂批　十，顯見離見。〕阿難白佛言：「世尊，必〔若〕妙覺性非因非緣，世尊云何常與比丘宣說見性具四種緣？〔陳攖寧頂批　此復計和合因緣也。〕所謂因空〔而有〕、因明〔而顯〕、因心〔而知〕、因眼〔而見〕，是義云何？」〔陳攖寧頂批　四緣可以生識，而不能生妙覺性。妙覺性，離空、明、心、眼四緣，而實有不變之真體，僅假四緣而顯露見精之作用。〕佛言：「阿難，我說世間諸因緣相，非第一義。阿難，吾復問汝，諸世間人，說我能見，云何名見？云何不見？」阿難言：「世人因於日、月、燈光，見種種相，名之爲見。若復無此三種光明，則不能見。」「阿難，若無明〔光〕時，名不見者，應不見暗。若必見暗，此但無明，云何無見？〔原頂批　見性不因緣無。　陳攖寧頂批　無光明時，眼前變成黑暗，若名爲不見，則此黑暗亦應當看不見。〕阿難，若在暗時，不見明故，名爲不見。今在明時，不見暗相，還名不見。如是二相，俱名不見。若復二相，自相陵奪，非汝見性於中暫無。如是則知二俱名見，云何不見？〔原頂批　見性不因緣有。〕是故阿難，汝今當知，見明之時，見非是明；見暗之時，見非是暗；見空之時，見非是空；見塞之時，見非是塞。〔陳攖寧頂批　能見非是所見，可謂妄見矣。〕四義成就。汝復應知，見〔真見，妙覺〕見〔見精〕之時，見〔真見，妙覺〕非是見〔見精〕，見〔真見，妙覺〕猶離見〔見精〕，見〔見精〕不能及，云何復說因緣自然及和合相？〔原頂批　見見非見，云何復說因緣自然及和合相？　陳攖寧頂批　真見照了見精是妄之時，即照而寂，則真見無見，故云「見非是見，真見猶離見相，見相尚不能及」。〕汝等聲聞，狹劣無識，不能通達清淨（即真見）實相。吾今誨汝，當善思惟，無得疲怠妙菩提路。」（問：見精屬妄，何以真見復見於妄？答：見精者，暎色之性也。見雖屬妄，其性原真。當知見見之時，別無所見，只是見於見中之性耳。若未見性，性在見中，同名「見精」；若能見性，性超於見，方名「見見」。）

（原頂批　問「見見非見」之說。　陳攖寧頂批一　阿難初認眼根為見、意識為心，故世尊先破識心無處，次破識心無體。阿難既知緣心是妄，遂問寂常心性。世尊指出見性是心非眼，又恐阿難執着妄心，故飛光以顯不動之見，觀河以驗不滅之見，垂乎以明不失之見，八還以顯不還之見，歷觀周遍以明不即不離、無是無非之見。阿難遂執定見精不放捨，以為此即是真見之體。故佛又告之曰「見非是見」。蓋前文皆言第二月之見分，不與相分和合。此云妙覺真智，尚不與八識精明之體和合。何況第二轉相之見分，相分由見分而顯，見分由業識而轉。若破業識，當下即妙覺性矣。陳攖寧頂批二　妙覺性，八識，見分，相分。八識精明之體，即由最初一念認明而立，所以生滅與不生滅和合。）阿難白佛言：「世尊，如佛世尊為我等輩宣說因緣，及與自然諸和合相與不和合，心猶未開，而今更聞見見非見，重增迷悶。伏願弘慈，施大慧目，開示我等，覺心明淨。」作是語已，悲淚頂禮，承受聖旨。爾時世尊憐愍阿難及諸大眾，將欲敷演大陀羅尼（通潤云：「陀羅尼，總持也。」謂圓覺體中，具足恒沙，稱「性功德」故）諸三摩提妙修行路，告阿難言：「汝雖強記，但益多聞，於奢摩他，微密觀照，心猶未了。（陳攖寧頂批　寂而常照，故能照了見精是妄。照而常寂，故見非是見。）汝今諦聽，吾當為汝分別開示，亦令將來諸有漏者獲菩提果。阿難，一切眾生，輪迴世間，由二顛倒分別見妄，當處發生，當業輪轉。（陳攖寧頂批　一念心動，即為「分別」；動故有見，由無實體，故云「見妄」；衆生及世間相，皆由分別見妄而生，故云「當處發生」；輪迴亦由分別動念而生，故云「當業輪轉」。〕云何二見？〔陳攖寧頂批　二種妄見。〕一者，衆生別業妄見〔一人獨有之見〕；二者，衆生同分妄見〔多人共見〕。云何名爲別業妄見？〔原頂批　一，別業妄見，明燈影虛妄，皆見精之病，彼見性原不病也。〕阿難，如世間人，目有赤眚〔喻業識〕，夜見燈光，別有圓影〔喻根身器界〕，五色重疊。〔陳攖寧頂批　目，喻真見；赤眚，喻業相；夜，喻妄見；燈光，喻法性；圓影，喻妄境。此謂目有赤眚，於燈光見重疊之色，以喻見因業識，於境見差別之相。〕於意云何？此夜燈明，所現圓光，爲是燈色？爲當〔是〕見色？阿難，此若燈色，則非眚人何不同見，而此圓影唯眚之觀〔僅有眚者能見此影〕？若是見色，見已成色〔爲成影〕，則彼眚人見圓影者，名爲何等〔即不得名爲見〕？復次，阿難，若此圓影，離燈別有，則合〔應當〕旁觀屏帳几筵，有圓影出。離見別有，應非眼矚，云何眚人目見圓影？〔陳攖寧頂批　上即燈與見以推，此離燈與見以推。即燈見既無實體，離燈見又無定處，則知妄見差別之境，皆由業識，不即見境，亦不離見境。〕是故當知色〔燈色〕實在燈〔境不離真〕，見病爲影〔因眚成影〕，影見俱眚〔謂所見之影、能見之見，俱眚所成，皆爲眚病。即下文「因覺明成，見所緣眚」也〕。見眚非病〔即下文「本覺明心，覺緣非眚」也〕，終不應言。〔圓影既因眚有，不應以燈見而論是非。〕是燈是見，於是中有非燈非見。如第二月，非體非影〔非真月體，非水中月影〕。何以故？第二之觀，捏所成故，諸有智者，不應說言。〔陳攖寧頂批　實際並無第二月，有何是非可說？〕此捏根元，是形非形，離見非見。〔智者不應言，此月生處，是形是見，離形離見。〕此亦如是，目眚所成。今欲名誰，是燈是見。何況分別，非燈非見。云何名爲同分妄見？〔原頂批　二，同分妄見，明共感惡緣，則同覩不祥。彼見性不隨緣者，無不祥也。〕阿難，此閻浮提，除大海水，中間平陸有三千洲，正中大洲，東西括量，大國凡有二千三百，其餘小洲在諸海中，其間或有三兩百國，或一或二，至於三十、四十、五十。阿難，若復此中有一小洲，秖有兩國，唯一國人同感惡緣，則彼小洲當土衆生，覩諸一切不祥境界。或見二日，或見兩月，其中乃至暈適佩玦〔日月災象。陳攖寧頂批　暈，惡氣環日；適，音「摘」，日食；佩，雜佩有各狀；玦，如環而缺〕，彗孛飛流〔星辰災象。陳攖寧頂批　彗，星芒指一面；孛，星芒四射；飛，橫飛、絕跡；流，下注、相連〕，負耳虹蜺〔陰陽災象，詳註見本卷末。陳攖寧頂批　負，背日；耳，夾日；虹，明；蜺，暗〕，種種惡相。但此國見，彼國衆生，本所不見，亦復不聞。阿難，吾今爲汝，以此二事〔別業同分〕，進〔進別合同〕退〔退同合別〕合明〔陳攖寧頂批　進退合明〕。〔原頂批　以別業例一人，示真覺不墮妄見。〕阿難，如彼衆生，別業妄見〔陳攖寧頂批　別業妄見〕，矚燈光中所現圓影，雖似前境〔圓影無實，似境而已。陳攖寧頂批　「雖似前境」，別本作「雖現似境」〕，終彼見者，目眚所成。眚即見勞，非色所造〔非燈色之所造〕。然見眚者，終無見咎。〔有智之眚人，知因目眚，終不爲過。〕例汝今日以目觀見山河國土及諸衆生〔矚燈光中可現圓形，雖似前境〕，皆是無始見病所成〔終彼見者，目眚所成。陳攖寧頂批　一念見明，結成無明業相。業相妄立，即生妄能，遂有第二之能見，而成所見。能見、所見，皆是見病〕。見〔見分，謂能見〕與見緣〔相分，謂所見〕，似現〔非實有〕前境。元我覺明，見〔能見〕所緣〔所見〕眚〔眚即見勞非色所造〕，覺見即眚〔覺上起見即是病〕。〔原是我本覺明心，爲見相所緣之病。〕本覺明心〔然見眚者〕，覺緣非眚〔終無見咎〕。〔覺知所緣是妄，即非病。〕覺所覺〔第二見〕眚〔真見能知所見是眚〕，覺非眚中〔此真見不墮入眚中〕。此實見〔本覺〕見〔見精。見見之時〕，云何復名覺聞知見〔見非是見〕？是故汝今見我及汝，並諸世間十類衆生，皆即見眚〔皆是見病所成〕。非見眚者〔不是能知「見病」之真見〕，彼見真精，性非眚者，故不名見〔見非是見〕。阿難，如彼衆生同分妄見，例彼妄見別業一人，一病目人，同彼一國。彼見圓影，眚妄所生。此衆同分，所見不祥。同〔是〕見業中，瘴惡所起，俱是無始見妄所生。〔原頂批　以同分例一國，示大衆同薰妄見。陳攖寧頂批　同分合明。〕例閻浮提三千洲中，兼四大海娑婆世界〔陳攖寧頂批　凡聖同居土，見思惑；方便有餘土，塵沙惑；實報無障礙土，無明惑；常寂光土〕，並洎十方諸有漏國，及諸衆生，同是覺明無漏妙心〔即第一種真見〕，見聞覺知，虛妄病緣〔即第二種妄見〕，和合妄生，和合妄死。若能遠離諸和合緣〔發業、潤生二種無明，與外境相緣，和合而起，即六粗識相，爲分段生死因。陳攖寧頂批　六粗，知相、相續、執取、計名、造業、受苦〕，及不和合〔根本無明，因背覺突然而起之最初一念，名不和合，即三細業相，爲變易生死因。陳攖寧頂批　三細，業相、轉相、現相〕，則復滅除諸生死因，圓滿菩提不生滅性，清淨本心，本覺常住。〔原頂批　若能離諸妄見，自得常住真體。〕

〔原頂批　恐阿難雖明見性，而尚未明見精，故詳示之。〕「阿難，汝雖先悟本覺妙明，性非因緣，非自然性，而猶未明，如是覺元，非和合生，及不和合。阿難，吾今復以前塵問汝，汝今猶以一切世間妄想，和合諸因緣性，而自疑惑證菩提心和合起者，則汝今者妙淨見精，爲與明和？爲與暗和？爲與通和？爲與塞和？〔陳攖寧頂批　此下論見精不與諸相混雜。〕若明和者，且汝觀明，當明現前，何處雜見〔何處雜有見精〕？見相可辨，雜何形像？〔陳攖寧頂批　「見相可辨」以下，謂能見之見精，與所見之明相，了然可以辨別，並無混雜之形像。當前之明相，若謂不是見，何以知其爲明耶？似相雜矣。若謂明相即是見，如何知明相之外，尚有見精耶？〕若非見者〔若明相不是見〕，云何見明？若即見者，云何見見？〔若明相即是見，如何得知明相之外，尚有能見之見精？〕必見圓滿，何處和明？〔若見精必爲圓滿，何處能容明相能參和？〕若明圓滿，不合見和，見必異明。〔若明相亦爲圓滿，則不應該有見精參和，見精必定異於明相。〕雜則失彼性明名字，雜失明性，和明非義。〔若見精與明相混雜，則失却見精之本性，不能名之爲見。又失却當前之明相，亦不能名之爲明。〕彼暗與通，及諸羣塞，亦復如是。復次，阿難，又汝今者妙淨見精，爲與明合？爲與暗合？爲與通合？爲與塞合？若明合者，至於暗時，明相已滅，此見即不與諸暗合，云何見暗？若見暗時，不與暗合，與明合者，應非見明。既不見明，云何明合，了明非暗？〔則見明時，亦不與明合。見明既不與明合，則與明合者，未必是見明。既不見明，如何可以說見精與明合，即能了知是明非暗耶？原頂批　以上明見精非和合。〕彼暗與通，及諸羣塞，亦復如是。」〔陳攖寧頂批　自徵心破見至此，皆破妄顯真，欲人悟真以成最初方便也。原夫真心無在，靡所不在，真際無緣，離能所推。以阿難妄執心有所在，又計心爲能推，故致重重破斥。因破虛妄緣心，復問寂常真性，故引盲人矚暗，示根雖滅而性不滅；屈指飛光，顯身境動而見不動；觀河，則顏貌變而見不變；垂手，則見聞遺而性不遺，緣心去而主不去，相雖還而性不還，物雖殊而見不異，相雖局而見性周。塵有大小，見無舒縮；跡分物我，體無是非。以至真見見而無見，真覺覺而無知，斯則所破滅等諸法皆妄，而所顯不滅等性皆真也。然又明因緣自然合與非合皆妄，本非因緣自然合與非合皆真，斯則破有生之見皆妄，顯無生之性即真。故云：「破妄顯真。」苟能知真本淨，達妄本空，則最初方便得矣。上雖破妄顯真，豈妄外有真？惟在拂人之情執耳。即所謂但除其病而不除法，故下會通藏性以會妄歸真也。〕阿難白佛言：「世尊，如我思惟，此妙覺元，與諸緣塵，及心念慮，非和合耶？〔前疑是和合，此疑不是和合。〕」佛言：「汝今又言覺非和合，吾復問汝，此妙見精非和合者，爲非明和？爲非暗和？爲非通和？爲非塞和？〔此段破非和。〕若非明和，則見與明，必有邊畔〔界限〕。汝且諦觀，何處是明？何處是見？在見在明，自何爲畔？阿難，若明際中必無見者，則不相及〔見與明不相及〕，自不知其明相所在，畔云何成？彼暗與通，及諸羣塞，亦復如是。又妙見精，非和合者，爲非明合？爲非暗合？爲非通合？爲非塞合？〔此段破非合。〕若非明合，則見與明，性相乖角，如耳與明，了不相觸。見且不知明相所在，云何甄明合非合理？彼暗與通，及諸羣塞，亦復如是。」〔原頂批　以上明見精非和合。〕

「阿難，汝猶未明一切浮塵諸幻化相，當處出生〔生無來處〕，隨處滅盡〔滅無去處〕，幻妄稱相，其性真爲妙覺明體？如是乃至五陰〔又作「五蘊」。陳攖寧頂批　五陰，色、受、想、行、識〕六入〔陳

攖寧頂批　六入，眼、耳、鼻、舌、身、意〕，從十二處〔陳攖寧頂批　十二處，眼色、耳聲、鼻香、舌味、身觸、意法〕，至十八界〔陳攖寧頂批　十八界，十二處加六種識〕。因緣和合，虛妄有生；因緣別離，虛妄名滅。殊不能知，生滅去來，本如來藏〔陳攖寧頂批　如來藏，依果而稱，曰「如來」；含攝衆德，曰「藏」〕，常住〔本無來去。　陳攖寧頂批　常住，未嘗去來曰「常住」〕妙明〔本無迷悟。　陳攖寧頂批　妙明，暗不能昏〕，不動〔本無生死。　陳攖寧頂批　不動，不隨生滅〕周圓〔本無方所。　陳攖寧頂批　周圓，無不遍足〕，妙真如性〔陳攖寧頂批　妙真如性，妙萬物而至神性一切而不異〕。性真常中，求於去來，迷悟生死，了無所得。〔原頂批　總明一切幻化相，皆如來妙明真性。真性中求於去來、生死、迷悟，了不可得，而何見見之能見耶？〕

〔原頂批　以下破因緣自然之說，明五陰本如來藏妙真如性。〕「阿難，云何五陰〔陳攖寧頂批　五陰即五蘊。陰者，蓋覆；蘊者，積聚。謂積聚一切有爲法，蓋覆真如〕本如來藏妙真如性？阿難，譬如有人以清淨目〔謂真智〕觀晴明空〔喻真理〕，唯一晴虛，迥無所有〔喻理智一如，純一切妄色〕。其人無故〔喻迷真起妄〕，不動目睛，瞪以發勞〔喻不覺動念〕，則於虛空別見狂華〔喻色境妄現〕，復有一切狂亂非相。色陰當知，亦復如是。〔原頂批　色陰。〕阿難，是諸狂華，非從空來，非從目出。如是阿難，若空來者，既從空來，還從空入。若有出入，即非虛空。空若非空，自不容其華相起滅，如阿難體不容阿難。〔若有出入，即有內外。既有內外，即不可名爲虛空。空若非空，即是實體。既是實體，自不能容納華相。〕若目出者，既從目出，還從目入。即此華性從目出故，當合有見〔應當與眼同性〕。若有見者，去既華空，旋合見眼〔回來眼中時，當能看見眼〕。若無見者，出既翳空，旋當翳眼。又見華時，目應無翳，云何晴空，號清明眼？〔若從目出，既見華於空，目應當無翳。無翳之眼，即是好眼，何以必見晴空無華方稱爲好眼乎？〕是故當知，色陰虛妄，本非因緣，非自然性。〔陳攖寧頂批　色相幻成，心生幻受，領納外境，或順或逆，隨起緣思，是爲幻想。緣思相續，流變無盡，一微涉動，三界全牽。幻行既作，幻識繁興。蓋障功成，業用堅立，五陰具足，一切衆生，一切諸法，皆由此緣起，迷則有生死去來，悟則即是不動妙真如性。〕

〔原頂批　受陰。　陳攖寧頂批　受以領納爲義。受陰無觸離，二種感覺不顯。根境相接，曰「觸受」；根境離開，曰「離受」；　喜、怒、哀、樂，爲「能受」；　冷、煖、澀、滑，爲「所受」。身受爲有形之受，心受爲無形之受。〕「阿難，譬如有人，手足晏安，百骸調適，忽如忘生〔忘其身〕，性無違順〔未有感觸之故〕，其人無故以二手〔能造〕掌於空相摩，於二手中，妄生〔所造〕澀〔陳攖寧頂批　澀，音「濇」〕滑冷熱諸相，受陰當知，亦復如是。阿難，是諸幻觸，不從空來，不從掌出。如是阿難，若空來者，既能觸掌，何不觸身，不應虛空選擇來觸？〔空無分別之意，不應有選擇，選掌而觸。〕若從掌出，應非待合〔不必待二掌相合而後生〕。又掌出故，合則掌知，離則觸入，臂腕骨髓，應亦覺知入時蹤跡，必有覺心知出知入，自有一物身中往來，何待合知，要名爲觸？是故當知，受陰虛妄，本非因緣，非自然性。」

〔原頂批　想陰。　陳攖寧頂批　想以緣慮爲義。記與忘是想之邊際。有念爲記，無念曰忘。想陰離記與忘不顯。依塵而想，曰「緣境」；離塵而想，曰「緣影」。〕「阿難，譬如有人談說酢〔陳攖寧頂批　酢，同醋〕梅，口中水出；思蹋〔陳攖寧頂批　蹋，音「託」〕懸崖，足心酸澀。想陰〔意識作用〕當知，亦復如是。阿難，如是酢說，不從梅生，非從口入。如是阿難，若梅生者，梅合自談，何待人說？若從口入，自合〔當〕口聞，何須待耳？若獨耳聞，此水何不耳中而出？想蹋懸崖，與說相類。是故當知，想陰虛妄，本非因緣，非自然性。〔陳攖寧頂批　如是思蹋，非懸崖來，非足心入。若從崖來，崖合自想，何待人思？若從足入，足合自思，何待心想？若獨心思，何故足心覺有酸澀？思懸崖而足酸，此酸又從何來？若云從崖來，則足未至崖。若云從足來，則未思崖時，足何不酸耶？〕

〔原頂批　行陰。　陳攖寧頂批　行以遷流爲義。行陰不假生滅不顯。外相之生滅，爲色塵生滅；內相之生滅，爲法塵生滅。〕「阿難，譬如暴流，波浪相續，前際後際，不相踰越。行陰當知〔與第七識大有關係〕，亦復如是。阿難，如是流性，不因空生〔空無流性〕，不因水有〔因風，不因水〕，亦非水性〔水是濕性，非波浪性〕，非離空水〔離空離水，不能見波浪〕。〔陳攖寧頂批　流非空生易知，流非水有難辨。蓋能有是水，所有是流，如樹能生菓，而所生之菓則不是樹。有處所，有形相，確然可指。今流與水不能劃分爲二，則非因水有矣。〕如是阿難，若因空生，則諸十方無盡虛空，成無盡流，世界自然俱受淪溺。若因水有，則此暴流，性應非水，有所有相，今應現在。〔若說波浪因水而有，則波浪必另是一物，不過因水所激動而有波浪，應不是水，應另有波浪之處所形狀。〕若即水性，則澄清時，應非水體。〔若暴流即是水性，則當澄清無暴流時，應非水之本體矣。」若離空水，空非有外，水外無流〔此言不能離空離水〕。是故當知，行陰虛妄，本非因緣，非自然性。」

〔原頂批　識陰。　陳攖寧頂批　識以了別爲義。湛入合湛，皆是識之邊際。出流分湛之識易知，返流合湛之識難知。〕「阿難，譬如有人取頻伽瓶〔人喻業，瓶喻身〕，塞其兩孔〔喻煩惱障、所知障障塞我法二空，喻死時諸根不通〕，滿中擎空〔生死妄色中，本無實我實法。空喻識〕，千里遠行〔不悟真空，起我法二執，將真空局於方所，往來六道受生〕，用餉他國〔他國喻六道依報，即身識所依止一切之山河大地及事物〕。〔陳攖寧頂批　人擎瓶空而行，猶業持身識而走。人，喻業行；　頻伽瓶，喻勝義根；　塞其二孔，喻二障；　滿中擎空，喻生死妄色中，本無實我實法；　千里餉他，喻不悟十方同一真空，有我法二執，將真空局於方所，往來六道受生。〕識陰當知，亦復如是。

阿難，如是虛空，非彼方來，非此方入。〔喻識雖爲業牽，實無往來相。〕如是阿難，若彼方來，則本瓶中既貯空去，於本瓶地，應少虛空；若此方入，開孔倒瓶，應見空出。是故當知，識陰虛妄，本非因緣，非自然性。〔陳攖寧頂批　若執有識，隨身往來者，則彼處識陰滅，往此處生時，如將彼方虛空遠至此方。若彼陰實滅，於本瓶地，應少虛空。若此陰復生，如開孔倒瓶，應是空出。故知虛空不動，識無去來，則知識陰虛妄也。〕」

大佛頂如來密因修證了義諸菩薩萬行首楞嚴經卷第二音釋

迦旃延　外道名也。

毘羅胝子 亦外道名。此二皆名斷見外道。

胝 音「知」。

殞 于敏切。滅也。

齡 音「令」，年也。

孩孺 始生曰「孩」，始行曰「孺」。孺，濡也，言濡弱也。

膚 音「夫」。皮表曰「膚」。

腠 倉奏切。文理光美曰「腠」。

頹 杜回切。晚暮也。

耄 音「冒」。

皺 側救切。

逮 音「代」。

殂 作胡切。

攜 尸圭切，率也。

耆婆 梵語也，華言「長命西國」，風俗皆事長年天神謁求長壽故。

末伽棃 即迦旃毘羅之徒。

母陀羅　梵語也，華言「印」。

瞪　直澄切，直視貌。

懵　武亘切，昏悶不了也。

瀛渤　上以成切，下蒲没切，海之異名。

拘舍梨　即「末伽梨」異稱。

孛　蒲没切。

氛　音「焚」。

阿那律　梵語也，華言「如意」，亦云「無貧」。

閻浮提　梵語也，華言「樹洲」，洲中多諸樹故。

菴摩羅　果名，形似檳榔，色青。

娑婆　梵語也，華言「忍土」，即大千世界之都名。

伽藍　梵語也，華言「眾園」。

縮　所六切。

挽　無遠切。

築　音「竹」。

竇 音「豆」，孔也。

悚 音「松」，上聲。

慴 知劣切，恐懼也。

忝 音「天」，辱也。

矯 居天切。

梵志 梵語「婆羅門」，華言「梵志」，或云「淨裔」，即梵天苗裔。

投灰 苦行外道。

甄 音「堅」，察也。

措 音「醋」。

撮 倉括切，取也。

狹 音「洽」。

陀羅尼 梵語也，華言「總持」。

三摩提 釋見上卷。

眚 所景切。

暈 音「運」。

適　陟革切。惡氣環日曰「暈」，日食曰「適」。

佩玦　音「佩決」。妖氣近於日月，如佩玦之形。四皆日月之災象。

彗孛飛流　彗，音「瑞」，星芒偏指曰「彗」；　孛，音「浡」，芒氣四出曰「孛」；　絕跡而去曰「飛」；　光跡相連曰「流」。四皆星辰之災象也。

負耳虹蜺　虹，音「紅」；　蜺，音「倪」。氣或背日如負，旁日如耳，或明而爲虹，或暗而爲蜺。四皆陰陽之災象也。

腕　烏貫切。

髓　音「水」。

酢　音「醋」。

蹋　徒合切。

瀑　薄報切。

崖　疑皆切。

頻伽　好聲鳥名，瓶形似彼。

大佛頂如來密因修證了義諸菩薩萬行首楞嚴經卷第三

〔原頂批　六入本如來藏妙真如性。　陳攖寧頂批　六入注重在破六根。〕「復次，阿難，云何六入本如來藏妙真如性？〔原頂批　目入。　陳攖寧頂批　因塵發見，由根吸塵，故名「眼入」。〕阿難，〔此下依真起妄〕即彼目睛瞪發勞者，兼目與勞，同是菩提瞪發勞相。〔此下辨妄無實。〕因於明暗二種妄塵，發見居中，吸此塵象，名爲見性。此見，離彼明暗二塵，畢竟無體。〔陳攖寧頂批　前文如來因阿難認定緣心不捨，遂云「緣心離塵無體」，欲其捨緣心而認見性。今欲阿難即見性而認真如性，故言「見性離明暗二塵，畢竟無體」。〕如是阿難，當知是見，非明暗來，非於根出，不於空生。何以故？若從明來，暗即隨滅，應非見暗；若從暗來，明即隨滅，應無見明；若從根生，必無明暗〔明暗屬前塵，根中無明暗〕，如是見精，本無自性；若於空出，前矚塵象，歸當見根，又空自觀。何關汝入？〔與眼根無關。〕是故當知，眼入虛妄，本非因緣，非自然性。」

〔原頂批　耳入。〕「阿難，譬如有人以兩手指急塞其耳，耳根勞故，頭中作聲，兼耳與勞，同是菩提瞪發勞相。因於動靜二種妄塵，發聞居中，吸此塵象，名聽聞性。此聞離彼動靜二塵，畢竟無體。如是阿難，當知是聞，非動靜來，非於根出，不於空生。何以故？若從靜來，動即隨滅，應非聞動；若從動來，靜即隨滅，應無覺靜；若從根生，必無動靜，如是聞體，本無自性；若於空出，有聞成性，即非虛空，又空自聞。何關汝入？是故當知，耳入虛妄，本非因緣，非自然性。」

〔原頂批　鼻入。〕「阿難，譬如有人急畜其鼻〔陳攖寧頂批　畜鼻，縮氣也〕，畜久成勞，則於鼻中聞有冷觸，因觸分別，通塞虛實，如是乃至諸香臭氣，兼鼻與勞，同是菩提瞪發勞相。因於通塞二種妄塵，發聞居中，吸此塵象，名齅聞性。此聞離彼通塞二塵，畢竟無體。當知是聞，非通塞來，非於根出，不於空生。何以故？若從通來，塞則聞滅，云何知塞？如因塞有，通則無聞，云何發明香臭等觸？若從根生，必無通塞，如是聞機，本無自性。若從空出，是聞自當回齅汝鼻，空自有聞。何關汝入？是故當知，鼻入虛妄，本非因緣，非自然性。」

〔原頂批　舌入。〕「阿難，譬如有人以舌舐吻，熟舐令勞，其人若病，則有苦味。無病之人，微有甜觸。由甜與苦，顯此舌根不動之時淡性常在，兼舌與勞，同是菩提瞪發勞相。因甜苦、淡二種妄塵，發知居中，吸此塵象，名知味性。此知味性，離彼甜苦及淡二塵，畢竟無體。如是阿難，當知如是嘗苦淡知，非甜苦來，非因淡有，又非根出，不於空生。何以故？

若甜苦來，淡則知滅，云何知淡？若從淡出，甜即知亡，復云何知甜苦二相？若從舌生，必無甜淡及與苦塵。斯知味根，本無自性。若於空出，虛空自味，非汝口知，又空自知。何關汝入？是故當知，舌入虛妄，本非因緣，非自然性。」

〔原頂批　身入。〕「阿難，譬如有人以一冷手，觸於熱手，若冷勢多，熱者從冷。若熱功勝，冷者成熱。如是以此合覺之觸〔因合方覺有觸〕，顯於離知〔因離方知有合〕，涉勢若成〔冷熱相涉，使二相相成〕，因於勞觸〔因觸久成勞，妄生斯相〕，兼身與勞，同是菩提瞪發勞相。因於離合二種妄塵，發覺居中，吸此塵象，名知覺性。此知覺體，離〔除〕彼離合違順二塵，畢竟無體。如是阿難，當知是覺，非離合來，非違順有，不於根出，又非空生。何以故？若合時來，離當已滅，云何覺離？違順二相，亦復如是。若從根出，必無離合違順四相，則汝身知，元無自性。必〔若〕於空出，空自知覺。何關汝入？是故當知，身入虛妄，本非因緣，非自然性。」

〔原頂批　意入。〕「阿難，譬如有人勞倦則眠，睡熟便寤〔醒〕，覽塵斯憶，失憶爲忘，是其顛倒。〔意不緣時，本無寤寐，意勞形倦，始有睡眠。睡久勞解即醒。醒時緣塵思慮，覽憶即生；昏睡時無所緣塵，失憶即滅。住異在生滅之中，迷妄而有，故曰「顛倒」。〕生住異滅〔陳攖寧頂批　生，初憶；住，正憶；異，始忘；滅，忘盡〕，吸〔攝取〕習〔習氣〕中歸，不相踰越，稱意知根。〔生、住、異、滅四相，如浪逐浪，後不至前。〕兼意〔意根〕與勞，同是菩提瞪發勞相。〔陳攖寧頂批　意知根，謂第七末那識，以恒審思量爲體相，兼攝第八阿賴耶識。寤寐以顯根身，是親相分； 憶忘以顯器界，是疏相分。 此識由妙真如性，轉爲生滅業識，能緣根身器界，故謂顛倒。 眠、寤、憶、忘，爲意根之勞相； 意根，爲菩提之勞相。〕**因於生**〔兼住〕**滅**〔兼異〕**二種妄塵，集知居中**〔聚緣内搖之義〕，**吸撮内塵**〔即法塵〕。〔攬取五塵落謝影子。〕**見聞逆流**〔緣内塵〕，**流不及地**〔直解：「不能自緣其根。」釋要：「忘則昏住不及之境，逆流即生塵，不及即滅塵。」〕，**名覺知性。**〔纂註：「昏寐時根不緣塵，則無外塵流及意地，而意亦無所緣，即是寐則失憶，而忘爲滅也。」〕**此覺知性，離彼寤寐、生滅二塵，畢竟無體。**〔陳攖寧頂批 意根别無自體，因生滅妄塵，黏湛發知，知精映法，攬法成根。 同時意識緣外塵（即前五現前分别中），獨頭意識緣内塵； 緣外爲順流，緣内爲逆流。〕**如是阿難，當知如是覺知之根，非寤**〔醒〕**寐**〔睡〕**來，非生滅有，不於根出，亦非空生。 何以故？ 若從寤**〔醒〕**來，寐即隨滅，將何爲寐？** 〔睡即非醒，醒時之性已滅，將以何者成其寐？ 若謂從寐中來，醒時即非寐，寐中之性已滅，將以何者爲醒時之用？〕**必**〔若〕**生時有，滅即同無，令誰受滅？** 〔若從生時有，則滅之中即無性，而受滅者是誰？〕**若從滅有，生即滅無，誰知生者？**〔若從滅時有，則生之中即無性，而知生者是誰？〕**若從根**〔陳攖寧頂批 此處所謂「根」者，即意知根，亦即生、住、異、滅四相〕**出，寤寐二相，隨身開合。**〔開則覽塵斯憶爲生，合則不緣法塵爲滅。 陳攖寧頂批 寤即爲開，開則覽塵斯憶； 寐即爲合，合則失憶爲忘。〕**離斯二體，此覺知者，同於空華，畢竟無性。 若從空生，自是空知。 何關汝入？ 是故當知，意入虛妄，本非因緣，非自然性。」**

〔原頂批 十二處本如來藏妙真如性。 陳攖寧頂批 十二處注重在破六塵。〕**「復次，阿難，云何十二處**

本如來藏妙真如性？〔原頂批　眼色。〕阿難，汝且觀此祇陀樹林及諸泉池，於意云何？此等爲是色生眼見？眼生色相？阿難，若復眼根生色相者，見空非色，色性應銷，銷則顯發，一切都無。〔銷則從根顯發之一切色相都無。〕色相既無，誰明空質？空亦如是。若復色塵生眼見者，觀空非色，見即銷亡。〔空非色塵，不能生見。〕亡則都無，誰明空色？是故當知，見與色空，俱無處所，即色與見，二處虛妄，本非因緣，非自然性。」

〔原頂批　耳聲。〕「阿難，汝更聽此祇陀園中，食辦擊鼓，眾集撞鐘，鐘鼓音聲，前後相續，於意云何？此等爲是聲來耳邊？耳往聲處？阿難，若復此聲來於耳邊，如我乞食室羅筏城，在祇陀林則無有我。〔喻聲來耳邊，則他處無聲。〕此聲必來阿難耳處，目連、迦葉應不俱聞。〔喻聲來耳邊，則他處無聲，不應同時他人亦聞。〕何況其中一千二百五十沙門，一聞鐘聲，同來食處。若復汝耳往彼聲邊，如我歸住祇陀林中，在室羅城則無有我。〔喻耳往聲處，則他處無耳，不應同時聞他處之聲。〕汝聞鼓聲，其耳已往擊鼓之處，鐘聲齊出，應不俱聞。何況其中，象、馬、牛、羊種種音響，若無來往，亦復無聞。是故當知，聽與音聲，俱無處所，即聽與聲，二處虛妄，本非因緣，非自然性。」

〔原頂批　鼻香。〕「阿難，汝又齅此爐中旃檀，此香若復然於一銖，室羅筏城四十里內，同時聞氣，於意云何？此香爲復生旃檀〔陳攖寧頂批　旃檀，一說爲沉香木之根〕木，生於汝鼻？爲生於空？阿難，若復此香生於汝鼻，稱鼻所生，當從鼻出。鼻非旃檀，云何鼻中旃檀氣？稱汝聞香，當於鼻入。鼻中出香，說聞非義。若生於空，空性常恒，香應常在，何藉爐中，爇此枯木？若生於木，則此香質，因爇成煙，若得鼻聞，合蒙煙氣，其煙騰空，未及遥遠，四十里内〔陳攖寧頂批　余疑世間無此種香能散布四十里之遠〕，云何已聞？是故當知，香鼻與聞，俱無處所，即齅與香，二處虛妄，本非因緣，非自然性。」

〔原頂批　舌味。〕「阿難，汝常二時衆中持鉢，其間或遇酥酪醍醐，名爲上味，於意云何？

〔陳攖寧頂批　酪，牛、馬乳做成，經過炒熬之火候；生酥，即酪上所結之皮；熟酥，用生酥再製造；醍醐，從熟酥出。〕此味爲復生於空中？生於舌中？爲生食中？阿難，若復此味生於汝舌，在汝口中，秖有一舌，其舌爾時已成酥味，遇黑石蜜〔沙糖〕，應不推移。若不變移，不名知味。若變移者，舌非多體，云何多味一舌之知？若生於食，食非有識，云何自知？又食自知，即同他食，何預於汝名味之知？若生於空，汝噉虛空，當作何味？必其虛空，若作鹹味，既鹹汝舌，亦鹹汝面，則此界人，同於海魚。既常受鹹，了不知淡。若不識淡，亦不覺鹹。必無所知，云何名味？是故當知，味舌與嘗，俱無處處，即嘗與味，二俱虛妄，本非因緣，非自然性。」

〔原頂批　身觸。〕「阿難，汝常晨朝以手摩頭，於意云何？此摩所知，誰爲能觸？能爲在手？為復在頭？若在於手，頭則無知，云何成觸？若在於頭，手則無用，云何名觸？若各各有，則汝阿難，應有二身。若頭與手，一觸所生，則手與頭，當為一體。若一體者，觸則無成〔有二物方能成觸〕。若二體者，觸誰為在？在能非所，在所非能，不應虛空，與汝成觸。是故當知，覺觸與身，俱無處所，即身與觸，二俱虛妄，本非因緣，非自然性。」

〔原頂批　意法。〕「阿難，汝常意中所緣，善、惡、無記三性，生成法則〔即法塵，乃前五根所取現行落謝影子〕。此法為復即心所生？為當離心別有方所？阿難，若即心者，法則非塵，非心所緣，云何成處？若離於心，別有方所，則法自性，為知非知？知則名心，異汝非塵，同他心量〔法之體既異於汝，而且非塵，則同他人之心矣〕，即汝即心，云何汝心更二於汝？若非知者，此塵既非色、聲、香、味，離、合、冷、煖及虛空相，當於何在？今於色空，都無表示，不應人間更有空外。心非所緣，處從誰立？是故當知，法則與心，俱無處所，則意與法，二俱虛妄，本非因緣，非自然性。」

〔原頂批　十八界本如來識藏妙真如性。陳攖寧頂批　十八界重在破六識。〕「復次阿難，云何十八界本來如來藏妙真如性？〔原頂批　眼色識。〕阿難，如汝所明，眼色為緣，生於眼識。此識為復因眼所生，以眼為界？因色所生，以色為界？阿難，若因眼生，既無色空，無可分別，縱有汝識，欲將何用？汝見〔能見之見性〕又非青、黃、赤、白，無所表示，從何立界？若因色生，空無色時，汝識應滅，云何識知是虛空性？若色變時，汝亦識其色相遷變。汝識不遷，界從何立？從變則變，界相自無。不變則恒。既從色生，應不識知虛空所在。若兼二種，眼、色共生，合則中離，離則兩合，體性相雜，云何成界？〔眼是根，色是塵。根塵若合在一處，則其中間之識，無地可容，而離開矣。根塵若離而不合，則其中之識，亦當分作兩處，一合根而一合塵矣。陳攖寧頂批 宗通：「將謂合眼與色生乎？以有知合無知，必扞格不相入，故曰『中離』。將謂離眼與色生乎？離根則合境，離境則合根，識將誰屬？故曰『雜亂』。」直解：「若謂此識從根境二法共生，則根境中實尋不出識性在何處。若以爲合，則根境實各各不相知、不相到，中間本離。若以爲離，則開眼即有對待之境，又現見兩合，根境體性尚無標準，又從何立此兼二之識界也？」纂註：「若眼色兼合，共生識界，當半有知，半無知，故曰『中離』；若中離者，半合根，半合境，故曰『兩合』。兩合若成，有雜亂過，故不成識界也。」釋要：「根塵若合一處，其間自無空隙容識，而中界之識，即應離而在旁，何成中界？又此根塵若離在兩處，則所生之識，亦當分在兩處，而與之各合。」〕是故當知，眼色爲緣，生眼識界，三處者無，則眼與色，及色界三，本非因緣，非自然性。」

〔原頂批 耳聲識。〕「阿難，又汝所明，耳聲爲緣，生於耳識。此識爲復因耳所生，以耳爲界？因聲所生，以聲爲界？阿難，若因耳生〔此就勝義根破〕，動靜二相，既不現前，根不成知〔無所聞〕，必無所知。知尚無成，識何形貌〔無聞則無識〕？若取耳聞〔此就浮塵根破之。陳攖寧頂批 勝義根，在內不可見；浮塵根，在外可見〕，無動靜故，聞無所成，云何耳形雜色觸塵名爲識界？〔言無知之根，不能生有知之識。〕則耳識界，復從誰立？若生於聲，識因聲有，則不關聞〔不假借能聞之耳根〕，無聞則亡聲相所在。識從聲生，許聲因聞而有聲相，聞應聞識〔聞聲時應當聞識〕，不聞非界〔若不聞識，則無識界〕，聞則同聲〔若果聞識，則識亦同聲之無知〕，識已被聞，誰知聞識〔此無知之識，既被耳聞，則能知聞識者又是誰〕？〔陳攖寧頂批　聲因聞而有聲相，則識亦當因聞而有識相。於聞聲時，更應聞識。若不聞識，則識界之說非矣。〕若無知者，終如草木，不應聲聞雜成中界〔單是聲，單是聞，既不能生識界，更不應聲聞雜亂而成立中界〕。界無中位，則內外相復從何成？〔中界既無，即邊界亦不成立。〕是故當知，耳聲爲緣，生耳識界，三處都無，則耳與聲，及聲界三，本非因緣，非自然性。」

〔原頂批　鼻香識。〕「阿難，又汝所明，鼻香爲緣，生於鼻識。此識爲復因鼻所生，以鼻爲界？因香所生，以香爲界？阿難，若因鼻生，則汝心中以何爲鼻？爲取肉形〔浮塵根〕雙爪之相？爲取齅知〔勝義根〕動搖之性？若取肉形，肉質乃身，身知即觸，名身非鼻，名觸即塵，鼻尚無名，云何立界？若取齅知，又汝心中以何爲知？以肉爲知，則肉之知，元〔元是身之觸〕觸非鼻；以空爲知，空則自知，肉應非覺。如是則應虛空是汝，汝身非知，今日阿難應無所在。以香爲知，知自屬香，何預於汝？若香臭氣，必生汝鼻，則彼香臭二種流氣，不生伊蘭〔臭者〕及旃檀〔香者〕木。二物不來，汝自齅鼻，爲香爲臭？臭則非香，香應非臭。若香臭二俱能聞者，則汝一人應有兩鼻，對我問道有二阿難，誰爲汝體？若鼻是一，香臭無二，臭既爲香，香復成臭，二性不有，界從誰立？若因香生，識因香有，如眼有見〔因眼有見〕，不能觀眼，因香有故〔因香有識〕，應不知香。知則非生，不知非識。〔若知香，即非從香生；若不知香，即非識之性。〕香非知有，香界不成。〔香不因知而有，則香與識無關，不成其爲香界。〕識不知香，因界則非從香建立。既無中間，不成內外，彼諸聞性，畢竟虛妄。是故當知，鼻香爲緣，生鼻識界，三處都無，則鼻與香，及香界三，本非因緣，非自然性。」

〔原頂批　舌味識。〕「阿難，又汝所明，舌味爲緣，生於舌識。此識爲復因舌所生，以舌爲界？因味所生，以味爲界？阿難，若因舌生，則諸世間，甘蔗〔甜〕、烏梅〔酸〕、黃連〔苦〕、石鹽〔鹹〕、細辛〔辣〕、薑、桂，都無有味，汝自嘗舌，爲甜爲苦？若舌性苦，誰來嘗舌？舌不自嘗，孰爲知覺？舌性非苦，味自不生，云何立界？〔陳攖寧頂批　世味既無，必須自嘗其舌。若舌之本性是苦，則不自覺其苦，誰爲能嘗舌味者？舌既不能自嘗其苦，孰爲能知其苦者？若舌性本是淡而非苦，則味無所生，無味又從何立界耶？〕若因味生，識自爲味〔識即是味〕，同於舌根〔舌不自嘗舌，味不自嘗味〕，應不自嘗，云何識知是味非味？〔既不自嘗，云何知味？若不知味，則無識矣。〕又一切味，非一物生。味既多生，識應多體。識體若一，體必味生。〔若識體，必因味而生。〕鹹淡甘辛，和合俱生〔衆味共成〕，諸變異相〔烹調各異〕，同爲一味，應無分別。分別既無，則不名識〔無分別則非識〕，云何復名舌味識界〔非識則無界〕？不應虛空，生汝心識，舌味和合，即於是中，元無自性，云何界生？是故當知，舌味爲緣，生舌識界，三處都無，則舌與味，及舌界三，本非因緣，非自然性。」

〔原頂批　身觸識。〕「阿難，又汝所明身觸爲緣，生於身識，此識爲復因身所生，以身爲界？因觸所生，以觸爲界？　阿難，若因身生，必無合離，二覺觀緣〔身識緣於合離二相，單根不生識〕，身何所識？　若因觸生，必無汝身〔觸若無身，則不知合離，單境亦不生識〕，誰有非身知合離者？阿難，物不觸知，身知有觸〔單物不能自觸生知，因合身方知有觸〕；　知身即觸〔知有身者即是觸〕，知觸即身〔知有觸者即是身〕；　即觸非身〔此知非從身生〕，即身非觸〔此知非從觸生〕。　身觸二相，元無處所，合身〔此知若合身〕即爲身自體性，離身〔此知若離身〕即是虛空等相。　內外不成，中云何立？中不復立，內外性空，則汝識生，從誰立界？　是故當知，身觸爲緣，生身識界，三處都無，則身與觸，及身界三，本非因緣，非自然性。」

〔原頂批　意法識。〕　陳攖寧頂批　此意識界，乃第六識，了別性也。　既以了別爲性，離法無緣，意即不生。　離緣無形，識將安用？　是識緣法顯，非生於意也。　若謂意能分別，爲生識根，是七識思量，爲染淨依，八識識心，爲根本依，與前六識了別性，同乎？　異乎？　楞伽云：「心能積集業，意能廣積集。　了別性名識，對現境說五。」論云：「集起名『心』，思量名『意』，了境名『識』。」一法異名耳。　既唯一法，俱可謂之心，俱可謂之意，俱可謂之識，而微有辨者，就分數多者得名耳。　在八識，意識俱泯，但可曰「心」；　在七識，非心非識，但可曰「意」；　在六識，心意俱與境對，故曰「分別事識」。　其實一物也。　如海起波浪，非異非不異，六識逐塵，生境界風，即鼓動七識波浪，終不離乎八識湛湛藏海也。　是六、七、八識，非同非異，姑不論。　且以意生識界言之。　若謂識同於意，識即意也，何得謂「意爲能生」「識爲所生」？　謂之同，不可也。　若謂識異於意，迴然不同，則一屬有情，一屬無情，應無所識，謂之異不可也。　若無所識，必非意生。　意能分別,所生者必有識也。若有所識,當意生時,無法可緣,但有意耳,云何自識其意?若能識意,則意反爲境,不得爲根。若不識意,又同無識,非意所生矣。離法求識,最難描模。故謂之「同」,則不得名「生」;謂之「異」,則不得名「識」。是同異二性,俱無成就,識無定所,界云何立?故謂從根生者,妄也。若謂緣法而顯,即係因法而生,必有可狀之法,然後成生識之因。今世間諸法,不離色空等相,以對五根,唯五根能攝之,是五識之所因也。意能離此五塵外別有法法相狀而爲所因乎?意所自緣內境,雖不外藉五根,終不出色空生滅影子等法,即能緣出世間法。有所謂非色非空不生不滅者,然非色非空由色空顯,不生不滅由生滅顯,卒不能離生滅色空外,別有所謂法塵爲生識因。將即五塵而爲法乎?是五根因,非意因也。將離五塵而求法乎?則無法可得。既無可得,是無因也。既無所因,其何能生?若謂無因能生有識,其識必非分別色空等法。果分別何法作何相狀乎?相狀不有,識實不生,故謂因法生者,妄也。既非意生,又非法生,而意識有何處所?無處斯爲真處也已。」

「阿難,又汝所明意法爲緣,生於意識。此識爲復因意所生,以意爲界?因法所生,以法爲界?阿難,若因意生,於汝意中,必有所思,發明汝意。若無前法,意無所生,離緣無形〔離所緣之法塵,則意根無形〕,識將何用?又汝識〔意識〕心,與諸思量〔七識乃意根〕,兼了別性,爲同爲異?同意即意,云何所生?〔若識同於意,則識即是意,云何謂識乃意之所生?〕異意不同,應無所識。〔若謂識異於意,則識亦不成其爲識。〕若無所識,云何意生?〔如何謂識從意生?〕若有所識,云何識意?〔如何有識與意之二名?如何能自識其意?〕唯同與異,二性無成,界云何立?若因法生,世間諸法,不離五塵,汝觀色法,及諸聲法、香法、味法及與觸法,相狀分明,以對五根,非意所攝。汝識決定,依於法生〔若謂識從法塵生〕，今汝諦觀，法法〔法塵之法〕何狀？ 若離色空〔色塵〕、動靜〔聲塵〕、通塞〔香塵〕、合離〔味、觸二塵〕、生滅〔法塵〕，越此諸相，終無所得。 生則色空諸法等生，滅則色空諸法等滅。〔生滅離五塵，則無體，故生則諸法生，滅則諸法滅。〕所因既無，因生有識，作何形相？〔所因者法塵，既無實相，則從因而生之識，復作何狀耶？〕相狀不有，界云何生？ 是故當知，意法爲緣，生意識界，三處都無，則意與法，及意界三，本非因緣，非自然性。」

〔原頂批　以下破和合不和合之說，明七大本如來藏妙真如性。〕阿難白佛言：「世尊，如來常說和合因緣，一切世間，種種變化，皆因四大和合發明，云何如來因緣、自然二俱排擯，我今不知斯義所屬，惟垂哀愍，開示眾生，中道了義，無戲論法。」〔原頂批　阿難執昔所談，疑今第一義諦，將恐眾生聞昔和合，則滯於有聞。今排擯則溺於空，不達中道，動成戲論，故請開示。〕爾時，世尊告阿難言：「汝先厭離聲聞緣覺諸小乘法，發心勤求無上菩提，故我今時，爲汝開示第一義諦。 如何復將世間戲論、妄想因緣而自纏繞？ 汝雖多聞，如說藥人，真藥現前，不能分別，如來說爲真可憐愍。 汝今諦聽，我當爲汝分別開示，亦令當來修大乘者通達實相。」阿難默然，承佛聖旨。「阿難，如汝所言，四大和合，發明世間種種變化。〔原頂批　「若彼大性」下，意謂四大之性，不和四大之相，斯則性居相外。 此約真如隨緣，不同頑空之性也。 若和合下，既破非和，恐計和合，故復破之。 此約真如不變，不同變化等相也。〕阿難，若彼大性，體非和合，則不能與諸大雜和，猶如虛空，不和諸色。 若和合者，同於變化，始終相成，生滅相續，生死死生，生生死死，如旋火輪〔表始終相續之狀態，其實乃虛妄之相〕，未有休息。阿難，如水成冰，冰還成水。〔若執着一邊，不能融通，則如水成冰；若能徹悟，則如冰成水。〕」

〔原頂批　地大一。　陳攖寧頂批　大地，微塵，極微鄰虛空。〕「汝觀地性，麤爲大地，細爲微塵。至鄰虛塵，析彼極微色邊際相〔過此將無色相〕，七分所成〔析極微，作七分，即成鄰虛〕。更析鄰虛，即實空性。阿難，若此鄰虛，析成虛空，當知虛空生出色相。〔色相既能析成虛空，則虛空亦當合成色相。〕汝今問言，由和合故，出生世間諸變化相。汝且觀此一鄰虛塵，用幾虛空和合而有？不應鄰虛，合成鄰虛，又鄰虛塵，析入空者，用幾色相合〔析〕成虛空？若色合時，合色非空。若空合時，合空非色。〔無論許多空，合併起來，仍是空，不是色。〕色猶可析，空云何合？汝元不知，如來藏中，性色真空〔色即是空，色不異空〕，性空真色〔空即是色，空不異色〕，清淨〔法身〕本然，周遍法界，隨眾生心〔染淨之心〕，應所知量〔大小之量〕，循業〔美善之業〕發現。世間無知，惑爲因緣，及自然性，皆是識心分別計度。〔不明清淨本然周遍法界之理，則惑爲因緣；不明隨心應量循業發現之理，則疑爲自然。〕但有言說，都無實義。」

〔原頂批　火大二。〕「阿難，火性無我，寄於諸緣。汝觀城中未食之家，欲炊爨時，手執陽燧，日前求火。阿難，名和合者，如我與汝，一千二百五十比丘，今爲一眾。眾雖爲一，詰

其根本，各各有身，皆有所生氏族名字〔如此方可名爲和合〕。如舍利弗，婆羅門種；優樓頻
螺，迦葉波種；乃至阿難，瞿曇種姓。阿難，若此火性因和合有，彼手執鏡，於日求火，此
火爲從鏡中而出？爲從艾出？爲於日來？阿難，若日來者，自能燒汝手中之艾，來處
林木皆應受焚。若鏡中出，自能於鏡出然及艾，鏡何不鎔？紆〔屈〕汝手執，尚無熱相，云
何融泮？若生於艾，何藉日鏡光明相接，然後生火？汝又諦觀，鏡因手執，日從天來，艾
本地生，火從何方遊歷於此？日鏡相遠，非和非合，不應火光，無從自有。汝猶不知，如
來藏中〔此乃火之來源〕，性火真空，性空真火，清淨本然，周遍法界，隨眾生心，應所知量。阿
難，當知世人一處執鏡，一處火生，遍法界執，滿世間起，起遍世間，寧有方所，循業發現。
世間無知，惑爲因緣，及自然性，皆是識心分別計度。但有言說，都無實義。」

〔原頂批　水大三。〕「阿難，水性不定，流息無恒，如室羅城迦毘羅仙、斫迦羅仙及鉢頭摩、
訶薩多等諸大幻師，求太陰精，用和幻藥。是諸師等，於白月晝〔望前爲白月，月當頂時爲白月
晝〕，手執方諸〔陳攖寧頂批　方諸，水精球〕，承月中水。此水爲復從珠中出？空中自有？爲從
月來？阿難，若從月來，尚能遠方令珠出水，所經林木皆應吐流，流則何待方珠所出？
不流，明水非從月降。若從珠出，則此珠中常應流水，何待中宵承白月晝？若從空生，空
性無邊，水當無際，從人洎天，皆同滔溺，云何復有水陸空行？汝更諦觀，月從天陟〔升〕，

珠因手持，承珠水盤，本人敷設，水從何方流注於此？ 月珠相遠，非和非合，不應水精，無從自有。 汝尚不知，如來藏中，性水真空，性空真水，清淨本然，周遍法界，隨衆生心，應所知量，一處執珠，一處水出，遍法界執，滿法界生，生滿世間，寧有方所，循業發現。 世間無知，惑爲因緣，及自然性，皆是識心分別計度。 但有言說，都無實義。」

〔原頂批　風大四。〕「阿難，風性無體，動靜不常。 汝常整衣入於大衆，僧伽棃角，動及旁人，則有微風拂彼人面。 此風爲復出袈裟角？ 發於虛空？ 生彼人面？ 阿難，此風若復出袈裟角，汝乃披風，其衣飛搖，應離汝體。 我今說法會中垂衣，汝看我衣，風何所在？ 不應衣中有藏風地。 若生虛空，汝衣不動，何因無拂？ 〔當汝衣不動之時，空中何以無風拂彼人面？〕空性常住，風應常生。 若無風時，虛空當滅。 滅風可見，滅空何狀？ 若有生滅，不名虛空。 名爲虛空，云何風出？ 若風自生，被拂之面，從彼面生，當應拂汝。 自汝整衣，云何倒拂？ 〔欲面生風，還拂彼面，是爲倒拂。〕汝審諦觀，整衣在汝，面屬彼人，虛空寂然，不參流動，風自誰方鼓動來此？ 風空性隔，非和非合，不應風性，無從自有。 汝宛不知，如來藏中，性風真空，性空真風，清淨本然，周遍法界，隨衆生心，應所知量。 阿難，如汝一人微動服衣，有微風出，遍法界拂，滿國土生，周遍世間，寧有方所，循業發現。 世間無知，惑爲因緣，及自然性，皆是識心分別計度。 但有言說，都無實義。」

〔原頂批　空大五。〕「阿難，空性無形，因色顯發。如室羅城去河遙處，諸刹利種，及婆羅門、毘舍、首陀，兼頗羅墮、旃陀羅等，新立安居，鑿井求水。〔陳攖寧頂批　婆羅門，印度四姓中最高之僧侶階級，自稱是「梵天苗裔」；　刹利，此種族在婆羅門之次，即「刹帝利」，爲印度王、武士之種族；　毘舍，又作「吠舍」，印度四姓之一，譯作「商人」；　首陀，又作「首陀羅」，爲農人、奴隸之種族。　旃陀羅，在四姓之外，業屠殺者；　頗羅墮，華言「利根」，即婆羅門中之哲慧者。〕出土一尺，於中則有一尺虛空。如是乃至出土一丈，中間還得一丈虛空。虛空淺深，隨〔所〕出〔土之〕多少。此空爲當因土所出？因鑿所有？無因自生？阿難，若復此空，無因自生，未鑿土前，何不無礙〔空〕？唯見大地，迥無通達。若因土出，則土出時，應見空入。若土先出，無空入者，云何虛空因土而出？若無出入，則應空土元無異因，無異則同，則土出時，空何不出？若因鑿出，則鑿出空，應非出土。〔鑿乃專爲出空，不應該去鑿土。〕不〔若〕因鑿出，鑿自出土，云何見空？〔陳攖寧頂批　空性無形，豈有出入？但因色顯發，知有空耳。　有色非空，無色即空，色有去來，空無起滅。　非但地能障空，即水、火、風，皆色也；　非但鑿地可以見空，即去水、滅火、息風，皆可以見空。　故當四大之生也，空未嘗無；　當四大之滅也，空非始有。　四大有去來，而空無出入。〕汝更審諦，諦審諦觀，鑿從人手，隨方運轉，土因地移，如是虛空，因何所出？鑿〔實〕空〔虛〕虛實，不相爲用，非和非合，不應虛空，無從自出。若此虛空，性圓周遍，本不動搖，當知現前，地、水、火、風，均名五大，性真圓融，皆如來藏，本無生滅。〔陳攖寧頂批　空性周圓，容易了解。　四大真空，亦猶是也。　當未隨業之時，清淨本然，周遍法界，本未嘗無。　及既發現之後，隨感隨應，充滿世間，亦非始有。相有生滅，性無生滅。有生滅者，必不周遍。唯周遍者，自無生滅。謂之如來藏者，來無所從，去無所至，豈容生滅於其間？若論頑空，雖無出入，亦有生滅。如後云：「空生大覺中。」又云：「十方虛空，悉皆銷殞。」〕**阿難，汝心昏迷，不悟四大**〔謂迷四大與空異也，空性覺故〕**，元如來藏，當觀虛空，爲出爲入，爲非出入。汝全不知，如來藏中，性覺真空**〔覺即是空〕**，性空真覺**〔空即是覺〕**，清淨本然，周遍法界，隨衆生心，應所知量。**〔**陳攖寧頂批**　真空即真覺，原無生滅。前四大曰「真色」「真火」「真水」「真風」，皆以「真」言，皆以「性」言，不取於相。若諸相有形，安能圓融？融之云者，即色即空，即空即色，不見五大之跡，惟是一空；圓之云者，空不礙色，色不礙空，五大迭出不窮，不離一真。前以四大融會真空，此以真空銷歸真覺，明所謂真空即是真覺，非頑空可比。〕**阿難，如一井空，空生一井，十方虛空，亦復如是，圓滿十方，寧有方所，循業發現。世間無知，惑爲因緣，及自然性，皆是識心分別計度。**〔**陳攖寧頂批**　世人大概以四大爲因緣生，以虛空爲自然生。〕**但有言說，都無實義。」**

〔**原頂批**　見大六。　**陳攖寧頂批**　前地、水、火、風、空五大，即具有色、聲、香、味、觸、法六塵，所謂相分也。今見聞覺知六根，亦由清淨四大合成。夫因色空現前，對境即覺，未入分別，乃前五識，所謂見分也，故以「見大」總括之。〕

「阿難，見覺無知，因色空有。如汝今者，在祇陀林，朝明夕昏，設居中宵，白月則光，黑月便暗，則明暗等，因見分析。此見爲復與明暗相，並太虛空爲同〔同〕**一體？爲非**〔異〕**一體？或同非同**〔亦同亦異〕**？或異非異**〔非同非異〕**？**〔**陳攖寧頂批**　此見無體，但因境有。前境若無，見亦不生。豈有一體多體、或同或異之論？〕**阿難，此見若復與明與暗，及與虛空，元一體者，則明與暗，**

二體相亡。暗時無明，明時無暗。若與暗一〔若此見與暗爲一體〕，明則見亡。必一於明，暗時當滅。〔若此見與明爲一體，暗則見亡。〕滅則云何見明見暗？若明暗殊，見無生滅，一云何成〔不能說是一體〕？若此見精，與暗與明，非一體者，汝離明暗，及與虛空，分析見元，作何形相？離明離暗，及離虛空，是見元同龜毛兔角，明、暗、虛空三事俱異，從何立見〔不能說非一體〕？明暗相背，云何或同？離三〔明、暗、空〕元無，云何或異？分空分見，本無邊畔，云何非同？見暗見明，性非遷改，云何非異？〔明暗雖有變，見性不變。變者與不變者，其性異。〕汝更細審，微細審詳，審諦審觀，明從太陽，暗隨黑月，通屬虛空，壅歸大地，如是見精，因何所出。見覺〔見是覺〕、空頑〔空是頑〕，非和非合，不應見精，無從自出。〔陳攖寧頂批　明、暗、通、塞，相代於目前，猶地、水、火、風迭現於空中。境有生滅，見無生滅；境有動搖，見無動搖。其周遍法界，與空無二。然見覺、空頑，不可和合。覺即是空，謂之真空。頑空有生滅，真空無生滅。頑空生滅於真覺之中，猶四大起滅於虛空之內。〕若見聞〔覺〕知，性圓周遍，本不動搖，當知無邊不動虛空，並其動搖地、水、火、風，均名六大。性真圓融，皆如來藏，本無生滅。阿難，汝性沉淪〔謂逐塵流轉而不返也，見覺而不動故〕，不悟汝之見聞覺知本如來藏。汝當觀此見〔眼根〕、聞〔耳根〕、覺〔鼻、舌、身〕、知〔意〕，爲生爲滅？爲同爲異？爲非生滅？爲非異同？汝曾不知，如來藏中，性見覺明〔性上之見，即是本覺之明〕。覺精〔體〕、明見〔用〕，清淨本然〔未感之時〕，周遍法界，隨眾生心，應所知量。〔陳攖寧頂批　但於境上辨，不於性上辨，皆爲戲論。若於性上辨，此見緣性境，如第二月，不離真月，故性發而爲見，即真覺發而爲明。覺者，其見之精；明者，其見之用。如燈有光，燈者，其照之精；光者，其照之用。即見即覺，即覺即空，本無染污，故曰「清淨」；本無造作，故曰「本然」；本無方所，故曰「周遍」。〕如一見根，見周法界。聽〔耳〕、齅〔鼻〕、嘗〔舌〕觸，覺觸〔身〕、覺知〔意〕，妙〔既應之後，有形即見，有聲即聞，非由擬議，不假安排，故謂之「妙」〕德瑩然，遍周法界，圓滿十虛，寧有方所，循業發現〔背塵合覺，故發真如；背覺合塵，故發煩惱〕。世間無知，惑爲因緣，及自然性，皆是識心分別計度。但有言說，都無實義。」

〔原頂批　識大七。　陳攖寧頂批　地、水、火、風而依於空，爲器界五大性，所謂「相分」也；見、聞、覺、知而依於識，爲根身五大性，所謂「見分」也。〕「阿難，識性無源，因於六種根塵妄出。汝今遍觀此會聖衆，用目循歷，其目周視，但如鏡中，無別分析。〔陳攖寧頂批　根但照境，故如鏡鑑物，識有分別，故能標指。〕汝於識中，次第標指，此是文殊，此富樓那，此目犍連，此須菩提，此舍利弗。此識了知，爲生於見？爲生於相？爲生虛空？爲無所因，突然而出？〔陳攖寧頂批　見相二分，均從第八識生起，故八識湛然，即謂妙覺，即謂如來藏。〕阿難，若汝識性，生於見中，如無明暗，及與色空，四種必無，元無汝見，見性尚無，從何發識？若汝識性，生於相中，不從見生，既不見明，亦不見暗，明暗不矚，即無色空。彼相尚無，識從何發？若生於空，非相非見。非見無辨〔非見則無可分辨〕，自不能知明暗色空；非相滅緣〔非相則前緣消滅〕，見聞覺知，無處安立。處此二非

〔處此非相非見之中〕，**空則同無，有非**〔不〕**同物，縱發汝識，欲何分別？**〔識若空，則等於無。識若有，亦不同於根塵。縱於空中發出汝識，既無相無見，識又從何而分別之用？〕**若無所因，突然而出，何不日中，別識明月？**〔在日中時，不能識月，以無所因也。〕**汝更細詳，微細詳審，見託汝睛**〔根〕，**相推前境**〔塵〕，**可狀成有**〔色〕，**不相成無**〔空〕，**如是識緣，因何所出？識**〔第六識〕**動見**〔前五識〕**澄**〔陳攖寧頂批　識動見澄，識有分別，故曰「動」；見無分別，故曰「澄」〕，**非和非合，聞聽覺知，亦復如是。不應識緣，無從自出。若此識心**〔識大〕，**本無所從，當知了別**〔識大〕，**見聞覺知**〔見大〕，**圓滿湛然。性非從所，兼彼虛空**〔空大〕，**地、水、火、風，均名七大。**〔陳攖寧頂批　此了明分別事識，與見相二分，均名七大。識歸湛然，是六識與八識合，故曰「如來藏」。若六識合於塵者，爲同爲有；離於塵者，爲異爲空。非合非離，無蹤可覓，乃名「湛然」。〕**性真圓融，皆如來藏，本無生滅。**〔陳攖寧頂批　如來藏中，不生不滅，與生滅和合，而成第八識。能究竟歸不生滅者，名第九識。即識即性，不能究竟，猶存生滅者，雖湛然不波，是識非性也。見性者，不迷於識，妙在於悟。〕**阿難，汝心麤浮，不悟見聞**〔謂識精內潛，浮則但認浮根，粗則不達識精〕，**發明了知，本如來藏。汝應觀此六處識心，爲同爲異？爲空爲有？爲非同異？爲非空有？**〔陳攖寧頂批　若爲同，則諸根不能互換而用；若爲異，則眼、耳、鼻、舌同屬一知；若爲空，則儼然有分別；若爲有，則本體又無形狀；若非同，何以六識同屬一知；若非異，何以六識各有各用；若非空，何以無形狀；若非有，何以有分別。〕**汝元不知，如來藏中，性識明知**〔性中之識，即是妙明之知。　陳攖寧頂批　性識明知，謂性之識，全是明知真體〕，覺明真識〔本覺之明，即是真性之識。陳攖寧頂批 覺明真識，謂識乃覺明真識，豈可謂之因緣、自然〕，妙覺湛然，遍周法界，含吐十虛，寧有方所，循業發現。〔從明起知，不於情起；從覺生明，不於境生。此識從真性真覺中流出，識即性也，識即覺也，故云「妙覺湛然，遍周法界」。前六俱云「清淨本然」，此獨云「妙覺湛然」，以等妙之覺律之，故當微別。前六云「圓滿十方」，似稱性義；此獨云「含吐十方」，似發起義。識性無源，能爲萬法之源，凡前所云「如來藏」者，皆歸於此也。於空則曰「汝心昏迷」，謂迷四大與空異也，空性覺故；於見則曰「汝性沉淪」，謂逐塵流轉而不返也，見覺而不動故；於識則曰「汝心粗浮」，謂但認浮根，不達識精故。陳攖寧頂批 從明起知，不於情起；從覺生明，不於境生。此識從真性真覺中流出，即性即覺，所謂「轉第八識爲大圓鏡智」，此也。此性識之明知，即是覺明之真識，猶云「妙明明妙」。〕世間無知，惑爲因緣，及自然性，皆是識心分別計度。但有言說，都無實義。」

〔原頂批 如上微妙開示，自決擇心見，以至發明五陰、六根、六塵、六識、七大，皆即如來藏心，因此了知自心常住不滅。誠悟此常住真心、不動法身，則識心都無實義，不復更認六塵緣影、四大幻聚，如彼一塵一漚之身心矣，故得與大眾蕩然無礙，遍圓十方。故說偈發心，皈依聖諦，回入塵勞也。〕爾時，阿難及諸大眾，蒙佛如來微妙開示，身心蕩然，得無罣礙。是諸大眾，各各自知〔悟〕，心遍十方，見十方空，如觀手中所持葉物。一切世間諸所有物，皆即菩提妙明元心，心精遍圓，含裹十方。反觀父母所生之身，猶彼十方虛空之中，吹一微塵，若存若亡，如湛巨海，流一浮漚，起滅無從，了然自知，獲本妙心，常住不滅。〔陳攖寧頂批 開悟妙心。〕禮佛合掌，得未曾有。於如來前，說偈〔陳攖寧頂批 偈，音「氣」〕**讚佛。**

「妙湛〔不染，清淨〕**總持**〔不遺，周遍〕**不動**〔不變，本然〕**尊**〔陳攖寧頂批　妙湛，覺海圓澄，物不能汩；　總持，藏心遍圓，含裹十方；　不動，體寂如空，常住不滅〕，**首楞嚴王世希有**〔楞嚴大定，十地菩薩亦能得之，而佛則爲王也〕。

〔原頂批　偈讚發願。〕**銷我億劫顛倒想，不歷僧祇**〔阿僧祇劫，即無量數劫〕**獲法身**〔了然自知獲本妙心〕。〔陳攖寧頂批　劫，人壽自十歲起，每過一百年增一歲，增到人壽八萬四千歲時，已經過八百三十九萬九千年矣。從此時起，每過一百年減一歲，減到人壽十歲，又經過八百三十九萬九千年。如是一增一減，共計一千六百七十九萬八千年，名爲一小劫。合二十小劫爲一中劫，共計三萬三千五百九十六萬年。第一中劫，名「成劫」；　第二中劫，名「住劫」；　第三中劫，名「壞劫」；　第四中劫，名「空劫」。合四中劫共計十三萬四千三百八十四萬年爲一大劫。〕

願今得果成寶王，還度如是恒沙衆。

將此深心奉塵刹〔微塵數國土〕，**是則名爲報佛恩。**

伏請世尊爲說明，五濁惡世誓先入。〔陳攖寧頂批　五濁（本經第四卷另有解說，與後說不同）：　一，衆生濁；　二，見濁；　三，煩惱濁；　四，命濁；　五，劫濁。衆生濁，謂多作惡事，不孝敬父母，不畏惡業果報，不作功德；　見濁，謂正法已滅，像法漸起，邪見轉盛，不修善道；　煩惱濁，謂多愛欲、慳貪、爭鬭、諂曲、虛誑，攝受邪法，惱亂心神；　命濁，惡業日增，壽命日減；　劫濁，人壽減至三十歲時饑饉災起，減至二十歲時疾疫災起，減至十歲時刀兵災起。〕

如一眾生未成佛，終不於此取泥洹〔陳攖寧頂批　泥洹，即涅槃、滅度、圓寂〕。大雄〔降魔無畏〕大力〔拔除業障〕大慈〔與樂〕悲〔救苦〕，希更審除微細惑。令我早登無上覺，於十方界坐道場。舜若多〔虛空〕性可銷亡，爍迦羅〔堅固〕心無動轉。」

陳攖寧頂批　湛有圓湛，有妙湛，有覺湛，有精湛，有湛入，有黏湛。

所謂「圓湛」者，清淨本然，周遍法界，不分爲六，則湛圓矣。

所謂「妙湛」者，以妙力總持，不動則湛妙矣。

所謂「覺湛明性」者，覺合識精，如日合水，而有明性也。

所謂「湛精圓常」者，即圓湛識精也。已滅生滅，故名爲「常」。

所謂「此湛非是不流，如急流水，望如恬靜」者，經云「識動見澄」，則識有動性，名爲「想元」，是非妙湛總持，則念念受薰，習氣暴流，成諸行矣。經於諸行，喻如流者，以此。然識比諸行，猶名爲「湛」。所謂「湛入合湛」者，如波瀾滅，化爲澄水，名「行陰盡」；內內湛明，入無所入，名「識陰區宇」。則所謂「湛入」者，識陰也。湛入爲識陰，則湛爲性識明知。明知即智。智之與識，是識邊際，故說五陰而曰「湛入合湛，歸識邊際」。性識不名「湛入」者，周遍法界，無出入故。所謂「內內湛明，入無所入」者，湛出爲行，行如水流； 湛入爲識，識滅行陰。則内内湛明，入至想元，更無所入矣。所謂「識精」者，即阿陀那識也。所謂「黏湛」者，黏此識精也。此識精如水清潔，本無黏性，妄起分別，與色合故，水土雜矣，乃能成黏。若識此識者，如水清潔，本無黏性，能不合色，脱黏内伏矣。

大佛頂如來密因修證了義諸菩薩萬行首楞嚴經卷第三音釋

睛 音「精」。
吸 許及切。
畜 音「蓄」，縮也。
齅 虚救切。
舐 神紙切。
吻 文紛切，脣吻也。
銖 音「殊」。
藉 慈夜切。
爇 如悦切。

伊蘭　臭樹。

析　音「昔」。

炊　音「吹」。

爨　七亂切。

陽燧　取火鏡也。

優樓頻螺　梵語也，華言「木瓜」。

迦葉波　梵語也，華言「龜氏」。

瞿曇　梵語也，華言「地最勝」。

鎔　音「容」。

紆　憶俱切。

陟　知力切。

滔　音「叨」。

僧伽梨　梵語也，即大衣。

袈裟　華言「壞色衣」。

刹利　釋見初卷。

婆羅門　釋見二卷。

毘舍　梵語也，華言「坐估」。

首陀　梵語也，華言「農者」。

頗羅墮　梵語也，華言「利根」。

旃陀羅　釋見初卷。

突　陀骨切。

劫　具云「劫波」，華言「時分」。

僧祇　具云「阿僧祇」，華言「無數」。

泥洹　一名「泥日」，亦名「涅槃」，梵語也，華言「不生滅」，又曰「無爲」，亦名「滅度」。無爲者，取乎虛無寂寞，妙絕於有爲；滅度者，言其大患永滅，超度四流也。

舜若多　梵語也，華言「空」。

爍迦羅　梵語也，華言「堅固」。

大佛頂如來密因修證了義諸菩薩萬行首楞嚴經卷第四

〔原頂批　此富樓那躡前阿難偈云「希更審除細惑」，復請決通。蓋爲未達如來藏中，根塵萬法，循業發現，性本圓融，故有二問。佛以「山河不復生，水火不相陵」，乃至以非遣即，以即遣非，雙遮雙照，結歸禪那，並答中道了義之問。〕

爾時，富樓那彌多羅尼子，在大眾中，即從座起，偏袒右肩，右膝著地，合掌恭敬而白佛言：「大威德世尊，善爲眾生敷演如來第一義諦。世尊常推說法人中，我爲第一。今聞如來微妙法音，猶如聾人踰百步外，聆於蚊蚋〔陳攖寧頂批　蚋，同「蜹」，音「內」，小蚊也〕，本所不見，何況得聞？佛雖宣明，令我除惑，今猶未詳斯義究竟無疑惑地。世尊，如阿難輩，雖則開悟，習漏未除。我等會中，登無漏〔二乘〕者，雖盡諸漏，今聞如來所說法音，尚紆〔盤曲〕疑悔。〔陳攖寧頂批　二種疑問。〕世尊，若復世間一切根塵，陰處界等，皆如來藏清淨本然，云何忽生山河大地〔既是清淨，如何有色相〕，諸有爲相，次第遷流〔既謂本然，如何要遷流〕，終而復始？〔原頂批　一疑循業發現之義。清淨本然，即如來藏性也；山河大地，即世界及虛空也；諸有爲相，即眾生及業果也。

既清淨本然，則宜無諸相遷流，故問云何忽生諸相，次第遷流。〕又如來說，地、水、火、風，本性圓融，周遍法界，湛然常住。世尊，若地性遍，云何容水？水性周遍，火則不生，復云何明水火二性俱遍虛空，不相陵滅。世尊，地性障礙，空性虛通，云何二俱周遍法界？〔原頂批　一疑周遍圓融之義。地、水、火、風，其性既各周遍，則宜不相容而相陵矣，故云何以俱周遍無礙。〕而我不知是義攸往，惟願如來宣流大慈，開我迷雲，及諸大衆。」作是語已，五體投地，欽渴如來無上慈誨。爾時，世尊告富樓那，及諸會中漏盡無學諸阿羅漢〔陳攖寧頂批　宣說勝義〕：「如來今日普爲此會，宣勝義中真勝義性〔第一義諦〕，令汝會中，定性聲聞〔止於聲聞，不肯進修佛乘〕，及諸一切未得二空〔人空、法空爲二空，阿羅漢僅得人空，未得法空〕，回向上乘阿羅漢等，皆獲一乘〔佛乘〕寂滅場地，真阿練若〔無喧雜〕，正修行處。汝今諦聽，當爲汝說。」富樓那等，欽佛法音，默然承聽。佛言：「富樓那，如汝所言，清淨本然，云何忽生山河大地。〔原頂批　答循發之義，明山河大地所由生。〕汝常不聞如來宣說，性覺妙明〔其體本自妙而常明，不因他以有明。即妙而明，非不明也〕，本覺明妙〔明知有此性覺之妙，即明而妙，又不滯於明也〕。」富樓那言：「唯然。世尊，我常聞佛宣說斯義。」佛言：「汝稱覺明，爲復性明，稱名爲覺，爲覺不明，稱爲明覺。」富樓那言：「若此不明，名爲覺者，則無所明。」〔陳攖寧頂批　若謂性體本明，即以昭昭靈靈者而名之爲覺，則墮在明邊；若謂覺體有不明處，特加一「明」字稱爲「明覺」，則墮在不明邊。富樓那不能以無所明而名之爲覺，故言：「若此不明之體，亦名爲覺。既無能明，則無所明。」意謂，必是性體本明，方名爲覺也。然明既有所，便是背覺合塵，而非性覺離塵之妙矣。蓋性覺妙明，非不明； 本覺明妙，則又非明。離明與不明二途，方名性覺。（宗通）〕佛言：「〔以下皆宗通。若汝執言，必有所明，方稱明覺。〕若無所明，則無明覺。〔是覺以明不明，爲存亡也。豈知真覺獨立，遠離能所者乎？〕有所非覺〔明若有所，已離覺位，而不得謂之覺矣〕，無所非明〔若執覺爲無所，則觀照安施，而不得謂之明矣〕。無明又非〔若一切不明，則是無記性，又不是覺性〕，覺湛明性。性覺必明，妄爲明覺。〔性中之覺，必然是明。若執定必明，妄生分別，計著不捨，即爲明覺。覺必因明，非妙明也。有所無所，總未離所； 無明必明，總未離能： 皆非性覺之妙。 原頂批 富樓那意言，必有所明，而後稱覺也。佛意謂，汝謂無所明，則無明覺。似必有所明，而後稱覺矣。不知覺無而有所非覺，明有而無所非明，覺雖無明，而又未嘗不明，故無明非覺，性覺必明。以爲有明覺者，非也。〕覺非所明，因明立所。所既妄立，生汝妄能。無同異中，熾〔陳攖寧頂批 熾，盛也，炊也〕然成異。異彼所異，因異立同。同異發明，因此復立，無同無異。如是擾亂，相待生勞，勞久發塵，自相渾濁。〔清淨覺心，因認明一念，遂成爲業識，又轉而爲見分。因有對照而又有相分，故曰「相待生勞，勞久發塵」。此皆自相渾濁也。〕由是引起塵勞煩惱。起爲世界，靜成虛空； 虛空爲同，世界爲異。彼無同異，真有爲法。〔覺湛明性，不動周遍，豈有方所？ 不落方所，即無同異。此無同異，真無爲法也。一念妄動，認明立所，所立而真覺隱矣。所既妄立，因分別之曰，此是所。然能爲此者，則能也。其分別者，所。而能分別者，又能也。能所既立，同異即形。能必異所，所必異能。本一真覺，本無同異，而熾然成異若此，則因明立所之故也。豈但成異而已，欲異乎所異之相，則又立同名。以動則有異，靜唯一同。異者，異此無同異之覺也； 同者，同此無同異之覺也。於中發明以爲異，則又同；以爲同，則又異。因此復立無同無異。由不生不滅，與生滅和合，而成阿賴耶識，非一非異。若以爲同，則五識攬境，六識分別，七識染污；若以爲異，則五識乃其相分，六識非相分不立，七識非分別無有。此無同無異，純是識，與前無同異迥別。前無同異，非有立也，乃不生不滅真性；此無同異，見所立也，乃生滅種子。唯有能所同異影子含藏其中，便爲世界眾生業果胚胎，故有同相，有異相，有無同無異相。如是擾亂，能所相待，同異相形，不得清淨，故有勞相。勞相即無明，勞久發塵，自相渾濁。混雜真性，曰「渾」；汨清淨體，曰「濁」。由是引起塵勞煩惱見思二惑。由煩惱故，變起依正二報，動成世界，靜成虛空。虛空即上之因異立同，雖無能所，却是頑空；世界即上之熾然成異，動爲世體，異爲界體，有能有所，純是動境。此有同有異，指依報也。固是有爲粗跡。彼眾生正報，以有心性故，非如世界之異；以有色相故，非如虛空之同。然所有生滅，能無生滅，究竟能有生滅，而離能所者無生滅。至無生滅，無同無異，亦皆有爲法也。識有分別，故有爲；智無分別，故無爲。有爲，故有業果諸有爲相；無爲，即無業果諸有爲相。山河大地，本自不生，只因明立所，從妄見有爾。（宗通）

〔陳攖寧頂批　三種相續。　原頂批　世界相續。〕「覺明空昧，相待成搖，故有風輪，執持世界；因空生搖，堅明立礙，彼金寶者，明覺立堅，故有金輪，保持國土；堅覺寶成，搖明風出，風金相摩，故有火光，爲變化性；寶明生潤，火光上烝，故有水輪，含十方界；火騰水降，交發立堅，濕爲巨海，乾爲洲潭，以是義故，彼大海中，火光常起，彼洲潭中，江河常注；水勢劣火，結爲高山，是故山石，擊則成燄，融則成水；土勢劣水，抽爲草木，是故林藪，遇燒成土，因絞成水。交妄發生，遞相爲種，以是因緣，世界相續。」〔地、水、火、風、空五大，皆如來藏，清淨本然，周遍法界，循業發現，寧有方所。衆生業力，由無明始，爲無妙湛總持之故。一念忽動，覺既離空而生明，空亦離覺而生昧。覺明發識，識精湛不搖處，即水也；空昧結色，即土也；相待成搖，爲風、爲木，即土尅水而生木也；因空昧之土，生搖爲木，而覺明不搖，便成堅礙，即木尅土而生金也。金與木合生火，故曰「風金相摩，則有火光」；火與金合生水，故曰「火光上蒸，則有水輪」；水與火合生土，火騰水降而洲潭生焉；土與水合復生木，土劣水强而草木滋焉。前云風輪，乃木之性，至抽爲草木，則居然有形之木矣。五行以相尅爲夫婦，以相生爲母子，子由婦生，必夫劣然後陰陽和而生子，子生而父母之氣存焉。故山石可以成燄，可以成水，由水尅火之所成也；草木可以成土，可以成水，由土尅水所成也。以易理配之，覺明發識，爲最初湛元，其天一生水之義乎？水生東方震巽之木，木生南方離火，火生西南坤土，土生西方兑金，而西北乾金復生北方坎水，如環無端，遞相爲種，故曰「帝出乎震，齊乎巽」。震，動也，巽爲風，非「相待成搖」之旨乎？震木兑金，東西相對而爲夫婦，火於是乎生焉，非即「風金相摩」之旨乎？離爲火，坎爲水，南北相對而爲夫婦，土於是乎生焉，非即「交發立堅」之旨乎？坤爲地，艮爲山，均屬土，萬物所以成始而成終也。如此世界最下，依風輪住；大地最下，依金輪住。土與金同是堅性，俱屬地大。火不言「輪」，而言「變化性」者，在外界則諸大爲所遷革，在内界則諸大隨之生滅。火能鎔散、成熟萬物，故曰「爲變化性」。俱舍論謂：「有情業增上力，先於最下依止虛空，有風輪生。風輪之上有水輪，水輪之上方有金輪。」與此稍異。彼約安立，自下升上，以成其次。此約生起，不妨錯綜言之。無明爲風輪種，執心爲金輪種，知見爲火輪種，愛心爲水輪種，由此四輪，交妄發生，遞相爲種，復生四大，而器界安立，於是世界成、住、壞、空，始終相續。無明破則風輪息，堅執消而金輪壞，知見空而火輪滅，愛心枯而水輪涸，則器世界化成無邊法性土。（直解）〕

〔**原頂批**　衆生相續。　**陳攖寧頂批**　世界以空昧爲體，想澄成國土是也。衆生以覺明爲性，知覺乃衆生是也。空昧因覺明而顯，故世界由衆生業力而成。二者相續，皆覺明爲咎。是因明立所之妄，非他四大等生。只因認覺爲明，遂有所明。所屬相分，能屬見分。四大在器界，爲疏相分；　四大在根身，爲親相分。所妄既立，遂使六根隔礙。而見分中明理不相踰越，本一圓融寶覺，分爲見覺聞知。根塵識三，引起妄業，於是同業相纏。因父、母、己三者業同，而成卵胎有情之物。合離成化，不由父母，但由己業而成。合濕離化之物，其所以吸引同業者，皆見明爲之祟也。以妄心見妄境，而色由見發，無見則無色矣。以妄見逐妄色，而想由見成，無見則無想矣。見結爲想，識已成情，故同業相引之際，異見成憎，父爲所憎境也；　同想成愛，母爲所愛境也。女人託胎者反是。想流爲愛，愛則不離，種於是乎生焉，故愛爲輪迴之本；　母既納想，想結爲氣，胎於是乎成焉，故想爲傳命之源。」**「復次，富樓那，明妄非他，覺明爲咎。所安既立，明理不踰。以是因緣，德不出聲，見不超色，色香味觸，六妄成就。由是分開，見覺聞知，同業相纏，合離成化。見明色發，明見想成。異見成憎，同想成愛。流愛爲種，納想爲胎。交遘發生，吸引同業。故有因緣，生羯羅藍**〔凝滑，一七日〕**、遏蒲曇**〔胞，二七日〕**等**〔此後尚有三七軟肉、四七堅肉、五七形位之說〕**，胎卵濕化，隨其所應。卵唯想生，胎因情有，濕以合感，化以離應，情想合離，更相變易，所有受業，逐其飛沉。以是因緣，眾生相續。」**〔眾生之根身，窮其源流，亦是明妄所成。此明妄實非他物，亦由妙明覺心最初一念認明，轉爲覺明而成所妄。所妄既立，於是湛圓妙明覺性，分成六根處所。有此處所局礙，故不復周遍圓通。以是因緣，於器世界不能超越，故見性聞性不能周遍。妄所中色、聲、香、味、觸、法，六妄成就。由是分開妄能，而爲見、聞、嘗、嗅、覺、知六根。此即前文「結暗爲色」，後文「見精映色，結色成根」也。既有此虛妄六根，則念念執之爲我，如頻伽瓶滿中擎空，遂爲生死輪迴之本。於是根塵，各有定處；　情想合離，各有定業；　胎卵濕化，各有定報。其同業者，則一處相纏；　業不同者，則或離或合也。成化者，或合濕而成形，或離異而託化。此不因父母之生，但由己業所感也。「見明色發，明見想成」者，以人之投胎時，無緣處暗，有緣處明，既見明色，即趨明所，其想遂成就也。胎、卵、濕、化四生，隨其所感業緣而隨應之。亂思不定曰「想」，鍾愛不捨曰「情」，親附不變曰「合」，捨此趨彼曰「離」。由此四心感召，而四生亦以類應。應亦無定，隨其心而變易。或情變爲想，或想變爲情，或合化爲離，或離化爲合，故其受報亦不定。或變飛爲沉，如雀之化蛤；或沉變爲飛，如魚之化龍。善惡皆由心造，心之所變者，故業果亦隨之變易也。〕

「富樓那，想愛同結，愛不能離，則諸世間父母子孫，相生不斷，是等則以欲貪爲本；貪愛同滋，貪不能止，則諸世間卵化濕胎，隨力强弱，遞相吞食，是等則以殺貪爲本。以人食羊，羊死爲人，人死爲羊，如是乃至十生之類，死死生生，互來相噉，惡業俱生，窮未來際，是等則以盜貪爲本。汝負我命，我還汝債，以是因緣，經百千劫，常在生死；汝愛我心，我憐汝色，以是因緣，經百千劫，常在纏縛。唯殺、盜、婬，三爲根本。以是因緣，業果相續。〔原頂批　三種顛倒，皆是覺明爲咎。　陳攖寧頂批　相續通結。〕富樓那，如是三種顛倒相續，皆是覺明，明了知性，因了發相，從妄見生。山河大地，諸有爲相，次第遷流，因此虛妄，終而復始。」

〔原頂批　問如來妙覺何當復生山河大地。〕富樓那言：「若此妙覺，本妙覺明，與如來心，不增不減，無狀忽生山河大地諸有爲相。如來今得妙空明覺，山河大地，有爲習漏，何當復生？」〔原頂批　翳滅不重生華，金成不重爲鑛，木灰不重爲木。如來妙覺，悟不再迷，亦復如此。〕佛告富樓那：「譬如迷人，於一聚落，惑南爲北，此迷爲復因迷而有？因悟而出？」富樓那言：「如是迷人，亦不因迷，又不因悟。何以故？迷本無根，云何因迷？悟非生迷，云何因悟？」〔陳攖寧頂批　破迷開悟。〕佛言：「彼之迷人，正在迷時，倏有悟人，指示令悟。富樓那，於意云何？此人縱迷，於此聚落，更生迷不？」「不也，世尊。」「富樓那，十方如來，亦復如是。此迷無本，性畢竟空。昔本無迷，似有迷覺。覺迷迷滅，覺不生迷。亦如翳人〔若在滅處尋迷之根〕，見空中華。翳病若除，華於空滅。〔陳攖寧頂批　翳病若除，空中華滅，第一喻。〕忽有愚人，於彼空華所滅空地，待華更生。汝觀是人爲愚爲慧？」富樓那言：「空元無華，妄見生滅。見華滅空，已是顛倒。敕令更出，斯實狂癡。云何更名如是狂人爲愚爲慧？」佛言：「如汝所解，云何問言：『諸佛如來，妙覺明空，何當更出山河大地？』又如金鑛，雜於精金〔無明和合覺性〕，其金一純，更不成雜。〔陳攖寧頂批　鑛金一純，更不成雜，第二喻。〕如木〔煩惱〕成灰〔涅槃〕，不重爲木。〔陳攖寧頂批　木已成灰，不成爲木，第三喻。〕諸佛如來，菩提涅槃，亦復如是。」

〔原頂批　答遍融之義。　陳攖寧頂批　性相參觀。〕「富樓那，汝問言，地水火風，本性圓融，周遍法界，疑水火性，不相陵滅。又徵虛空及諸大地，俱遍法界，不合相容。〔原頂批　明性體虛空，不拒諸相。〕富樓那，譬如虛空〔比喻真如性〕，體非羣相，而不拒彼諸相發揮。所以者何？富樓那，彼太虛空，日照則明，雲屯則暗，風搖則動，霽澄則清，氣凝則濁，土積成霾，水澄成映，於意云何？如是殊方諸有爲相，爲因彼生？爲復空有？〔原頂批　明空中諸相，元自虛妄。〕若彼所生，富樓那，且日照時，既是日明，十方世界，同爲日色〔若云明相爲日所生，十方世界應當同是日色，而無須要虛空方顯露也〕，云何空中更見圓日？ 若是空明，空應自照，云何中宵雲霧之時〔即無日之時〕不生光耀？ 當知是明，非日非空，不異空日〔即日即空〕。〔原頂批 觀相既妄，妄本無體，如何得相陵滅？ 觀性元真，真非滯象，云何復不相容？〕觀相元妄，無可指陳，猶邀空華，結爲空果，云何詰其相陵滅義？ 觀性元真，唯妙覺明，妙覺明心，先非水火，云何復問不相容者？ 真妙覺明，亦復如是。汝以空明，則有空現，地水火風，各各發明，則各各現。若俱發明，則有俱現。云何俱現？ 富樓那，如一水中，現於日影，兩人同觀水中之日，東西各行，則各有日隨二人去。一東一西，先無準的，不應難言。此日是一，云何各行？ 各日既雙，云何現一？ 宛轉虛妄，無可憑據。〔陳攖寧頂批 「觀相元妄」至「不相容者」，此一段宜在「無可憑據」之下；「真妙覺明」至「無可憑據」，此一段當在「不異空日」之下。〕富樓那，〔原頂批 背覺合塵，故見諸相相拒。陳攖寧頂批 傾奪藏心。〕汝以色空，相傾相奪於如來藏，而如來藏隨爲色空，周遍法界，是故於中風動空澄，日明雲暗，眾生迷悶，背覺合塵，故發塵勞，有世間相。〔原頂批 離塵合覺，故見太虛融通。陳攖寧頂批 妙合藏心。〕我以妙明，不滅不生，合如來藏。而如來藏，唯妙覺明，圓照法界。是故於中，一爲無量，無量爲一，小中現大，大中現小，不動道場，遍十方界。身含十方無盡虛空，於一毛端，現寶王剎，坐微塵裏，轉大法輪，滅塵合覺，故發真如，妙覺明性。〔原頂批非心非空等，約非相以明真諦。陳攖寧頂批　藏心俱非。〕而如來藏，本妙圓心，〔以下七大、六根、六塵、六識〕非心非空，非地非水，非風非火，非眼非耳、鼻、舌、身、意，非色非聲、香、味、觸、法，非眼識界，如是乃至非意識界；〔以下緣覺法十二因緣〕非明無明，明無明盡，如是乃至非老非死，非老死盡；〔以下聲聞法四諦〕非苦非集，非滅非道；非智非得；〔以下菩薩法六度〕非檀那〔布施〕，非尸羅〔持戒〕，非毘棃耶〔精進〕，非羼提〔忍辱。陳攖寧頂批　羼，初現切〕，非禪那〔禪定〕，非般刺若〔智慧〕，非波羅蜜多〔到彼岸〕，如是乃至非怛闥阿竭〔如來。如來三號。陳攖寧頂批　怛，音「奪」〕。非阿羅訶〔應供〕、三耶三菩〔正遍知〕；非大涅槃；非常，非樂，非我，非淨〔涅槃四德〕。以是俱非世出世故。〔原頂批　即心即空等，約即相以明俗諦。陳攖寧頂批　藏心俱即。〕即如來藏，元明心妙；即心即空；即地即水，即風即火；即眼，即耳、鼻、舌、身、意；即色，即聲、香、味、觸、法；即眼識界，如是乃至即意識界；即明無明，明無明盡，如是乃至即老、即死、即老死盡；即苦即集，即滅即道；即智即得；即檀那，即尸羅，即毘棃耶，即羼提，即禪那，即般刺若，即波羅蜜多，如是乃至即怛闥阿竭；即阿羅訶、三耶三菩；即大涅槃；即常即樂，即我即淨。以是俱即世出世故。〔原頂批　離即離非等，約遮照以明中諦。陳攖寧頂批　即非圓融。〕即如來藏妙明心元，離即離非，是即非即。如何世間三有〔陳攖寧頂批　三有，即三界〕眾生，及出世間聲聞緣覺，以所知心測度如來無上菩提？用世語言，入佛知見？譬

如琴瑟、箜篌、琵琶，雖有妙音，若無妙指，終不能發。汝與衆生，亦復如是。寶覺真心，各各圓滿。如我按指〔喻舉心〕，**海印發光**〔即寶覺真心。陳攖寧頂批 海印，佛所得三昧之名，如大海中能印象一切事物〕。**汝暫舉心，塵勞先起，由不勤求無上覺道，愛念小乘，得少爲足。」**

陳攖寧頂批 十二因緣，或譯作「十二緣起」：一，無明。爲過去世無始煩惱。二，行。依過去世之煩惱、所作善惡之行業。三，識。依過去世之行業，而受現世受胎之一念也。四，名色。在胎中漸有心身發育之位，名爲心法。心法不能以體示之，但以名詮之。色者即眼等之身也。五，六入。即六根具足，爲將出胎之位也。六，觸。七，受。爲自六七歲後，漸次對於事物有識別苦樂感受之位也。八，愛。從十四五歲後生有種種強盛愛欲之位。九，取。爲成人以後，愛欲愈盛，馳軀諸境，取求所欲之位也。十，有。即爲因愛取煩之惱，作種種之業，招未來之果之位也，有業能招來世之果，故名爲「有」。十一，生。即依現在之業，受生未來之位。十二，老死。爲於來世老死之位。四諦法，又名「四聖諦」：一，苦諦。三界六趣之苦報也。二，集諦。貪嗔等煩惱，及善惡諸業，能集起各種苦報，故名「集」。三，滅諦，涅槃也。滅惑業，離生死之苦，真空寂滅，乃悟之果也。四，道諦，八正道也。能通涅槃，故爲道，是悟之因也。正見、正思惟、正語、正業、正命、正精進、正念、正定。前二諦爲世間流轉因果，後二諦為出世間還滅因果。四德：常、樂、我、淨，為如來法身四德之究竟處。四德為大乘之大般涅槃所具之法：一，常德。涅槃之體，恒不變而無生滅，又隨緣化用常不絕。二，樂德。涅槃之體，寂滅永安，又運用自在，適所為心。三，我德。體自實，用自在。四，淨德。解脫一切垢染，隨緣化處無污。

〔原頂批　問眾生同此妙覺，何因有妄，猶然因緣之見也。故如來將「因」字破之，言妄不因「因」生也。〕富樓那言：「我與如來，寶覺圓明，真妙淨心，無二圓滿，而我昔遭無始妄想，久在輪迴，今得聖乘，猶未究竟〔無明未盡〕。世尊諸妄一切圓滅〔極果斷德〕，獨妙真常〔究竟智慧〕。敢問如來，一切眾生，何因有妄，自蔽妙明，受此淪溺？」佛告富樓那：「汝雖除疑，餘惑未盡，吾以世間現前諸事，今復問汝。汝豈不聞，室羅城中，演若達多，忽於晨朝，以鏡照面，愛鏡中頭，眉目可見。嗔責己頭，不見面目，以為魑魅，無狀狂走，於意云何？此人何因，無故狂走？」富樓那言：「是人心狂，更無他故。」佛言：「妙覺明圓，本圓明妙。〔指眾生共具之性，本來如此，不假修成。〕既稱為妄，云何有因？〔陳攖寧頂批　妄無所因。〕若有所因，云何名妄？自諸妄想〔論及現在〕，展轉相因。從迷積迷〔究其原始〕，以歷塵劫，雖佛發明，猶不能返。如是迷因，因迷自有〔從迷積迷〕，識迷無因〔最初之迷乃無因〕，妄無所依，尚無有生，欲何為滅？得菩提者〔成佛之後〕，如寤時人，說夢中事，心縱精明，欲何因緣，取夢中物？況復無因，本無所有，如彼城中，演若達多，豈有因緣，自怖頭走，忽然狂歇？頭非外得，縱未歇狂，亦何遺失？富樓那，妄性如是，因何爲在？汝但不隨分別世間、業果、眾生三種相續〔如達多但不隨分別鏡中影子，狂性自歇，頭非外得〕，三緣斷故，三因不生，則汝心中演若達多，狂性自歇。歇即菩提，勝淨明心，本周法界，不從人得，何藉劬勞，肯綮〔陳攖寧頂批　肯綮，身中筋骨聚會之處〕修證。〔陳攖寧頂批　一歇便得，何必枝枝節節而爲之。〕譬如有人於自衣中〔喻五陰〕，繫如意珠〔喻真如性〕，不自覺知，窮露他方〔喻流轉輪迴〕，乞食馳走。雖實貧窮，珠不曾失。忽有智者，指示其珠，所願從心，致大饒富，方悟神珠，非從外得。〔原頂批　因緣斷則妄滅真現。〕」

〔原頂批　阿難仍執定因緣自然，無始妄根，頓難拔去如此，何况未學？〕即時阿難在大眾中頂禮佛足，起立白佛：「世尊，現說殺盜婬業，三緣斷故，三因不生，心中達多，狂性自歇，歇即菩提，不從人得。斯則因緣皎然明白，云何如來頓棄因緣，我從因緣，心得開悟？世尊，此義何獨我等年少有學聲聞，今此會中，大目犍連，及舍利弗、須菩提等，從老梵志〔譯作「淨裔」，波羅門四時期中之第二，即受師修學之時〕聞佛因緣，發心開悟，得成無漏。今說菩提，不從因緣，則王舍城拘舍梨等，所說自然，成第一義。惟垂大悲，開發迷蒙。〔原頂批　明演若達多之狂，非因緣，亦非自然。喻妄本無根，人自爲妄耳。　陳攖寧頂批　開釋迷悶。〕佛告阿難：「即如城中，演若達多，狂性因緣，若得滅除，則不狂性自然而出。因緣自然，理窮於是。阿難，演若達多，頭本自然，本自其然，無然非自，何因緣故，怖頭狂走？〔若謂本自天然，不假因緣。若本自然，則或狂或不狂，無所然而非自然矣。應當無一處時不自然。何故以照鏡因緣，而後始狂走耶？〕若自然頭，因緣故狂，何不自然，因緣故失？〔若謂本是自然之頭，以照鏡因緣而後發狂，何不以照鏡因緣而失其自然頭耶？〕本頭不失，狂怖妄出，曾無變易，何藉因緣？本狂自然〔若謂此狂本出於自然〕，本有狂怖，未狂之際，狂何所潛？不狂自然〔若謂此狂不出於自然〕，頭本無妄，何爲狂走？若悟本頭〔悟得本頭未失，而知狂走是妄〕，識知狂走，因緣自然，俱爲戲論。〔原頂批　因緣、自然、和合等說，俱爲戲論。「合然俱離，離合俱非，此句方名，無戲論法」，阿難多聞，只益戲論，所以不能免於摩登伽之難也。故如來深警之。〕是故我言，三緣斷故，即菩提心，菩提心生，生滅心滅，此但生滅，滅生俱盡，無功用道。若有自然，如是則明，自然心生，生滅心滅，此亦生滅。無生滅者，名爲自然，猶如世間諸相雜和成一體者，名和合性。非和合者，稱本然性。本然非然，和合非合。合然俱離，離合俱非。此句方名，無戲論法。菩提涅槃，尚在遥遠，非汝歷劫辛勤修證，雖復憶持十方如來十二部經，清淨妙理，如恒河沙，秖益戲論。汝雖談說因緣自然〔因緣自然，有益於辯，無益於道〕，決定明了，人間稱汝多聞第一〔有益於名，無益於實〕，以此積劫多聞薰習，不能免離摩登伽難，何須待我佛頂神咒，摩登伽心婬火頓歇，得阿那含〔陳攖寧頂批　初果須陀洹，入流；二果斯陀含，一來；三果阿那含，不還；四果阿羅漢，不生。阿那含，斷盡欲界之煩惱，將來只生於色界，不再來欲界〕，於我法中，成精進林，愛河乾枯，令汝解脱。是故阿難，汝雖歷劫憶持如來秘密妙嚴，不如一日修無漏業〔首楞嚴大定〕，遠離世間憎愛二苦。如摩登伽，宿爲婬女，由神咒力，銷其愛欲，法中今名性比丘尼，與羅睺羅母耶輸陀羅〔陳攖寧頂批　耶輸陀羅，乃世尊未家時之正妃，即羅睺羅之母。世尊成道五年，妃出家爲尼。羅睺羅，世尊之子，後出家爲世尊十大弟子之一，密行第一〕，同悟宿因，知歷世因，貪愛爲苦，一念薰修，無漏善故。或得出纏〔指摩登伽〕，或蒙授記〔指耶輸〕，如何自欺，尚留觀聽〔尚留戀於見聞而不肯進修〕。」

〔原頂批　一修道分。〕阿難及諸大衆，聞佛示誨，疑惑銷除，心悟實相，身意輕安，得未曾有。

〔原頂批　問修習法門。　陳攖寧頂批　求無餘涅槃。〕重復悲淚，頂禮佛足，長跪合掌而白佛言：「無上大悲清淨寶王，善開我心，能以如是種種因緣，方便提獎，引諸沉冥，出於苦海。世尊，我今雖承如是法音，知如來藏，妙覺明心，徧十方界，含育如來十方國土，清淨寶嚴，妙覺王刹。如來復責多聞無功，不逮修習。我今猶如旅泊之人，忽蒙天王賜與華屋，雖獲大宅，要因門入，惟願如來不捨大悲，示我在會諸蒙暗者，捐捨小乘，畢獲如來無餘涅槃本發心路，令有學者，從何攝伏疇昔攀緣，得陀羅尼，入佛知見。」〔陳攖寧頂批　涅槃，亦作「泥洹」，意即滅度、寂滅、不生、無爲、安樂、解脱，新譯作「圓寂」。有餘涅槃，亦作「有餘依涅槃」，謂尚餘有漏依身之苦果也；無餘涅槃，亦作「無餘依涅槃」，謂更滅依身之苦果，而無所餘也。陀羅尼，總持諸善，能遮諸惡；又，咒。〕作是語已，五體投地。在會一心，佇佛慈旨。

爾時，世尊哀愍會中緣覺聲聞，於菩提心未自在者，及爲當來佛滅度後，末法衆生，發菩提心，開無上乘妙修行路，宣示阿難及諸大衆：〔原頂批　示修習二決定義。〕「汝等決定發菩提心，於佛如來妙三摩提，不生疲倦，應當先明發覺初心二決定義。云何初心二義決定？〔原頂批　第一義，在不壞真心，爲進修因。陳攖寧頂批　修因同果。〕「阿難，第一義者，汝等若欲捐捨聲聞，修菩薩乘，入佛知見，應當審觀因地發心與果地覺爲同爲異。〔陳攖寧頂批　若在相上起修，則不生滅法即成生滅法；若在性上起修，則生滅法即成不生滅法。悟則相即是性，迷則性變爲相；悟則清淨真心，迷則生滅妄識。〕阿難，若於因地以生滅心爲本修因，而求佛乘不生不滅，無有是處〔因地與果地爲異〕。以是義故，汝當照明諸器世間可作之法，皆從變滅。阿難，汝觀世間可作之法〔喻生滅法〕，誰爲不壞？然終不聞爛壞虛空。〔原頂批　喻真性不壞。〕何以故？〔原頂批　由四大分真性爲六根，由六根起五陰以濁真性。〕空非可作〔喻不生滅法〕，由是始終無壞滅故，則汝身中，堅相爲地，潤濕爲水，煖觸爲火，動搖爲風。由此四纏分，汝湛圓妙覺明心爲視、爲聽、爲覺、爲察。〔此即衆生相續一段中所云「明理不踰，聽不出聲，見不超色」。四纏分隔妙心，猶之器世間分隔虛空。器世間可壞，而虛空終不可壞。世間在虛空之內，四纏亦不出妙心之外。若悟性色真空、性空真色之理，則七大皆如來藏。〕從始入終，五疊渾濁。〔陳攖寧頂批　五疊渾濁。〕云何爲濁？阿難，譬如清水，清潔本然，即彼塵土灰沙之倫，本質留礙，二體法爾，性不相循〔其性本來如此〕。有世間人，取彼土塵，投於淨水，土失留礙，水亡清潔，容貌汩〔陳攖寧頂批　汩，音「骨」，水急流不定貌〕然，名之爲『濁』。汝濁五重，亦復如是。〔原頂批　詳五陰虛妄，濁壞真性。〕阿難，汝見虛空，遍十方界，空見不分，有空無體，有見無覺，相織妄成，是第一重，名爲『劫濁』。〔色屬相分，識屬見分。識，水也；色，土也。見空相織，如水土合，故名爲「濁」。見初動時，唯見一空。有空無體，即是頑空；有見無覺，即是無明。既有虛空，遍十方界，成住壞空，皆由此始，故謂之「劫」。空見不分，是見分與器界疏，相分淆而爲濁，故名「劫濁」，屬色陰。陳攖寧頂批　一，劫濁（色陰）：在滅劫中，饑荒、瘟疫、水火、刀兵災難迭起。〕汝身現摶，四大爲體，見聞覺知，壅令留礙，水火風土，旋令覺知，相織妄成，是第二重，名爲『見濁』。〔見聞覺知，本無留礙，因四大所壅，而有留礙；水火風土，本無覺知，因六根所礙，而有覺知。是見分與身中親，相分淆而爲濁也，故名「見濁」，屬受陰。前攝六根爲見大，此亦總六根爲見濁。陳攖寧頂批　二，見濁（受陰）：正法已滅，像法漸起，邪見轉盛，不修善道。〕又汝心中，憶識誦習，性發知見，容現六塵，離塵無相，離覺無性，相織妄成，是第三重，名『煩惱濁』。〔見境領納，屬前五識；憶識誦習，屬第六識。是知見由真性發起，神發知矣，不可謂之性矣。是意想中容現六塵顯現其中，是謂「內塵」，亦可謂之「想」。離六塵之外，別無變相；離知覺之外，別無真性。塵勞煩惱，汩亂湛覺，是知見與法塵淆而爲濁，故名「煩惱濁」，屬想陰。陳攖寧頂批　三，煩惱濁（想陰）：多愛欲、貪嗔、爭鬬、諂曲、虛誑，攝受邪法，惱亂心神。〕又汝朝夕，生滅不停，知見每欲留於世間，業運每常遷於國土，相織妄成，是第四重，名『眾生濁』。〔意想知見，每欲留於世間，戀着三界，猶可知也；輪迴業運，每常遷於國土，變化密移，不可知也。總不離衆生因，亦不離衆生果，是知見與衆生相流轉而爲濁也，故名「衆生濁」，屬行陰。〔陳攖寧頂批　四，衆生濁（行陰）：作惡多端，不作功德，不畏惡業果報，不孝父母。〕**汝等見聞，元無異性，衆塵隔越，無狀異生，性中相知，用中相背，同異失準，相織妄成，是第五重，名爲『命濁』。**〔行陰屬第七識，其濁易辨；識陰屬第八識，其濁難晰。故見聞覺知，自湛元而分，元無異性。六塵不同，牽生六識。眼不別聲，耳不別色，不相互用，故異生。唯無異性，故性中相知；唯衆塵隔越，故用中相背。性本不生不滅，故同；用處與生滅和合，故異。未轉第八識，即無後得智。於前五識不得圓妙，故性中雖了了相知，及至用時，與如來用中相背，轉不盡，故失準而名識。轉盡即不失準，而均謂之性矣。如來藏一性無二，如來準此滅生滅心。二乘見自共相，即於同失準，如來藏隨爲色空，如來準此種類俱空。二乘取真證滅，即於異失準也。絲毫未化，命蒂猶存，來先去後，作主人公。是性與識，相織成妄，而爲濁也，故名「命濁」，屬識陰。此五濁皆非實有，故曰「妄成」。如水清潔，原非有土；如土留礙，原非有水。二性本不相循，心境不相到故。若知湛無黏性，知妄即離，離妄即覺。但一湛圓，妙覺明心，不落視聽覺察，如水自瑩然，何濁之有？必須悟知本來無濁者，然後可爲不生不滅之根因也。（諸法有自共二相。屬於自體之相，謂之「自相」；通於他相，謂之「共相」。例如五蘊之中，五蘊各事是自相，生住異滅是共相。）陳攖寧頂批　五，命濁（識陰）：惡業日增，壽命日減。〕**阿難，汝今欲令見聞覺知，遠契如來常樂我淨，應當先擇死生根本，依不生滅圓湛性成。以湛旋其虛妄滅生，伏還元覺，得元明覺，無生滅性，爲因地心，然後圓成果地修證。**〔原頂批　能以真性，滅妄還元，爲進修因，則可以成果地修證。〕**如澄濁水，貯於靜器**〔知止而后有定〕，**靜深不動，沙土自沉，清水現前**〔定而後能靜〕，**名爲初伏客塵煩惱。**〔陳攖寧頂批　澄濁復湛。〕**去泥純水，名爲永斷根本無明。明相精純，一切變現，不爲煩惱**〔安而後能慮〕，**皆合涅槃，清淨妙**

德〔慮而後能得〕。」

〔原頂批　第二義在審煩惱根本爲解結處。〕「第二義者，汝等必欲發菩提心，於菩薩乘，生大勇猛，決定棄捐諸有爲相，應當詳審煩惱根本，此無始來，發業潤生，誰作誰受。阿難，汝修菩提，若不審觀煩惱根本，則不能知虛妄根塵，何處顛倒。處尚不知，云何降伏，取如來位？阿難，汝觀世間解結之人，不見所結，云何知解？〔陳攖寧頂批　第二決定義，解結從根。〕不聞虛空被汝隳裂，何以故？空無形相，無結解故。則汝現前，眼耳鼻舌，及與身心，六爲賊媒，自劫家寶。由此無始眾生世界，生纏縛故，於器世間，不能超越。阿難，云何名爲眾生世界？〔原頂批　詳六根與世界相涉。陳攖寧頂批　眾生世界。〕世爲遷流，界爲方位。汝今當知，東、西、南、北、東南、西南、東北、西北、上、下，爲界；過去、未來、現在，爲世。方位有十〔十方〕，流數有三〔三世〕，一切眾生，織妄相成，身中貿遷，世界相涉，而此界性，設雖十方，定位可明。世間秖目東西南北，上下無位，中無定方，四數〔即四方〕必明，與世〔三世〕相涉。三四四三，宛轉十二，流變三疊，一十百千〔在此四位之中，流變三疊，即三次以十進〕，總括始終。〔原頂批　詳六根優劣，以備選擇。陳攖寧頂批　六根功德。〕六根之中，各各功德，有千二百。阿難，汝復於中，克定優劣。〔陳攖寧頂批　一，眼根缺劣。〕如眼觀見，後暗前明。前方全明，後方全暗，左右旁觀三分之二。統論所作，功德不全。三分言功，一分無德。當知眼唯八百功德。〔陳攖寧

頂批　二，耳根具優。〕如耳周聽，十方無遺。動若邇遥，靜無邊際。當知耳根，圓滿一千二百功德。〔陳攖寧頂批　三，鼻根缺劣。〕如鼻齅聞，通出入息。有出有入，而闕中交。〔出入交替之時，沒有作用。〕驗於鼻根，三分闕一。當知鼻唯八百功德。〔陳攖寧頂批　四，舌根具優。〕如舌宣揚，盡諸世間出世間智。言有方分〔方所、分際，即限量之意〕，理無窮盡。當知舌根，圓滿一千二百功德。〔陳攖寧頂批　五，身根缺劣。〕如身覺觸，識於違順。合時能覺，離中不知，離一合雙。〔合時能覺，或違或順，故曰「合雙」。〕驗於身根，三分闕一。當知身唯八百功德。〔陳攖寧頂批　六，意根具優。〕如意默容，十方三世一切世間出世間法，唯聖與凡，無不包容，盡其涯際。當知意根，圓滿一千二百功德。」

〔原頂批　能於六根中擇一深入，則六根一時清淨。〕「阿難，汝今欲逆生死欲流，反窮流根，至不生滅。〔此即答前阿難所問「從何攝伏疇昔攀緣，得陀羅尼，入佛知見」。陳攖寧頂批　四流：見流，三界之見惑；欲流，欲界一切諸惑；有流，色界、無色界一切諸惑；無明流，三界之無明也。最初一念，認明墮所，有所明即有不明，故名「無明」，又名「癡惑」；因此流轉生死，不能出三界，故名「流」也。〕當驗此等六受用根，誰合〔舌、身〕誰離〔眼、耳〕，誰深〔意〕誰淺，誰爲圓通〔耳、舌、意〕，誰不圓滿〔鼻、眼、身〕。若能於此悟圓通根〔陳攖寧頂批　悟圓通根〕，逆彼無始，織妄業流，得循圓通，與不圓根，日劫相倍。〔眼雖離而不圓，舌雖圓而不離，意雖圓深，而有所緣不能離。〕我今備顯，六湛圓明，本所功德，數量如是，隨汝詳擇。其可入者，吾當發明，令汝增進。十方如來，於十八界，一一修行，皆得圓滿無上菩提。於其中間，亦無優劣。但汝下劣，未能於中圓自在慧。故我宣揚，令汝但於一門深入，入一無妄，彼六知根，一時清淨。」

〔原頂批　問選根深入。〕阿難白佛言：「世尊，云何逆流深入一門，能令六根一時清淨？」

佛告阿難：「汝今已得須陀洹果〔初果〕，已滅三界衆生世間見所斷惑〔即八十八使見惑，此惑斷盡，即證初果〕。然猶未知根中積生，無始虛習〔即八十一品思惑。此惑斷盡，即證四果〕。〔陳攖寧頂批　修斷虛習。〕彼習要因修所斷得，何況此中生住異滅，分齊頭數〔分劑之輕重、等級之差別〕。今汝且觀現前六根，爲一爲六？〔原頂批　明真體圓湛，無一六相。〕阿難，若言一者，耳何不見？目何不聞？頭奚不履？足奚無語？若此六根，決定成六，如我今會，與汝宣揚微妙法門，汝之六根，誰來領受？」阿難言：「我用耳聞。」佛言：「汝耳自聞，何關身口？口來問義，身起欽承，是故應知，非一終六，非六終一，終不汝根，元一元六。阿難當知，是根非一非六，由無始來，顛倒淪替，故於圓湛，一六義生。汝須陀洹〔入流，即初果〕，雖得六銷，猶未亡一。如太虛空，參合羣器。由器形異，名之異空。除器觀空，說空爲一。彼太虛空，云何爲汝成同不同？何況更名是一非一，則汝了知六受用根，亦復如是。」

陳攖寧頂批　見所斷惑，即八十八使。貪、嗔、癡、慢、疑、身見、邊見、邪見、見取見、禁戒取見，此十惑，名本惑。貪、嗔、癡、慢，須見修二斷。疑與五見，唯見斷。就此見斷之十惑所迷之諦理而差別之，有八十八使。欲界苦諦下十惑，如上述；集、滅二諦下各七惑，除身、邊、戒三惑；道諦下八惑，除身、邊二惑。色界與無色界各二十八惑：苦下九惑，集下六惑，滅下六惑，道下七惑，蓋於欲界四諦之惑中，各除一「嗔」也。修所斷惑，即八十一品思惑。欲界爲一地，色界四禪爲四地，無色界四處爲四地，共九地。每地各具九品之思惑，從上上品、上中品、上下品，乃至中上品、中中品、中下品，及下上品、下中品、下下品，故有九九八十一品。欲界具九品貪、嗔、癡、慢；色界、無色界各有九品貪、癡、慢，但無嗔恚。十種惑：貪，貪著自心，順情之境，而起種種之妄見；嗔，使身心熱惱而起諸惡業，嗔譬如火，能燒盡一切功德；癡，即無明，謂心性闇昧，迷於事理，一切煩惱由此而起；慢，計己爲勝，視他爲劣；疑，於諸事理，猶豫而無決定之見；身見，即我見；邊見，如斷常有無之見，執着一邊；邪見，違背正道之見，不信因果之見；見取見，於非真妙法中，謬計涅槃，心生取著，以所得爲勝；戒取見，於非戒之中，謬以爲戒，强執勝妙，希取進行，如外道苦行之類。

〔**原頂批**　詳六根黏湛而發。　**陳攖寧頂批**　六受用根。〕**「由明暗等二種相形，於妙圓中黏湛發見。**

〔色塵，即自心之相分；圓湛之性，隨緣而有六根，即前所謂「虛空參合羣器，安生異空」之義，即自心之見分。　**陳攖**

寧頂批　因色成見。〕見精映色〔照境發識〕，結色成根〔即勝義根〕。根元目爲清淨四大〔乃染中說淨，非無漏妙明之淨〕，因名眼體，如蒲萄朵〔即浮塵根〕，浮根四塵，流逸奔色。〔此用能造所造八法爲體。今言四塵，但舉所造耳。能造者，地、水、火、風；所造者，色、香、味、觸。八法，地、水、火、風，名爲「四大」，以其無不有故也；色、香、味、觸，名爲「四微」，以其體性微細故也。人身因四大假合而有，而四大亦由四微所成，故稱「八法」。陳攖寧頂批　眼、耳、鼻、舌，名「浮根」；色、聲、香、味，名「四塵」。在浮根、四塵之中，眼根則專奔色塵。〕由動靜等二種相擊，於妙圓中黏湛發聽。〔陳攖寧頂批　因聲成聞。〕聽精映聲，卷聲成根。根元目爲〔即稱爲〕清淨四大，因名耳體，如新卷葉，浮根四塵，流逸奔聲。由通〔虛空〕塞〔色相〕等二種相發，於妙圓中黏湛發齅。〔陳攖寧頂批　因香成齅。〕齅精映香，納香成根。根元目爲清淨四大，因名鼻體，如雙垂爪，浮根四塵，流逸奔香。由恬〔淡味〕變等二種相參，於妙圓中黏湛發嘗。〔陳攖寧頂批　因味成嘗。〕嘗精映味，絞味成根。根元目爲清淨四大，因名舌體，如初偃月，浮根四塵，流逸奔味。由離合〔有能所即有合離〕等二種相摩，於妙圓中黏湛發覺。〔陳攖寧頂批　因觸成覺。〕覺精映觸，摶觸成根。根元目爲清淨四大，因名身體，如腰鼓〔腰鼓，即細腰鼓〕顙，浮根四塵，流逸奔觸。由生滅等二種相續，於妙圓中黏湛發知。〔陳攖寧頂批　因法成知。〕知精映法，攬法〔法塵〕成根。根元目爲清淨四大，因名意思，如幽室見〔如處密室而見外物〕，浮根四塵，流逸奔法。〔原頂批　惟六根虛妄，故離塵無體。但能隨拔一根歸真，則六根互相爲用。〕阿難，如是六根，由彼覺明〔性覺妙明〕，有明明覺〔妄爲明覺〕，失彼精了，黏妄發光〔由塵粘湛，成此妄相〕。〔陳攖寧頂批　脱黏塵妄。〕是以汝今，離暗離明，無有見體；離動離靜，元無聽質；無通無塞，齅性不生；非變非恬，嘗無所出；不離不合，覺觸本無；無滅無生，了知安寄。汝但不循〔不隨塵轉〕動靜、合離、恬變、通塞、生滅、明暗，如是十二諸有爲相，隨拔一根，脱黏〔離塵〕內伏〔不向外奔逸〕，伏歸元真，發本明耀。耀性發明，諸餘五黏，應拔圓脱，不由前塵所起知見。明不循根，寄根明發。由是六根，互相爲用。〔陳攖寧頂批　六根互用。〕阿難，汝豈不知，今此會中，阿那律陀，無目而見〔天眼通〕；跋難陀龍，無耳能聽；殑伽〔河名〕神女，非鼻聞香；驕梵鉢提〔人而牛嚼〕，異舌知味；舜若多〔空〕神，無身覺觸。如來光中，映令暫現，既爲風質，其體元無，諸滅盡定，得寂聲聞。如此會中摩訶迦葉，久滅意根，圓明了知，不因心念。〔陳攖寧頂批　根塵俱銷。〕阿難，今汝諸根，若圓拔已，內瑩發光，如是浮塵，及器世間，諸變化相，如湯銷冰，應念化成無上知覺。〔原頂批　即真見不假於緣，以例六根，故根塵既消，覺明圓妙。〕阿難，如彼世人，聚見於眼，若令急合，暗相現前，六根黯然〔六根無辨〕，頭足相類〔頭足不分〕。彼人以手循體外繞，彼雖不見，頭足一辨〔而頭與足一一能辨別〕，知覺是同。緣見因明，暗成無見，不明自發〔普通所謂「見」，必因明而有見，暗則不能見。若不藉外明，而自發本明〕，則諸暗相永不能昏。根塵既銷，云何覺明不成圓妙？」阿難白佛言：「〔原頂批　阿難疑真常爲斷滅，故發此問。〕世尊，如佛說言，因地覺心，欲求常住，要與果位名目相應。世尊，如果位中，菩提〔斷障證智〕，涅槃〔不生不滅〕，真如〔不妄不變〕，佛性〔離過絕非〕，菴摩羅識〔第九白淨識，分別一切，而無染着〕，空如來藏〔一法不立，煩惱蕩盡〕，大圓鏡智〔洞照萬法，而無分別〕，是七種名，稱謂雖別，清淨圓滿，體性堅凝，如金剛王，常住不壞。若此見聽，離於明暗，動靜通塞，畢竟無體。猶如念心，離於前塵，本無所有，云何將此畢竟斷滅，以爲修因，欲獲如來七常住果？〔陳攖寧頂批　誤認斷滅。〕世尊，若離明暗，見畢竟空，如無前塵，念自性滅，進退循環，微細推求，本無我心，及我心所，將誰立因，求無上覺？如來先說湛精圓常，違越誠言，終成戲論，云何如來真實語者？惟垂大慈，開我蒙悋〔悋，同「吝」〕。〔陳攖寧頂批　蒙悋，愚昧而有執着。〕

〔原頂批　即耳根以喻六根，見有超於聞聲者在。〕佛告阿難：「汝學多聞，未盡諸漏，心中徒知顛倒所因，真倒現前〔即執常爲斷〕，實未能識。恐汝誠心猶未信伏，吾今試將塵俗諸事，當除汝疑。」即時如來敕羅睺羅擊鐘一聲〔陳攖寧頂批　擊鐘驗常〕，問阿難言：「汝今聞不？」阿難、大眾俱言：「我聞。」鐘歇無聲，佛又問言：「汝今聞不？」阿難、大眾俱言：「不聞。」時羅睺羅又擊一聲，佛又問言：「汝今聞不？」阿難、大眾又言俱聞。佛問阿難：「汝云何聞？云何不聞？」阿難、大眾俱白佛言：「鐘聲若擊，則我得聞；擊久聲銷，音響雙絕，則名無聞。」如來又敕羅睺羅擊鐘，問阿難言：「爾今聲不？」阿難、大眾俱言：「有聲。」

少選聲銷，佛又問言：「爾今聲不？」阿難、大衆答言：「無聲。」有頃，羅睺羅更來撞鐘，佛又問言：「爾今聲不？」阿難、大衆俱言：「有聲。」佛問阿難：「汝云何聲？云何無聲？」阿難、大衆俱白佛言：「鐘聲若擊，則名有聲；擊久聲銷，音響雙絕，則名無聲。」

佛語阿難及諸大衆：「汝今云何自語矯亂？」大衆、阿難俱時問佛：「我今云何名爲矯亂？」佛言：「我問汝聞，汝則言聞。又問汝聲，汝則言聲。唯聞與聲，報答無定，如是云何不名矯亂？〔原頂批　聲自生滅，聞非有無。以聞爲聲，必惑常爲斷矣。故復驗生不昏、死不滅，以顯性淨妙常。〕阿難，聲銷無響，汝說無聞。若實無聞，聞性已滅，同於枯木，鐘聲再擊，汝云何知？知有知無，自是聲塵。或有或無，豈彼聞性爲汝有無？聞實云無〔若聞性實隨聲滅〕，誰知無者？是故阿難，聲於聞中，自有生滅，非爲汝聞，聲生聲滅。令汝聞性，爲有爲無，汝尚顛倒，惑聲爲聞，何怪昏迷，以常爲斷！終不應言，離諸動靜，閉塞開通，說聞無性。〔陳攖寧頂批　引夢驗常。〕如重睡人，眠熟床枕，其家有人，於彼睡時，擣練舂米，其人夢中，聞舂擣聲，別作他物。或爲擊鼓，或爲撞鐘。即於夢時，自怪其鐘爲木石聲響。於時忽寤，遄知杵音，自告家人：『我正夢時，惑此舂音，將爲鼓響。』阿難，是人夢中，豈憶靜搖、開閉、通塞？其形雖寐，聞性不昏。縱汝形銷，命光遷謝，此性云何爲汝銷滅？〔原頂批　聞性不滅，餘可類推。〕以諸衆生，從無始來，循諸聲色，逐念流轉，曾不開悟性淨妙常，不循所常，逐諸生滅。由是生生，雜染流轉。若棄生滅，守於真常，常光現前，根塵識心，應時銷落，想相為塵，識情為垢，二俱遠離，則汝法眼應時清明，云何不成無上知覺？」

大佛頂如來密因修證了義諸菩薩萬行首楞嚴經卷第四音釋

蚋 而銳切。

聆 音「令」，聞也。

阿練若 梵語也，華言「無喧雜」。

烝 音「徵」。

潬 徒旱切。

遞 音「第」。

羯羅藍 梵語也，華言「凝滑」。

遏蒱曇 梵語也，華言「胞」，即受生託質之始也。

倏 音「叔」。

鑛 音「拱」，金璞。

霾 音「埋」。

準 之尹切。

屯 徒渾切。

檀那 梵語也，華言「施」。

尸羅 華言「戒」。

毘梨耶 華言「精進」。

羼提 華言「忍辱」。

禪那 華言「定」。

般剌若 華言「智慧」。

波羅蜜多 華言「到彼岸」，六度也。

怛闥阿竭 華言「如來」。

阿羅訶 華言「供應」。

三耶三菩 華言「正遍知」，十號之三也。

演若達多 梵語也，華言「祠授」，求祠而得也。

魑魅 音「癡昧」，山澤之怪也。

耶輸陀羅 華言「華色」。

泊 步各切。

汩 古忽切。

媒 音「梅」，引也。

貿 亡候切。

須陀洹 梵語也，華言「入流」，即初果聖人。

黏 女廉切。

恬 徒廉切。

阿那律陀 釋見二卷。

跋難陀 梵語也，華言「賢者」。

殑伽 梵語也，華言「天堂來」，河名。

驕梵鉢提 梵語也，華言「牛呞」。

舜若多 釋見三卷。

摩訶迦葉 釋見三卷。

黯 乙湛切。

菴摩羅 梵語也，華言「白淨」。

舂 書容切。

遄 音「然」，速也。

怪 音「恠」。

藪 音「叟」。

大佛頂如來密因修證了義諸菩薩萬行首楞嚴經卷第五

〔原頂批　問成結、解結根因。　陳攖寧頂批　前富樓那問「一切眾生何因有妄，自蔽妙明」，今阿難問「今日身心，云何是結，從何名解」，皆欲窮極妄根，細研俱生無明，庶知所結之元，而破除之也。〕阿難白佛言：「世尊，如來雖說第二義門〔第四卷所謂「詳審煩惱根本」〕，今觀世間解結之人，若不知其所結之元，我信是人，終不能解。世尊，我及會中有學聲聞，亦復如是。從無始際，與諸無明，俱滅俱生。雖得如是多聞善根，名爲出家，猶隔日瘧〔時悟時迷，病根未除〕。惟願大慈，哀愍淪溺。今日身心，云何是結〔結在何處〕？從何名解〔從何方法入手而後得解〕？亦令未來苦難眾生，得免輪迴，不落三有。」作是語已，普及大眾，五體投地，兩淚翹誠，佇佛如來，無上開示。爾時，世尊憐愍阿難及諸會中諸有學者，亦爲未來一切眾生，爲出世因，作將來眼，以閻浮檀紫金光手〔陳攖寧頂批　閻浮提，亦名「剡浮」，或名「贍部」，須彌南面有此樹，故以名洲，即南贍部洲也。閻浮檀金，閻浮，樹名；檀，洲名。此洲河中出金沙〕，摩阿難頂〔表無上開示〕。即時十方普佛世界，六種震動〔表破六根妄結〕，微塵如來，住世界者，各有寶光，從其頂出。其光同時於彼世界，來祇陀林，灌如來頂〔示共同發明大佛頂法〕，是諸大眾，得未曾有。〔陳攖寧頂批　第一卷中云：「阿難見佛頂禮悲泣，恨無始來，一向多聞，未全道力，殷勤啟請十方如來得成菩提妙奢摩他、三摩、禪那最初方便。」〕於是，阿難及諸大眾，俱聞十方微塵如來異口同聲同音〔示諸佛脱生死、證菩提，皆由斯要。所證是同，故所說不異〕，告阿難言：「善哉，阿難，汝欲識知俱生無明，使汝輪轉生死結根，唯汝六根，更無他物。〔原頂批　明成結、解結，總惟六根。陳攖寧頂批　指月錄廿三卷：「金陵清涼泰欽法燈禪師，性豪邁，不事事。眾易之，法眼獨契重。眼一日問眾：『虎項金鈴，是誰解得？』眾無對。師適至，眼舉前語，師曰：『繫者解得。』法眼（法眼於後周顯德五年戊午入滅）謂眾曰：『汝輩輕渠不得。』」〕阿難雖聞如是法音，心猶未明，稽首白佛云：「何令我生死輪迴，安樂妙常？同是六根，更非他物。」佛告阿難：「根塵同源，縛脱無二。識性虛妄，猶如空華。阿難，由塵發知，因根有相，相見無性，同於交蘆。是故汝今知見立知，即無明本；知見無見，斯即涅槃。〔原頂批　知見立知，即是結；知見無見，即是解。陳攖寧頂批　溫州瑞鹿寺上方遇安禪師（宋太宗時人）於此讀爲「知見立，知即是無明本；知見無，見斯即涅槃」。人謂師曰：「破句了也。」師曰：「此是我悟處，畢生不易。」時謂之「安楞嚴」。至道元年春，將示寂，作偈已，澡身易衣，安坐令舁棺至室。良久自入棺。經三日，門人啟棺，覩師右脅吉祥而臥，四眾哀慟。師乃再起，陞堂說法，訶責垂誡：「此度更啟吾棺者，非吾之子。」言訖復入棺長往。（指月錄第廿四卷）〕無漏真淨，云何是中更容他物？」〔根屬見分，塵屬相分，皆由一念無明，黏湛發起，故曰「同源」。但自源頭觀之，見、相未形，根塵何有？自根合塵而逐流，則謂之「縛」；

自根背塵而返源，則謂之「脫」。縛與脫，皆此六根，而非他物。以無二體，故縛不爲垢、脫不爲淨。於無二之體，曾無加損，是根塵本同源也。縛脫本無二也，所以分別其間者，識也。此識虛妄分別，猶如揑目，妄見空華，本無根塵，妄見根塵，本無縛脫，妄見縛脫。知此識性，猶如揑目，轉識歸源，即清明眼，故速證安樂解脫，寂靜妙常。非從根上返，猶係於識上轉也；非謂離識性虛妄而別有所謂寂靜妙常。但信識性之爲虛妄，而妙常即在於識性矣；但信空華之無自性，而清明即在於空華矣。故由塵發識，識不自生；因根有相，相不自有。是根、塵、識三者，相交而立，同於交蘆，本無自性。以爲交性是有，未交之時，何爲無也？以爲交性是無，既交之時，何爲有也？既非空性，又非有性，故曰「無性」。相分、見分，二俱無性，當體即是無生，故知生死結根之中，自足寂靜妙常也。可信縛脫之無二矣。〕**爾時，世尊欲重直此義而說偈言。**

「**真性有爲空，緣生故如幻。**〔真性本空，何得幻生？由第八識內緣真如，外生有爲法，故如幻耳。〕**無爲無起滅，不實如空華。**〔**陳攖寧頂批**　有爲隨緣起滅，是生死法；無爲起滅俱無，是涅槃法。真性中本無生死、涅槃之相，結從何起？解從何名？故有爲如幻，無爲如空華。此頌「根塵同源，縛脫無二」。於「同源」「無二」處，見得有無皆爲虛妄。〕**言妄**〔生滅〕**顯諸者**〔涅槃〕**，妄真**〔真妄相對〕**同二妄。猶非真非真，云何見所見。**〔**陳攖寧頂批**　言生滅之妄，所以顯涅槃之真。既有真與妄對，真亦成妄。故曰：「二妄。」以尚有真可得故。蓋真性中，真與非真，俱不可得，云何更有能見之根與所見之境乎？見有者，固是見幻；見無者，亦是揑目。凡有見者，即落方所。故見有涅槃可成，即謂之妄。〕**中間**〔能見與所見之中間〕**無實性，是故若交蘆。結**〔成結〕**解**〔解結〕**同所因，聖凡無二路。汝觀交中性，空有二俱非。**〔**陳攖寧頂批**　中間，指見所見之中間。由塵發知，知即識也，屬能見；　因根有相，相即塵也，屬所見。根、塵、識，相藉而有，本無實性，如交蘆然，相依而立，原無自性。試觀交中之性，以爲空，則相依似有；　以爲有，則不依本無。非有性，非空性，是謂「無性」。結者此六根，非有所損；　解者此六根，非有所益。何以解之即名聖，而結之即名凡？　爲不違無生之旨，一念自迷。內有能見，外有所見，爲根塵所縛，無自由分，是晦昧即無明之本，結之所由起。若真見無性之妙，脱黏內伏，發本明耀，明不循根，見不藉緣，六根互用，超越世間，是發明即解脱之因，解之所由明也。結則俱生無明，生死結根，故謂凡夫，因此六根，非他物也；　解則速證安樂，寂靜妙常，故謂聖人，因此六根，非他物也。同此六根，更無二路。彼縛於有爲者，猶以交蘆爲性有，而實未嘗有；　彼縛於無爲者，猶以交蘆爲性空，而實未嘗空。非空非有，無聖無凡，乃可語真性矣。」〕**迷晦即無明，發明便解脱。解結因次第，六解一亦亡。根選擇圓通，入流成正覺。**〔**陳攖寧頂批**　發明便解脱，此爲頓門。何爲有解結次第之説？　頓不廢漸，所以爲圓頓法門也。若是大根大器，一悟便至佛地，更不假於修證。其次莫若選擇耳根圓通。一根返元，六根解脱。先銷六根，次亡其一。此觀世音「入流亡所」乃至「寂滅現前」，而成正覺之次第也。即如頓門，大悟小悟，不記其數，何嘗無次第哉！」〕**陀那**〔**陳攖寧頂批**　陀那：　執持，謂執持種子，發起現行，即第八識〕**微細識，習氣成暴流。真非真恐迷，我常不開演。**〔**陳攖寧頂批**　六根非能爲凡爲聖，所以主之者識也。六識既銷，我見猶在，是第七識境界。六解一亡，歸於如來藏海，是第八識境界。馬鳴曰：　「依如來藏，有生滅心。」轉不生滅與和合，非一非異，名阿賴耶識。此識最微細，含藏種子爲習氣，莫知其所藏；　積生識浪成暴流，莫知其所生。故曰：　「微細。」依不生不滅，則謂之「出纏如來藏」，似乎真矣；　依生滅則謂之「在纏如來藏」，又似乎非真矣。真與非真，總是這個識，所以難辨。謂之真，恐認賊作子；　謂之非真，恐認子作賊。世尊所以不輕談。若能轉第八識爲大圓鏡智，非真非非真，乃可悟無上菩提真如佛性也。後來性宗不明，只緣相宗不徹。以第七識中我見爲佛性，以第八識刹那中生滅爲真如，故謂之「顢頇佛性」「儱侗真如」。認定湛不搖處，以爲究竟，故知其一未亡也。」**自心取自心，非幻成幻法。不取無非幻，非幻尚不生，幻法云何立。**〔陳攖寧頂批　深密經云：「阿賴耶識甚微細，一切種子如暴流。我於凡愚不開演，恐彼分別執爲我。」此「自心取自心」，正是「分別執爲我」也。一執爲我，於非幻中生起幻法，湛由是生，結由是始。此六根所以逐塵而輪轉也。不執爲我，則非幻尚無，幻從何立？湛入合湛，同源無二，此六根所以清淨，而併亡其一也。六根屬幻，一屬非幻，一六俱亡，故曰「非幻尚不生，幻法云何立」。此轉識成智，在取不取之間耳。〕**是名妙蓮華**〔不污染〕，**金剛王寶覺。如幻三摩提**〔正受、正定〕，**彈指超無學。此阿毘達磨**〔大法、無比法，又論部總名。舊稱「阿毘曇」〕，**十方薄伽梵**〔即如來之尊稱〕，**一路涅槃門。**〔第一卷云：「有三摩提，名『大佛頂首楞嚴王』，具足萬行，十方如來，一門超出妙莊嚴路。」〕

〔原頂批　問六解一亡倫次。〕**於是阿難及諸大眾，聞佛如來無上慈誨，祇夜**〔陳攖寧頂批　祇夜，重頌、應頌。與長行相應而重頌之也〕**伽陀**〔孤起頌，亦曰「諷」〕，**雜糅精瑩，妙理清徹，心目開明，歎未曾有。阿難合掌頂禮白佛：「我今聞佛無遮**〔即無隱藏〕**大悲、性淨妙常真實法句，心猶未達六解一亡，舒結倫次。惟垂大慈，再愍斯會，及與將來，施以法音，洗滌塵垢**〔除惑破障〕。」**即時如來於師子座，整涅槃僧**〔裏衣〕，**歛僧伽梨**〔大衣，袈裟衣〕，**攬七寶几，引手於几，取劫波羅天**〔時分天，即夜摩天，乃欲界第三天〕**所奉華巾，**〔原頂批　明真性元空，由六根依塵成結。陳攖寧頂批　綰巾六結。〕**於大眾前，綰**〔陳攖寧頂批　綰，音「挽」〕**成一結，示阿難言：「此名何等？」阿難、大眾俱白**

佛言：「此名爲結。」於是如來綰疊華巾，又成一結，重問阿難：「此名何等？」阿難、大眾又白佛言：「此亦名結。」如是倫次，綰疊華巾，揔成六結。一一結成，皆取手中所成之結，持問阿難「此名何等」。阿難、大眾亦復如是，次第詶〔答〕佛「此名爲結」。佛告阿難：「我初綰巾，汝名爲結。此疊華巾，先實一條。第二、第三，云何汝曹復名爲『結』？」阿難白佛言：「世尊，此寶疊華，緝〔組織之義〕績成巾，雖本一體，如我思惟。如來一綰，得一結名。若百綰成，終名百結。何況此巾，秖有六結，終不至七，亦不停五，云何如來秖許初時，第二、第三不名爲『結』？」佛告阿難：「此寶華巾，汝知此巾元止一條，我實綰時，名有六結。汝審觀察，巾體是同，因結有異，於意云何？初綰結成，名爲第一。如是乃至第六結生。吾今欲將第六結名成第一不？」「不也，世尊，六結若存，斯第六名，終非第一。縱我歷生，盡其明辯，如何令是六結亂名？」佛言：「如是，六結不同，循顧本因〔六根因一真心而結成〕，一巾所造，令其雜亂，終不得成，則汝六根亦復如是。畢竟同中〔未結之先〕，生畢竟異〔既成結後〕。〔原頂批　六根結解，則真性又自如如。〕佛告阿難：「汝必〔若〕嫌此六結不成，願樂一成，復云何得〔用何法可得〕？」阿難言：「此結若存，是非鋒起，於中自生。此結非彼，彼結非此。如來今日，若揔解除，結若不生，則無彼此。尚不名一，六云何成？」〔陳攖寧頂批　六解一亡。〕佛言：「六解一亡，亦復如是。由汝無始心性狂亂，知見妄發。〔清淨心中，一念妄動，遂成業識，結成見分。〕發妄不息，勞見發塵。〔由見分生相分。〕如勞目睛，則有狂華，於湛精明，無因亂起。一切世間，山河大地，生死涅槃，皆即狂勞顛倒華相。」阿難言：「此勞同結，云何解除？」〔原頂批　然解結非左右邊見能解，必中道當心始解。〕如來以手將所結巾偏掣其左，問阿難言：「如是解不？」「不也，世尊。」旋復以手偏牽右邊，又問阿難：「如是解不？」「不也，世尊。」佛告阿難：「吾今以手左右各牽，竟不能解。汝設方便，云何解成？」阿難白佛言：「世尊，當於結心，解即分散。」佛告阿難：「如是如是。若欲除結，當於結心。〔由中道入手，不落二邊。或云結心指六根言。〕」「阿難，我說佛法，從因緣生，非取世間和合麤相。如來發明世出世法，知其本因〔皆由於一心〕，隨所緣出〔染緣、淨緣〕，如是乃至恒沙界外一滴之雨，亦知頭數。現前種種，松直棘曲，鵠白烏玄，皆了元由。〔原頂批　所謂當心者，非六結齊解之謂，選一根修三觀，則六解一亡，妄銷真現矣。〕是故阿難，隨汝心中，選擇六根〔擇圓通根〕。根結若除，塵相自滅〔一門深入〕，諸妄銷亡〔五根同時解脱〕，不真何待〔妄盡還元〕？阿難，吾今問汝，此劫波羅巾，六結現前，同時解縈〔陳攖寧頂批　縈，盤曲旋繞〕，得同除不？」〔陳攖寧頂批　解結次第。〕「不也，世尊，是結本以次第綰生，今日當須次第而解。六結同體，結不同時，則結解時，云何同除？」〔原頂批　示三觀修證，始從初解六根而獲人空，從人空而證法空，從法空而證俱空，此楞嚴三昧漸次之義也。〕佛言：「六根解除，亦復如是。〔迷以積迷，由精而粗；　悟以入悟，由粗而精。是總舉六根，隨一深入，而漸次一解全解，非謂先解一根，而漸次再解其他之一根，直至六根漸次解盡也。〕此根初解，先得人空〔即六解〕，空性圓明，成法解脫〔即一亡〕。解脫法已，俱空不生〔二空亦無〕，是名菩薩從三摩地得無生忍。」

〔原頂批　問圓通根本。〕阿難及諸大眾蒙佛開示，慧覺圓通，得無疑惑，一時合掌頂禮雙足，而白佛言：「我等今日身心皎然，快得無礙，雖復悟知一六亡義，然猶未達圓通本根。世尊，我輩飄零積劫孤露〔無明師益友謂之「孤」，無福德智慧謂之「露」〕，何心何慮，預佛天倫，如失乳兒，忽遇慈母。若復因此，際會道成，所得密言，還同本悟〔若如來不說圓通本根，則我雖得密言，仍舊同本來所已悟者無別〕，則與未聞，無有差別〔因未達圓通本根，不能進修之故〕。惟垂大悲，惠我秘嚴〔秘者不輕易得聞，嚴重緊要之義〕，成就如來最後開示。」作是語已，五體投地，退藏密機〔息心止念〕，冀佛冥授。

爾時世尊普告眾中諸大菩薩，及諸漏盡大阿羅漢：「汝等菩薩及阿羅漢，生我法中，得成無學。吾今問汝，最初發心，悟十八界，誰爲圓通，從何方便，入三摩地。」〔陳攖寧頂批　圓通方便。〕

〔陳攖寧頂批　六塵圓通。　原頂批　一，聲塵圓通。〕憍陳那五比丘即從座起，頂禮佛足，而白佛言：「我在鹿苑，及於雞園，觀見如來最初成道，於佛音聲，悟明四諦。佛問比丘，我初稱解。如來印我，名『阿若多』〔解〕，妙音密圓。〔音聲是生滅，而真性非生滅，或者音聲即生滅而非生滅，故謂「妙圓」； 只能自證，而難以告人，故謂之「密」。〕我於音聲，得阿羅漢。佛問圓通，如我所證，音聲爲上。」〔陳攖寧頂批　三轉四諦法輪： 一示相轉，二勸修轉，三作證轉。示相者，示其相狀，謂如何是苦、是苦集、是苦滅、是苦滅道； 勸修者，謂苦應知，乃至道應知； 作證者，謂苦我已知，不復更知，道我已修，不復更修。四諦： 苦、集、滅、道。 苦諦，三界六趣之苦報； 集諦，貪嗔等煩惱及善惡諸業，以其能集起三界六趣之苦報故； 滅諦，涅槃也，離生死之苦，真空寂滅； 道諦，八正道也，能通涅槃，故爲道。 八正道： 一，正見； 二，正思維； 三，正語； 四，正業； 五，正命； 六，正精進； 七，正念； 八，正定。〕

〔原頂批　二，色塵圓通。〕優波尼沙陀即從座起，頂禮佛足，而白佛言：「我亦觀佛最初成道，觀不淨相〔陳攖寧頂批　種子不淨，生處不淨，身體不淨（可分內部、外部），死後不淨。 有九想： 一，脹； 二，青瘀； 三，壞； 四，血塗； 五，膿爛； 六，噉； 七，散； 八，骨； 九，燒〕，生大厭離。悟諸色性，以從不淨，白骨微塵，歸於虛空。空色無二，成無學道。如來印我，名『尼沙陀』〔塵性空〕。塵色既盡，妙色密圓。我從色相，得阿羅漢。佛問圓通，如我所證，色因爲上。」〔九想成，色性畢竟歸空。 空無所空，是爲色空二無。 塵色既盡，妙色密圓，豈離塵色而別有所謂妙色者乎？ 豈空其色相而能空者即妙色乎？ 豈色相有生滅而色性無生滅，即爲妙色乎？ 豈心無貪著，而一切色皆妙色乎？〕

〔原頂批　三，香塵圓通。〕香嚴童子即從座起，頂禮佛足，而白佛言：「我聞如來教我諦觀諸有爲相，我時辭佛，宴晦清齋，見諸比丘燒沈水香，香氣寂然，來入鼻中。我觀此氣，非木〔非自生〕非空〔非無因〕，非煙非火〔非他生〕，去無所著〔諸相非相，本自無生〕，來無所從，由是意銷，發明無漏。〔意根未銷，故著有爲，落於生滅，不能無漏。〕如來印我，得『香嚴』號。塵氣倏滅，妙香圓密。我從香嚴，得阿羅漢。佛問圓通，如我所證，香嚴爲上。」〔陳攖寧頂批　黃山谷乞晦堂和尚指徑捷處。堂曰：「如仲尼道：『二三子以我爲隱乎。吾無隱乎爾。』如何理論？」公擬對。堂曰：「不是不是。」公迷悶不已。一日，從晦堂山行，時巖桂盛放。堂曰：「聞木樨花香麼？」公曰：「聞。」堂曰：「吾無隱乎爾。」公釋然，即拜之曰：「和尚得恁麼老婆心切？」堂笑曰：「秖要公到家耳。」〕

〔原頂批　四，味塵圓通。〕藥王、藥上二法王子，並在會中五百梵天，即從座起，頂禮佛足，而白佛言：「我無量劫爲世良醫，口中嘗此娑婆世界草木金石，名數凡有十萬八千。如是悉知苦、醋、鹹、淡、甘、辛等味，並諸和合〔諸味共成〕，俱生變異〔本有味，製造過〕。是冷是熱，有毒無毒，悉能遍知。承事如來，了知味性，非空非有〔舌味相交，中無自性〕，非即身心〔身心不生味〕，非離身心〔離身心無知味者〕。分別味因，從是開悟。蒙佛如來，印我昆季『藥王』『藥上』二菩薩名，今於會中，爲法王子。因味覺明〔因味開悟，覺明自性〕，位證菩薩。佛問圓通，如我所證，味因爲上。」

〔原頂批　五，觸塵圓通。〕跋陀婆羅並其同伴十六開士〔自己開悟，又能使人開悟，故曰「開士」〕，即從座起，頂禮佛足，而白佛言：「我等先於威音王佛聞法出家，於浴僧時，隨例入室，忽悟水因，既不洗塵〔塵無情，不能生觸〕，亦不浴體〔四大無情，何能知觸〕，中間安然，得無所有。宿習無忘，乃至今時，從佛出家，令得無學。彼佛名我『跋陀婆羅』〔賢守、賢護〕。妙觸宣明〔觸處無非道場〕，成佛子住。佛問圓通，如我所證，觸因爲上。」

〔原頂批　六，法塵圓通。〕摩訶迦葉及紫金光比丘尼等，即從座起，頂禮佛足，而白佛言：「我於往劫，於此界中，有佛出世，名『日月燈』。我得親近，聞法修法。佛滅度後，供養舍利，然燈續明，以紫金光，塗佛形像。自爾已來，世世生生，身常圓滿，紫金光聚。此紫金光比丘尼等，即我眷屬，同時發心。我觀世間，六塵變壞，唯以空寂，修於滅盡，身心乃能度百千劫，猶如彈指。我以空法，成阿羅漢。世尊說我，頭陀〔抖擻〕爲最。妙法開明〔微妙之法性，現前顯露〕，銷滅諸漏。佛問圓通，如我所證，法因爲上。」

〔陳攖寧頂批　五根圓通。　原頂批　一，眼根圓通。〕阿那律陀即從座起，頂禮佛足，而白佛言：「我初出家，常樂睡眠，如來訶我，爲畜生類。我聞佛訶，啼泣自責，七日不眠，失其雙目。世尊示我樂見照明金剛三昧。〔陳攖寧頂批　明屬所，照屬能。明之所在，照能照之。照之所在，見能見之。照從何起，見從何來。至於見無所見、照無所照，即得金剛三昧。金剛能摧壞故，見照俱亡。三昧即正定，乃寂照本體。樂此觀照，即是旋見循元。〕我不因眼，觀見十方，精真洞然，如觀掌果。如來印我，成阿羅漢。佛問圓通，如我所證，旋見循元，斯爲第一。」

〔原頂批　二，鼻根圓通。〕周利槃特迦即從座起，頂禮佛足，而白佛言：「我闕誦持，無多聞性。最初值佛，聞法出家，憶持如來一句伽陀〔偈子〕，於一百日，得前遺後，得後遺前。佛愍我愚，教我安居，調出入息。我時觀息，微細窮盡，生住異滅，諸行剎那，其心豁然，得大無礙，乃至漏盡，成阿羅漢，住佛座下，印成無學。佛問圓通，如我所證，反息循空〔窮究此息到極處，亦成空〕，斯爲第一。」

〔原頂批　三，舌根圓通。〕憍梵鉢提即從座起，頂禮佛足，而白佛言：「我有口業，於過去劫，輕弄沙門，世世生生，有牛呞〔陳攖寧頂批　呞，音「詩」，牛嚼食物之狀〕病。如來示我一味清淨心地法門〔即念佛法門〕，我得滅心，入三摩地。觀味之知，非體〔不於根生〕非物〔不於境有〕，應念得超世間諸漏〔味有多種，知無兩般，此知未旋，心即未滅，即爲有漏。旋知歸無，知無所知，故得無漏〕，內脫身心〔非體故〕，外遺世界〔非物故〕，遠離三有，如鳥出籠，離垢銷塵，法眼〔陳攖寧頂批　肉眼；天眼，色界天人之眼，修禪定者亦能得之；慧眼，屬二乘，見真空；法眼，乃菩薩，爲度眾生照見一切法門之智慧；佛眼〕清淨，成阿羅漢。如來親印，登無學道。佛問圓通，如我所證，還味〔脫塵味〕旋知〔伏知見〕，斯爲第一。」

〔原頂批　四，身根圓通。〕畢陵伽婆蹉即從座起，頂禮佛足，而白佛言：「我初發心，從佛入道，數聞如來，說諸世間不可樂事。乞食城中，心思法門，不覺路中毒刺傷足，舉身疼痛。我念有知，知此深痛，雖覺覺痛〔陳攖寧頂批　雖覺覺痛，雖有覺能覺我身之痛〕，覺清淨心，無痛痛覺〔陳攖寧頂批　無痛痛覺，無有痛能痛我本來之覺〕。我又思惟，如是一身，寧有雙覺？〔正痛之時，有知痛者，有痛所不及者，一身豈有雙覺耶？」〕**攝念未久，身心忽空，三七日中，諸漏虛盡，成阿羅漢。**〔為有知故，知此深痛，雖有能覺之覺，覺於所覺之痛，反覺清淨之心，曾無痛覺。然此猶存能所，其覺未純，故又思而進之，至於身觸皆亡，心相亦滅，而諸漏虛盡。〕**得親印記，發明無學。佛問圓通，如我所證，純覺遺身**〔唯一清淨覺心而無身相〕**，斯為第一。」**〔陳攖寧頂批　雖有能覺，覺於所痛。覺乃清淨心，離於能所，非痛所及。痛是所覺，覺能覺之；覺是能覺，痛不能痛。既覺痛，又覺不痛，豈一身而有雙覺耶？覺唯一真，覺痛是妄。由是攝念，外忘其身，所覺既泯；內忘其心，能覺亦化。〕

〔原頂批　五、意根圓通。〕**須菩提即從座起，頂禮佛足，而白佛言：「我曠劫來，心得無礙。自憶受生如恒河沙，初在母胎，即知空寂。如是乃至十方成空，亦令眾生證得空性。蒙如來發性覺真空**〔真空非偏空〕**，空性圓明**〔非偏空，故圓〕**，得阿羅漢，頓入如來寶明空海，同佛知見，印成無學，解脫性空，我為無上。佛問圓通，如我所證，諸相入非**〔初以空觀，空諸相〕**，非所非盡**〔次以重空，空其空相〕**，旋法歸無**〔始則旋相歸無，既則旋法歸無、人法雙空〕**，斯為第一。」**〔陳攖寧頂批　僧志常初參大通和尚，問如何是本性。大通曰：「汝見虛空否？」對曰：「見。」曰：「虛空有相貌否？」對曰：「無。」大通曰：「汝見本性，猶如虛空，了無一物可知，是名正見；無一物可知，是名真知；無有青黃長短，但見本源清淨，覺體圓明，即名見性成佛，亦名如來知見。」志常雖聞此說，猶未決了。六祖示僧志常偈曰：「不見一法存無見，大似浮雲遮日面。不知一法守空知，還如太虛生閃電。此之知見瞥然興，錯認何曾解方便。汝當一念自知非，自己靈光常顯現。」志常自作偈曰：「無端起知見，著相求菩提。情存一念悟，寧越昔時迷。自性覺源體，隨照枉遷流。不入

祖師室，茫然趨兩頭。」〕

〔陳攖寧頂批　六識圓通。　原頂批　一，眼色識圓通。〕舍利弗即從座起，頂禮佛足，而白佛言：「我曠劫來，心見〔眼識〕清淨。如是受生，如恒河沙。世出世間，種種變化，一見則通，獲無障礙。我於中路，逢迦葉波，兄弟相逐，宣說因緣，悟心無際。從佛出家，見覺圓明，得大無畏，成阿羅漢，爲佛長子〔智慧第一〕。從佛口生，從法化生。〔聞佛說法而證果法身。〕佛問圓通，如我所證，心見發光〔眼識發智慧光〕，光極知見〔即第四卷「根塵俱消」一節所謂「今汝諸根，若圓拔已，內瑩發光，如是浮塵及器世間，諸變化相，如湯消冰，應念化成無上知覺」〕，斯爲第一。」

〔原頂批　二，耳聲識圓通。〕普賢菩薩即從座起，頂禮佛足，而白佛言：「我已曾與恒沙如來爲法王子，十方如來教其弟子菩薩根者，修普賢行，從我立名。世尊，我用心聞〔耳識〕分別衆生所有知見，若於他方恒沙界外，有一衆生，心中發明普賢行者，我於爾時，乘六牙象，分身百千，皆至其處。縱彼障深，未得見我，我與其人暗中摩頂，擁護安慰，令其成就。佛問圓通，我說本因，心聞發明，分別自在，斯爲第一。」

〔原頂批　三，鼻息識圓通。〕孫陀羅難陀即從座起，頂禮佛足，而白佛言：「我初出家，從佛入道，雖具戒律，於三摩地，心常散動，未獲無漏。世尊教我及拘絺羅，觀鼻端白。〔陳攖寧頂批　前之調出入息，依於鼻根；此之觀鼻端白，依於鼻識。朱子調息箴曰：「鼻端有白，我其觀之。隨時隨處，容與猗移。靜極而噓，如春沼魚。動極而翕，如百蟲蟄。氤氳開闔，其妙無窮。孰其尸之，不宰之功。雲臥天行，非予敢議。守一處和，千二百歲。」〕我初諦觀，經三七日，見鼻中氣，出入如煙。身心內明，圓洞世界，遍成虛淨，猶如瑠璃。煙相漸銷，鼻息成白，心開漏盡，諸出入息，化爲光明，照十方界，得阿羅漢。世尊記我，當得菩提。佛問圓通，我以消息〔煙相漸消〕，息久發明〔息化光明〕，明圓滅漏〔照十方界，心開漏盡〕，斯爲第一。」

〔原頂批　四，舌辯識圓通。〕富樓那彌多羅尼子即從座起，頂禮佛足，而白佛言：「我曠劫來，辯才無礙。宣說苦空，深達實相。如是乃至恒沙如來秘密法門。我於眾中，微妙開示，得無所畏。世尊知我有大辯才，以音聲輪教我發揚。我於佛前，助佛轉輪，因師子吼，成阿羅漢。世尊印我，說法無上。佛問圓通，我以法音，降伏魔怨，消滅諸漏，斯爲第一。」

〔原頂批　五，身觸識圓通。〕優波離即從座起，頂禮佛足，而白佛言：「我親隨佛，踰城出家，親觀如來六年勤苦，親見如來降伏諸魔，制諸外道，解脫世間貪欲諸漏。承佛教戒，如是乃至三千威儀〔陳攖寧頂批　行、住、坐、臥律儀各二百五十，共成一千。對三聚戒，則成三千。配身三口四之七種惡業，則成二萬一千，即七支。復配貪、嗔、癡、慢四煩惱，則成四萬八千〕，八萬微細性業〔殺、盜、婬、妄，犯即有罪〕遮業〔未制定戒律以前犯者無罪〕皆清淨身。身心寂滅，成阿羅漢。我是如來眾中綱紀，親印我心，持戒修身，眾推爲上。佛問圓通，我以執身，身得自在〔身清淨，無惡習〕，次第執心，心得通達〔心清淨，無妄念〕，然後身心一切通利，斯爲第一。」

〔原頂批　六，意法識圓通。〕大目犍連即從座起，頂禮佛足，而白佛言：「我初於路乞食，逢遇優樓頻螺〔人名〕、伽耶〔人名〕、那提〔人名〕三迦葉波〔三人之姓。　陳攖寧頂批　兄弟共三人，皆事火外道，後歸佛〕宣說如來因緣深義。我頓發心，得大通達。如來惠我袈裟著身，鬚髮自落。我遊十方，得無罣礙，神通發明，推爲無上，成阿羅漢。寧唯世尊，十方如來，歎我神力，圓明清淨，自在無畏。佛問圓通，我以旋湛，心光發宣，如澄濁流，久成清瑩，斯爲第一。」

〔陳攖寧頂批　七大圓通。　原頂批　一，火性圓通。〕烏芻瑟摩於如來前，合掌頂禮佛之雙足，而白佛言：「我常先憶久遠劫前，性多貪欲，有佛出世，名曰『空王』，說多婬人，成猛火聚，教我遍觀百骸四肢諸冷煖氣，神光內凝，化多婬心成智慧火。從是諸佛，皆呼召我，名爲『火頭』。我以火光三昧力故，成阿羅漢，心發大願，諸佛成道，我爲力士，親伏魔怨。佛問圓通，我以諦觀身心煖觸，無礙流通，諸漏既銷，生大寶燄〔即火光三昧〕，登無上覺，斯爲第一。」

〔原頂批　二，地性圓通。〕持地菩薩即從座起，頂禮佛足，而白佛言：「我念往昔普光如來出現於世，我爲比丘，常於一切要路津口，田地險隘，有不如法，妨損車馬，我皆平填，或作橋梁，或負沙土，如是勤苦，經無量佛，出現於世。或有眾生於闤〔市垣〕闠〔市門〕處，要人擎物，我先爲擎，至其所詣，放物即行，不取其值。毗舍浮佛現在世時，世多饑荒，我爲負人，無問遠近，唯取一錢；或有車牛，被於泥溺，我有神力，爲其推輪，拔其苦惱。時國大王延佛設齋，我於爾時，平地待佛。毗舍如來，摩頂謂我：『當平心地，則世界地，一切皆平。』我即心開，見身微塵，與造世界，所有微塵，等無差別。微塵自性，不相觸摩。乃至刀兵，亦無所觸。我於法性，悟無生忍，成阿羅漢。回心今入菩薩位中，聞諸如來宣妙蓮華佛知見地〔即諸佛心地法門〕，我先證明而爲上首。佛問圓通，我以諦觀身界二塵，等無差別，本如來藏，虛妄發塵，塵銷智圓，成無上道，斯爲第一。」

〔原頂批　三，水性圓通。〕月光童子即從座起，頂禮佛足，而白佛言：「我憶往昔，恒河沙劫，有佛出世，名爲『水天』，教諸菩薩，修習水觀，入三摩地，觀於身中，水性無奪〔不相傾奪〕。初從涕唾，如是窮盡，津、液、精、血，大小便利，身中旋復，水性一同。見水身中，與世界外，浮幢王刹，諸香水海，等無差別。〔陳攖寧頂批　華藏海中，有天蓮華。其蓮華中有諸香水。香水海爲諸佛刹世界之種。華藏世界在香水中，故曰「浮幢王刹」。華藏二十重，累高如幢，最爲高大，故稱「王」。〕我於是時，初成此觀。但見其水，未得無身〔有我見在〕。當爲比丘，室中安禪。我有弟子，闚窗觀室，唯見清水，遍在室中，了無所見。童稚無知，取一瓦礫，投於水中，激水作聲，顧盼而去。我出定後，頓覺心痛。如舍利弗，遭逢害鬼。〔陳攖寧頂批　舍利弗於恒河岸入定，遭違鬼害所擊，故出定頭痛。〕我自思惟，今我已得阿羅漢道，久離病緣，云何今日忽生心痛，將無退失。爾時童子，捷來我前，說如上事，我則告言：『汝更見水，可即開門，入此水中，除去瓦礫。』童子奉教。後入定時，還復見水，瓦礫宛然，開門除去。我後出定，身質如初。逢無量佛，如是至於山海自在通王如來，方得亡身，與十方界諸香水海，性合真空，無二無別。今於如來，得『童真』名，預菩薩會。佛問圓通，我以水性，一味流通，得無生忍，圓滿菩提，斯爲第一。」

〔原頂批　四，風性圓通。〕瑠璃光法王子即從座起，頂禮佛足，而白佛言：「我憶往昔，經恒沙劫，有佛出世，名『無量聲』，開示菩薩本覺妙明，觀此世界及眾生身，皆是妄緣風〔風性動〕力所轉。我於爾時，觀界安立，觀世動時，觀身動止，觀心動念，諸動無二，等無差別。我時覺了，此羣動性，來無所從，去無所至，十方微塵，顛倒眾生，同一虛妄。如是乃至三千大千，一世界內，所有眾生，如一器中，貯百蚊蚋，啾啾亂鳴，於分寸中〔即小器中〕，鼓發狂鬧。逢佛未幾，得無生法忍。爾時心開，乃見東方不動佛國〔即動而靜。性覺妙明，非動。本覺明妙，即動而無動，總一妙真如法〕，爲法王子，事十方佛，身心發光，洞徹無礙。佛問圓通，我以觀察風力無依，悟菩提心，入三摩地，合十方佛，傳一妙心〔不但自證，且令眾生凡有此動性者共證〕，斯爲第一。」

〔原頂批　五，空性圓通。〕虛空藏菩薩即從座起，頂禮佛足，而白佛言：「我與如來，定光佛所，得無邊身〔法身〕。爾時手執四大寶珠〔清淨四大，猶如寶珠〕，照明十方微塵佛刹，化成虛空，又於自心現大圓鏡〔轉第八識成智〕，內放十種微妙寶光〔十法界，十波羅密。陳攖寧頂批　十波羅密：一，施；二，戒；三，忍；四，精進；五，靜慮；六，般若；七，方便；八，願；九，力；十，智〕，流灌十方盡虛空際。諸幢王刹來入鏡內，涉入我身，身同虛空，不相妨礙。〔即四大爲虛空，即虛空爲法身，惟身是智，故同虛空而不礙。〕身能善入微塵國土，廣行佛事，得大隨順。〔惟智是身，故善入國土而隨順。〕此大神力，由我諦觀，四大無依〔虛妄〕，妄想生滅〔即是虛空〕，虛空無二，佛國本同〔佛性、國土無別〕，於同發明，得無生忍。佛問圓通，我以觀察虛空無邊，入三摩地，妙力圓明〔身刹互入，證理事無礙法界〕，斯爲第一。」

〔原頂批　六，識性圓通。〕彌勒菩薩即從座起，頂禮佛足，而白佛言：「我憶往昔，經微塵劫，有佛出世，名『日月燈明』。我從彼佛而得出家，心重世名〔即虛榮心〕，好遊族姓。〔爲境所縛，是粗惑，名「遍計執」。〕爾時，世尊教我修習唯心識定，入三摩地。歷劫以來，以此三昧，事恒沙佛，求世名心，歇滅無有。〔未免法縛，是細惑，是依他執。〕至然燈佛出現於世，我乃得成無上妙圓識心三昧〔轉識成智〕，乃至盡空。如來國土，淨穢有無，皆是我心變化所現〔是於相分證無生忍〕。世尊，我了如是，唯心識故，識性流出〔乃圓成實性〕，無量如來〔是於見分證無生忍〕。〔理即法身，智即報身，行即化身。〕今得授記，次補佛處。佛問圓通，我以諦觀十方唯識，識心圓明，入圓成實，遠離依他〔細惑，法縛，如麻繩〕及遍計〔粗惑，境縛，如麻繩所成之蛇形狀〕執，得無生忍，斯爲第一。〔遍計，凡夫妄情，遍計度諸法也，又名「遍計所執性」；　依他，不依自然之法，而依他因緣所起之法，又名「依他起性」；　圓成實性，空煩惱、所知二障而顯真理，爲諸法真實之體性。　陳攖寧頂批　麻與繩本一，有結即名繩，無結即名麻，以喻性與識本一。有縛即名識，無縛即名性。若了唯識，識外無性，識即是性，乃第八識如來藏妙真如性也。既離依他及遍計二執，則銷去生滅種子，而依他不生滅性。〕」

〔原頂批　七，念性圓通。〕大勢至法王子與其同倫五十二菩薩即從座起，頂禮佛足，而白佛言：「我憶往昔，恒河沙劫，有佛出世，名『無量光』，十二如來相繼一劫，其最後佛，名『超日月光』。彼佛教我念佛三昧，譬如有人一專爲憶，一人專忘，如是二人，若逢不逢，或見非見，二人相憶，二憶念深，如是乃至從生至生，同於形影，不相乖異。十方如來憐念眾生，如母憶子，若子逃逝，雖憶何爲？子若憶母，如母憶時。母子歷生，不相違遠。若眾生心，憶佛念佛，現前當來，必定見佛，去佛不遠，不假方便，自得心開。如染香人，身有香氣。此則名曰『香光莊嚴』。我本因地，以念佛心，入無生忍。今於此界，攝念佛人，歸於淨土。佛問圓通，我無選擇，都攝六根，淨念相繼，得三摩地，斯爲第一。」〔陳攖寧頂批　以上六塵、五根、六識、七大，共二十四位。〕

大佛頂如來密因修證了義諸菩薩萬行首楞嚴經卷第五音釋

瘧 魚約切。
偈 文句也。
陀那 梵語也，華言「執持」。
阿毘達磨 梵語也，華言「無比法」。
薄伽梵 即是「佛」字。
祇夜 梵語也，華言「應頌」。
伽陀 梵語也，華言「諷頌」。
糅 女又切。
涅槃僧 梵語也，華言「裹衣」也。
僧伽梨 梵語也，即「大衣」。
劫波羅 梵語也，華言「時分」。
綰 烏板切。
緝 七入切。

掣　昌列切，牽也。

鵠　紅沃切。

縈　於管切。

憍陳那　梵語也，華言「火器」。

跋陀婆羅　梵語也，華言「賢護」。

周利槃特迦　梵語也，華言「繼道」。

畢陵伽婆蹉　梵語也，華言「餘習」，河神名。

孫陀羅難陀　梵語也，華言「艷喜」，兼妻得名。

優波離　梵語也，華言「近執事」。

伽耶　梵語也，華言「城」。

那提　梵語也，華言「江」。

烏芻瑟摩　梵語也，華言「火頭」。

闤闠　市垣曰「闤」，市門曰「闠」。

毘舍浮　梵語也，華言「遍一切」。

瑠璃　具云「吠瑠璃」，華言「遠山寶」。

彌勒 梵語也，華言「慈氏」。

隘 烏介切。

填 音「田」。

推 他回切。

闤 音「環」。

闠 胡對切。

液 餘石切。

稚 直利切。

捷 疾葉切。

激 音「擊」。

大佛頂如來密因修證了義諸菩薩萬行首楞嚴經卷第六

陳攖寧頂批　本經卷五第六頁解結次第云「此根初解，先得人空」，即此處所謂「入流亡所」至「聞所聞盡」六句；　彼處云「空性圓明，成法解脱」，即此處所謂「盡聞不住，覺所覺空」；　彼處云「解脱法已，俱空不生」，即此處所謂「空覺極圓，空所空滅」；　彼處云「是名菩薩，從三摩地，得無生忍」，即此處所謂「生滅既滅，寂滅現前」。所謂「從聞思修，入三摩地」者，即是從返聞而思，從返聞而修，從返聞而入，至於不生不滅正定之地。此三摩地，本無動摇，湛然常寂，但以聲塵感之，聞根黏湛而出，遂至聞聲逐聲，流而忘返，去三摩地遠矣。惟從聞、思、修而入者，聞性即理，思即智，修即行。理、智、行三德圓融，一返聞而思與修皆在其中，步步歸真，地地增進，如下文所言，即入三摩地之次第也。初於聞中返流而入，不入乎聲塵，而入乎聖流，即與自性相依，外亡其所。凡聲塵之感，必有其所。今雖亡所，猶未能寂。當聲動時，見有動相，而欲亡之；當聲靜時，見有靜相，而欲趨之。二相歷然，故未得寂。惟從亡所而入，至於寂然之地，則動者自動，吾不知其動，靜者自靜，吾不知靜，動靜二相，何自而生？亡所之極，不但動相不可得，雖靜相亦不可得矣。動靜二相，聞根所緣，固是所聞之境，二相不生，了然明白，亦是能聞之根。亡所聞易，亡能聞難。如是漸漸增進，既亡其所，復忘其能，則能聞與所聞而俱盡。蓋所聞是聲塵，自亡所至於所聞盡，更無可聞者，則聲塵泯；能聞是耳根，自入流而漸至於能聞盡，更無能聞者，則聞根泯。根塵俱盡，若有盡相可得，即是着空；若住於空，雖得所覺空，未得能覺空。今外盡其塵，內盡其根，如是盡聞亦不住着，則不但所覺空，而能覺亦空。所覺空，即人無我；能覺空，即法無我。證人無我易，證法無我難。必以大乘真空空之，而後能覺可空。有空以空乎覺，而空不得圓；有覺以覺乎空，而覺不得圓。唯以空空覺，並忘其爲空，以覺覺空，並忘其爲覺，可謂之圓矣，尚未極也。極之，空即是覺，求空相不可得；覺即是空，求覺相不可得。覺而無覺，空而無空，乃爲圓極。唯覺極圓，無覺相可得，則所空滅；唯空極圓，無空相可得，則能空亦滅。所空滅，即法空；能空滅，即空空。俱空不生，然後可謂之「生滅既滅」也。有聲在，則聲生聲滅；有聞在，則聞生聞滅；有覺在，則覺生覺滅；有空在，則空生空滅：皆未離乎生滅。

今人空法而又空空，凡屬生滅者，皆已滅盡，則不生不滅一真如性，乃得現前。夫一真如性所以不現前者，皆爲生滅法之所覆，今則纖毫蕩盡，真體呈露，本自寂然，本無可滅，故謂之「寂滅」。是寂滅之性，隨處顯現，不必離聞離覺離空，而一切自寂滅也。此三摩地，即首楞嚴大定，故返聞法門，爲此經之綱領。金剛經云：「須陀洹名爲入流，而無所入。」今云「入流亡所」，是此菩薩亦自初果修來，故曰「初於」。其後以次升進。聞中入流者，聞謂聲塵，流謂法性。謂初以聲塵入吾法性之中，而實無所入。亡所入則外境不入矣。入有能所，此但亡所。然而法性之中，體自常寂，本無動塵，安有靜相？既亡所入，則見動靜二相，了然不生。了然者，覺也。覺其不生，尚有覺在，有入有亡，有寂有覺，未爲究竟。

〔**原頂批** 大士耳根圓通，故上獲如來慈力，下獲眾生悲仰，更獲不可思議妙德。聖人設教，或以佛光覺樹，或以樓臺虛空，至無說示而作佛事者，蓋爲隨方逗機故也。今觀二十五聖圓通，本無優劣，而大士耳門獨勝者，正以此方迷本循聲。設教必藉音聞，取定必由聞入，故特廣陳殊勝，欲人以聞薰聞，修反聞自性也。「入流亡所」四字，諸說不同，大都順聞奔聲爲出流，逆聞照性爲入流。奔聲則存所，照性則忘所，與經中「反聞自性」頗合。〕**爾時，觀世音菩薩即從座起，頂禮佛足，而白佛言：「世尊，憶念我昔無數恒河沙劫，於時有佛出現於世，名『觀世音』。我於彼佛，發菩提心，彼佛教我，從聞、思、修，入三摩地。初於聞中，入流亡所。**

〔不流逸奔聲，而返流旋一，以能入之根逆流，故所入之塵得寂。〕**所入既寂，動靜二相，了然不生。**〔聞性不與外塵相涉，織妄不成，脱黏内伏。了然即覺，有入有亡，有寂有覺。〕**如是漸增，聞所聞盡，盡聞不住，覺所覺空，空覺極圓，空所空滅。**〔此段文以「亡」「盡」「空」「滅」爲義，而工夫有淺深。盡者，盡其所亡也；空者，空其所盡也；滅者，滅其所空也。滅有二義：有對生而言滅者；有以無生而言滅者。故云：「生滅既滅，寂滅現前。」即涅槃經所謂「生滅滅已，寂滅爲樂」也。〕**生滅既滅，寂滅現前，忽然超越世出世間，十方圓明，獲二殊勝。一者上合十方諸佛本妙覺心，與佛如來同一慈力；二者下合十方一切六道眾生，與諸眾生同一悲仰。**〔陳攖寧頂批　七佛偈。毘婆尸佛：「身從無相中受生，猶如幻出諸形象。幻人心識本來無，罪福皆空無所住。」尸棄佛：「起諸善法本是幻，造諸惡業亦是幻。身如聚沫心如風，幻出無根無實性。」毘舍浮佛：「假借四大以爲身，心本無生因境有。前境若無心亦無，罪福如幻起亦滅。」拘留孫佛：「見身無實是佛身，了心如幻是佛幻。了得身心本性空，斯人與佛何殊別？」拘那含牟尼佛：「佛不見身知是佛，若實有知別無佛。智者能知罪性空，坦然不怖於生死。」迦葉佛：「一切眾生性清淨，從本無生無可滅。即此身心是幻生，幻化之中無罪福。」〕

〔原頂批　申上合如來慈力，故能應諸國土。〕**「世尊，由我供養觀音如來，蒙彼如來授我如幻聞薰聞修金剛三昧**〔原頂批　三摩地中，根塵萬法，悉皆如幻。以此如幻法門，始於聞中薰習，終於聞中修證，無作爲作，以幻消幻，故曰「如幻薰修金剛三昧」也〕**，與佛如來同慈力故，令我身成三十二應**〔陳攖寧頂批　三十二應〕**，入諸國土。**〔薰者，薰習，謂身、口所現之善惡行法，或意所現之善惡思想，其氣分留於真如或阿賴耶識，如香之薰於衣。身、口、意所現者，曰「現行法」；氣分留於真如或阿賴耶者，謂之「種子」或「習氣」。現行法能留種子或習氣之作用，謂之「薰習」。一，無明薰習。無始無明，薰習真如，遂生妄心業識。二，妄心薰習。妄心還薰無明，徒增不了之念，更轉而使現妄境。三，妄境薰習。此妄境還薰動妄心以起諸浪，造業受苦，因此染法相續。四，淨法薰習。有二：一，真如薰習。以眾生具真如之法，實薰無明，以此因緣，使妄心厭生死之苦，而樂求涅槃。二，妄心薰習。以此厭與求之妄心，還薰習於真如，增加其勢力，而起種種方便隨順之行而滅無明，得涅槃而成淨業，因此淨法不斷。〕**世尊，若諸菩薩，入三摩地，進修無漏，勝解現圓，我現佛身而爲說法，令其解脫。**〔原頂批　應出世國土。〕**若諸有學，寂靜妙明**〔樂獨善寂，求自然慧〕，**勝妙現圓，我於彼前，現獨覺身**〔出無佛世，觀物變易，自覺無生〕，**而爲說法，令其解脫。若諸有學，斷十二緣，緣斷勝性，勝妙現圓**〔迷勝性由於十二緣，緣斷則勝性現。陳攖寧頂批　十二緣：無明，一念妄動，昧其本明；行，造作諸業；識，業力牽八識投胎；名色，胎中五蘊全具，一屬色，四屬名；六入，六根已成，具入世之體；觸，出胎後六根對六塵；受，領受世間善惡等境；愛，貪染五欲；取，境上求取；有，造因將復招果；生，受未來世之身；老死，未來復歸變壞〕，**我於彼前，現緣覺身**〔稟佛之教，觀緣悟道〕，**而爲說法，令其解脫。若諸有學，得四諦空，修道入滅，勝性現圓，我於彼前，現聲聞身，而爲說法，令其解脫。**〔原頂批　應天主國土。〕**若諸眾生，欲心明悟，不犯欲塵，欲身清淨，我於彼前，現梵王身**〔色界初禪共三天，梵眾、梵輔、大梵〕，**而爲說法，令其解脫。若諸眾生，欲爲天主，統領諸天，我於彼前，現帝釋身**〔欲界第二天忉利天王〕，**而爲說法，令其成就。若諸眾生，欲身自在，遊行十方，我於彼前，現自在天身**〔欲界第六天，即他化自在天，或名「魔王天」〕，**而爲說法，令其成就。若諸眾生，欲身自在，飛行虛空，我於彼前，現大**

自在天身〔色界頂摩醯首羅天〕，而爲說法，令其成就。〔原頂批　應天臣國土。〕若諸眾生，愛統鬼神，救護國土，我於彼前，現天人將軍身〔帝釋之天將〕，而爲說法，令其成就。若諸眾生，愛統世界，保護眾生，我於彼前，現四天王身〔帝釋之外臣，東方持國天、西方廣目天、南方增長天、北方多聞天。陳攖寧頂批　四天王身，法華普門品作「毘沙門身」，乃四天王之一，亦名「北方天」，又名「多聞天」〕，而爲說法，令其成就。若諸眾生，愛生天宮，驅使鬼神，我於彼前，現四天王國太子身，而爲說法，令其成就。〔原頂批　應世間國土。〕若諸眾生，樂爲人王，我於彼前，現人王身，而爲說法，令其成就。若諸眾生，愛主族姓，世間推讓，我於彼前，現長者身〔長者具十德，姓貴、位高、大富、威猛、智深、年耆、行淨、禮備、上歎、下歸〕，而爲說法，令其成就。若諸眾生，愛談名言，清淨自居，我於彼前，現居士身〔有道藝之處士及在家修行不貪名利者〕，而爲說法，令其成就。若諸眾生，愛治國土，剖斷邦邑，我於彼前，現宰官身，而爲說法，令其成就。若諸眾生，愛諸數術，攝衛自居，我於彼前，現婆羅門身〔婆羅門法，七歲以上，在家學問；十五已去，遊方學問；年至四十，歸家娶妻；年至五十，入山修道。意譯爲「淨裔」，自標是「梵天苗裔」，印度四姓中最高之僧侶階級，崇拜大梵天王，喜研究術數。陳攖寧頂批　西域記二云：「婆羅門學四吠陀論，一曰壽，謂養生繕性；二曰祠，謂享祭祈禱；三曰平，謂禮儀占卜、兵法軍陣；四曰術，謂異能伎數、禁咒醫方。」〕，而爲說法，令其成就。若有男子，好學出家，持諸戒律，我於彼前，現比丘身〔譯音「出家受具足戒者」〕，而爲說法，令其成就。若有女人，好學出家，持諸禁戒，我於彼前，現比丘尼身，而爲說法，令其成就。若有男子，樂持五戒，我於彼前，現優婆塞身〔近事男、近善男、清信士、受五戒者〕，而爲說法，令其成就。若有女子，五戒自居，我於彼前，現優婆夷身，而爲說法，令其成就。若有女人，內政立身，以修家國，我於彼前，現女主身，及國夫人、命婦、大家，而爲說法，令其成就。若有衆生，不壞男根，我於彼前，現童男身，而爲說法，令其成就。若有處女，愛樂處身，不求侵暴，我於彼前，現童女身，而爲說法，令其成就。〔原頂批　應鬼神國土。〕若有諸天，樂出天倫，我現天身，而爲說法，令其成就。若有諸龍，樂出龍倫，我現龍身，而爲說法，令其成就。若有藥叉〔即夜叉，意爲勇健、暴惡。有三種：在地、在空、在天〕，樂度本倫，我於彼前，現藥叉身，而爲說法，令其成就。若乾闥波〔意譯「尋香」，與緊那羅同供奉帝釋，司奏伎樂者〕，樂脱其倫，我於彼前，現乾闥婆身，而爲說法，令其成就。若阿修羅，樂脱其倫，我於彼前，現阿修羅身〔女美、男醜、好嗔，鬼、畜、人、天中皆有，有福報，無福德〕，而爲說法，令其成就。〔陳攖寧頂批　法華普門品在「阿修羅」下，有「迦樓羅」，此處缺之。「迦樓羅」譯作「金翅鳥」。〕若緊那羅〔形似人，頭有角，天帝奏樂之神〕，樂脱其倫，我於彼前，現緊那羅身，而爲說法，令其成就。若摩呼羅伽，樂脱其倫，我於彼前，現摩呼羅伽身〔大蟒神〕，而爲說法，令其成就。若諸衆生，樂人修人〔願永久不脱人身〕，我現人身，而爲說法，令其成就。若諸非人，有形〔色相羯南，休咎精明〕無形〔無色羯南，空散銷沉〕，有想〔想相羯南，神鬼精靈〕無想〔無想羯南，土木金石〕，樂度其倫，我於彼前，皆現其身，而爲說法，令其成就。〔原頂批　總繳上文。〕是名妙淨三十二應入國土身，皆以三昧聞薰，修無作〔無造作〕妙力，自在〔隨緣泛應〕成就。」

〔原頂批　申上合衆生悲仰，故衆生獲十四種無畏功德。〕「世尊，我復以此聞薰聞修金剛三昧，無作妙力，與諸十方三世六道一切衆生同悲仰故，令諸衆生於我身心獲十四種無畏功德。〔原頂批　悲者，悲己沉淪；　仰者，仰他救度。　菩薩以萬物爲一體，故衆生悲，菩薩與同悲；　衆生仰，菩薩與同仰也。　不自觀音，謂不獨觀所觀之音，而後復觀其能觀者，此正旋倒聞機，反照自性也。〕一者，由我不自觀音〔不隨聲塵起知見〕，以觀觀者〔返觀自性〕，令彼十方苦惱衆生，觀其音聲〔稱名時一心不亂〕，即得解脫。二者，知見旋復〔旋六根，復圓通，無有水火之相〕，令諸衆生，設入大火，火不能燒。〔陳攖寧頂批　火。〕三者，觀聽旋復，令諸衆生，大水所漂，水不能溺。〔陳攖寧頂批　水。〕四者，斷滅妄想，心無殺害〔殺害之心，起於妄想〕，令諸衆生，入諸鬼國，鬼不能害。〔陳攖寧頂批　鬼。〕五者，薰聞成聞〔薰妄聞而成真聞性〕，六根銷復〔根銷復元〕，同於聲聽〔無有形礙〕，能令衆生，臨當被害，刀段段壞，使其兵戈，猶如割水〔無損〕，亦如吹光〔不動〕，性無動摇。〔陳攖寧頂批　刀兵。〕六者，聞薰精明，明遍法界〔返聞自性，始覺薰本覺之明，内瑩發光〕，則諸幽暗，性不能全〔鬼神於幽暗成性，於幽暗則得其便，不能於光明顯其跡〕，能令衆生、藥叉、羅刹〔食人鬼，義即「可畏」〕、鳩槃〔魘魅鬼〕、茶鬼及毘舍遮〔噉精氣鬼〕、富單那〔熱病鬼〕等，雖近其傍，目不能視。〔陳攖寧頂批　鬼。〕七者，音性圓銷〔内無所繫〕，觀聽返入〔外無所縛〕，離諸塵妄，能令衆生，禁繫枷鎖，所不能著。〔陳攖寧頂批　囚禁。〕八者，滅音圓聞，遍生慈力〔音塵已盡，聞性已圓，內外融通，無有敵對〕，能令衆生，經過險路，賊不能劫。〔陳攖寧頂批　險劫。〕九者，薰聞離塵，色所不劫〔薰於聞根，脱粘內伏，遠離前塵，根境不偶〕，能令一切多婬〔二法相待，妄生貪染，皆是婬〕衆生，遠離貪欲。〔陳攖寧頂批　貪。〕十者，純音〔音性純淨〕無塵，根境圓融〔無能所對待、無違〕，無對所對，能令一切忿恨衆生，離諸嗔恚〔嗔由違情而起，無違無對則無嗔〕。〔陳攖寧頂批　嗔。〕十一者，銷塵〔無蔽〕旋明〔無暗〕，法界身心，猶如瑠璃，朗徹無礙〔癡由妄塵所蔽，無明所覆。銷塵則無蔽，旋明則無覆，外之法界，內之身心，自朗徹矣〕，能令一切昏鈍性障諸阿顛迦〔無善心〕，永離癡暗。〔陳攖寧頂批　癡。〕十二者，融形〔無礙〕復聞〔性真〕，不動道場，涉入世間〔以無礙故〕，不壞世界〔以性真故〕，能遍十方，供養微塵諸佛如來，各各佛邊，爲法王子，能令法界無子衆生，欲求男者，誕生福德智慧之男。〔陳攖寧頂批　生男。〕十三者，六根圓通，明照無二〔六根脱出六塵，同一圓通性，故無二〕，含十方界〔以圓通故〕，立大圓鏡〔以明照故〕，空如來藏〔以無二故〕，承順十方微塵如來，秘密法門，受領無失，能令法界無子衆生，欲求女者，誕生端正、福德、柔順、衆人愛敬有相之女。〔陳攖寧頂批　生女。〕十四者，此三千大千世界，百億〔十萬、百萬、千萬、萬萬皆爲億〕日月〔太陽系中共有二十七月〕，現住世間諸法王子，有六十二恒河〔一千六百八十哩〕沙數，修法垂範，教化衆生，隨順衆生，方便智慧，各各不同，由我所得圓通本根，發妙耳門，然後身心微妙含容，周遍

法界，能令眾生持我名號，與彼共持六十二恒河沙諸法王子，二人福德，正等無異。〔陳攖寧頂批　持名。〕**世尊，我一名號，與彼眾多名號無異，由我修習，得真圓通，是名十四施無畏力，福備眾生。**〔法華經普門品、心經、大悲咒、白衣咒、十句經名號。〕〔陳攖寧頂批　距地球最近恒星之里數四〇六八一四四〇〇〇〇〇〇〇〇公里。天空恒星如太陽者，肉眼能見者，八千餘；　遠鏡所見者，十三萬萬。最近恒星距離地球約四點三光年，遠者數十倍或數百倍於此。一光年，即九萬四千五百四十五萬萬公里。天體有恒星、行星、衛星、彗星、流星、星雲。太陽直徑一百三十九萬一千公里，約當地球一百零九倍，質多金屬元素，表面溫度達攝氏七千度，故皆爲氣體狀態。火星二月，木星九月，土星十月，天王四月，海王一月。太陽距地九千二百八十九萬英里，光到地要經過八分鐘餘。小世界，以須彌山爲中心，七山八海交互繞之，更以鐵圍山爲外郭，是爲一小世界。須彌意譯爲「妙高」，譯音爲「蘇迷盧」。器世界之下爲風輪，上爲水輪，再上爲金輪，即地輪，上有九山八海，其中心之山即須彌山，入水八萬由旬，出水八萬由旬，其頂上爲帝釋天，山腰爲四王天，周圍有七金山，外有鹹海，再外有鐵圍山，又有四大洲在此鹹海之四方。又云須彌山高三百三十六萬里。一千個小世界爲一小千世界，一千小千世界爲一中千世界，一千中千世界爲一大千世界，三千大千世界即是一大千世界之異名，因其有小千、中千、大千三種千數合成之，故即十萬萬小世界，十萬萬小世界爲一佛所化之國土。公轉（即行星之年），水星八十七日，金星二百二十四日，地球三百六十五日，火星六百八十六日，木星四千三百三十二日，土星一萬七百五十九日，天王三萬六百八十八日，海王六萬一百八十日。流星常隔數分鐘發現一次，所在無定。其現也無聲，不墜地面，僅爲一縷光，非若隕星之爲實體，天文家謂是彗星放射物質。或謂宇宙間任何天體，其來源總不出流星之外，若恒星、行星爲流星之凝固物質，若星雲、若極光則係流星之散漫組織，又如彗星及土星光環皆流星所成。申報一月八日星期二有雪梨專電云，南威爾斯天空流星爆炸在地球之上六七十哩。〕

〔原頂批　又獲不思議妙德。〕「世尊，我又獲是圓通，修證無上道故，又能善獲四不思議無作妙德。一者，由我初獲妙〔忘所〕妙聞心〔動靜二相不生〕，心精遺聞〔聞所聞盡〕，見聞覺知〔覺所覺空〕，不能分隔，成一圓融〔空覺極圓〕清淨寶覺，故我能現衆多妙容，能説無邊秘密神咒。其中或現：一首三首，五首七首，九首十一首，如是乃至一百八首，千首萬首，八萬四千爍迦羅〔堅固〕首；二臂四臂，六臂八臂，十臂十二臂，十四、十六、十八、二十，至二十四，如是乃至一百八臂，千臂萬臂，八萬四千母陀羅〔印〕臂；二目三目，四目九目，如是乃至一百八目，千目萬目，八萬四千清淨寶目。或慈或威，或定或慧，求護衆生，得大自在。〔陳攖寧頂批　八萬四千煩惱，八萬四千塵勞，八萬四千法門，八萬四千歲，八萬四千由旬，八萬四千律儀，八萬四千相好，八萬四千光明。〕二者，由我聞思，脱出六塵，如聲度垣，不能爲礙，故我妙能，現一一形，誦一一咒。其形其咒，能以無畏施諸衆生，是故十方微塵國土，皆名我爲施無畏者。三者，由我修習，本妙圓通，清淨本根，所遊世界，皆令衆生，捨身珍寶，求我哀愍。四者，我得佛心〔即前文云「上合諸佛本妙覺心」〕，證於究竟，能以珍寶種種，供養十方如來，傍及法界六道衆生，求妻得妻，求子得子，求三昧得三昧，求長壽得長壽，如是乃至求大涅槃得大涅槃。〔陳攖寧頂批　耳根圓通。〕佛問圓通，我從耳門圓照三昧，緣心自在〔脱離繫縛，通達無礙，曰「自在」〕，以入流相，得三摩提，成就菩提〔覺道〕，斯爲第一。〔原頂批　圓照，謂真實圓通；　緣心，謂應化無礙；　入流，謂反聞照性；三摩提，即阿難所問「十方如來得成菩提三觀」，如來所答「有三摩提，名大佛頂首楞嚴王，具足萬行」者也。諸羅漢多得奢摩；諸菩薩或得三摩，或得禪那。唯大士得此獨超餘者，故下文殊選爲第一云。）世尊，彼佛如來，歎我善得圓通法門，於大會中，授記我爲『觀世音』號，由我觀聽十方圓明，故『觀音』名，遍十方界。」

爾時，世尊於師子座，從其五體同放寶光（表十八界無一不是圓通法門），遠灌十方微塵如來（如來密因），及法王子諸菩薩頂（菩薩萬行）。（原頂批　圓通瑞應。）彼諸如來，亦於五體同放寶光（佛佛道同），從微塵方來灌佛頂，並灌會中諸大菩薩及阿羅漢（因果一致，二十五聖所證實無優劣），林木池沼皆演法音（無情與有情同一圓通性），交光相羅如寶絲網（一一圓通法門，各各互遍互攝）。是諸大眾，得未曾有，一切普獲金剛三昧。（十八界七大皆是不可壞之如來藏。）即時天雨百寶蓮華，青黃赤白，間錯紛糅。（表一位圓，即諸位皆圓。）十方虛空，成七寶色。（虛空頑暗之情執銷損，七大妙性周遍法界。）此娑婆界，大地山河，俱時不現。（狂勞顛倒，華相皆滅。）唯見十方微塵國土，合成一界。（性真圓融，惟一常寂光土。）梵唄詠歌，自然敷奏。（具足法樂。）

（原頂批　釋圓通方便。）於是如來告文殊師利法王子：「汝今觀此二十五無學諸大菩薩及阿羅漢，各說最初成道方便，皆言修習真實圓通。彼等修行，實無優劣前後差別。我今欲令阿難開悟，二十五行，誰當其根？兼我滅後，此界眾生，入菩薩乘，求無上道，何方便門，得易成就？」文殊師利法王子奉佛慈旨，即從座起，頂禮佛足，承佛威神，說偈對佛。

「覺海性澄圓，圓澄覺元妙。

元明照所生，所立照性亡。迷妄有虛空，依空立世界。想澄成國土，知覺乃衆生。

空生大覺中，如海一漚發。有漏微塵國，皆依空所生。漚滅空本無，况復諸三有。

歸元性無二，方便有多門。聖性無不通，順逆皆方便。初心入三昧，遲速不同倫。

〔陳攖寧頂批　色塵。〕色想結成塵〔色能起想，結成內塵〕，精了不能徹〔使真精明了之性，不得透徹〕。如何不明徹，於是獲圓通。

〔陳攖寧頂批　聲塵。〕音聲雜語言，但伊名句味。一非含一切，云何獲圓通。〔一落言詮，即屬名句。耽著文字之味，即有所依託，而不能遍含。悟聲塵與耳根入者不同。認塵則著他名句，返聞則了己性源。名句滯於一端，性源無不該遍。〕

〔陳攖寧頂批　香塵。〕香以合中知〔合於鼻則知香〕，離則元無有。不恒其所覺〔覺性不常〕，云何獲圓通。

〔陳攖寧頂批　味塵。〕味性非本然，要以味時有。其覺不恒一，云何獲圓通。

〔陳攖寧頂批　觸塵。〕觸以所觸明〔觸必有所，已非圓義〕，無所不明觸。合離性非定〔合則有觸，離則無觸，而觸以離知其性非定〕，云何獲圓通。

〔陳攖寧頂批　法塵。〕法稱爲內塵，憑塵必有所。能所非遍涉〔有能所即不能遍〕，云何獲圓通。

〔陳攖寧頂批　眼根。〕見性雖洞然，明前不明後。四維虧一半，云何獲圓通。〔見性非眼可比，何以亦虧一半？因一落見分，即失圓常。〕

〔陳攖寧頂批　鼻根。〕鼻息出入通，現前無交氣。〔出則取香，入則聞香，而缺中交。〕支離匪涉入〔支離間斷，不能遍涉〕，云何獲圓通。

〔陳攖寧頂批　舌根。〕舌非入無端〔非無端而有者〕，因味生覺了。味亡了無有，云何獲圓通。

〔陳攖寧頂批　身根。〕身與所觸同，各非圓覺觀。涯〔邊際〕量〔限量〕不冥會，云何獲圓通。

〔陳攖寧頂批　意根。〕知根雜亂思，湛了終無見〔不能見湛了之性〕。想念不可脫，云何獲圓通。

〔陳攖寧頂批　眼識。〕識見雜三和〔根、塵、識三和合而生〕，詰本稱非相〔無自體可得〕。自體先無定，云何獲圓通。

〔陳攖寧頂批　耳識。〕心聞洞十方，生於大因力〔有大因方證大果〕。初心不能入，云何獲圓通。

〔陳攖寧頂批　鼻識。〕鼻想本權機，秪令攝心住。住成心所住〔暫住非無住，不住亦非無住〕，云何獲圓通。

〔陳攖寧頂批　舌識。〕說法弄音文，開悟先成者〔開悟在先，非待言而悟〕。名句非無漏，云何獲圓通。

〔陳攖寧頂批　身識。〕持犯〔戒〕但束身，非身無所束。元非遍一切〔不能及於法身〕，云何獲圓通。

〔陳攖寧頂批　意識。〕神通本宿因，何關法分別。念緣非離物，云何獲圓通。

〔陳攖寧頂批　地大。〕若以地性觀，堅礙非通達。有爲非聖性，云何獲圓通。

〔陳攖寧頂批　水大。〕若以水性觀，想念非真實。如如〔真如性〕非覺觀〔知覺觀想〕，云何獲圓通。

〔陳攖寧頂批　火大。〕若以火性觀，厭有非真離。非初心方便，云何獲圓通。

〔陳攖寧頂批　風大。〕若以風性觀，動寂〔靜〕非無對。對非無上覺〔有對待即非〕，云何獲圓通。

〔陳攖寧頂批　空大。〕若以空性觀，昏鈍先非覺〔空是晦昧所成之頑空〕。無覺異菩提，云何獲圓通。

〔陳攖寧頂批　識大。〕若以識性觀，觀識非常住〔有生滅〕。存心乃虛妄〔離根塵，無本體〕，云何獲圓通。

〔陳攖寧頂批　六根都攝歸念佛。〕諸行是無常，念性元生滅。因果今殊感〔以無常生滅之因，求常住不生滅之果〕，云何獲圓通。〔原頂批　以上二十四聖雖各得圓通本根，然非此方教體，故皆揀去，而獨選大士以耳根圓通真實，諸根不及故也。〕

我今白世尊，佛出娑婆界。此方真教體，清淨在音聞。欲取三摩提，實以聞中入。離苦得解脫，良哉觀世音。於恒沙劫中，入微塵佛國。得大自在力，無畏施衆生。妙音觀世音，梵音海潮音。救世悉安寧，出世獲常住。我今啟如來，如觀音所說。譬如人靜居，十方俱擊鼓。十處一時聞，此則圓真實。目非觀障外〔有隔膜障礙即不能見〕，口鼻亦復然。身以合方知〔身與觸合、舌與味合、鼻與香合方能知，離則不知〕，心念紛無緒〔意根散亂〕。隔垣聽音響，遐邇俱可聞。五根所不齊〔其他五根所不能比〕，是則通真實。

音聲性動靜，聞中爲有無。無聲號無聞，非實聞無性。聲無既無滅，聲有亦非生。生滅二圓離，是則常真實。〔生滅俱離，寤寐恒一。〕縱令在夢想，不爲不思無〔不因不思惟而遂無聞也〕。覺觀出思惟，身心不能及。〔陳攖寧頂批　聲有動靜，故聞有聞無，聞性常在，不因聲有而生，不因聲無而滅。即如前第四卷末所言，雖在夢中，亦能聞舂擣聲，其形雖寐，聞性不昏，不借思惟，此與不恒其所覺者異。其他五根，在夢雖亦有作用，但未必皆對前境而知，或別有思惟所結，故思維則有，不思惟則無，覺時對境則有，夢時對境則無。滯在身心，爲根塵所縛。獨耳識性不以覺時思惟而有，不以夢時不思惟而無，其性已起於思不思之表，故返聞之覺觀，非思不思，與尋常觀照用思惟者不同，其他根識所不能及。〕

今此娑婆國，聲論得宣明。衆生迷本聞，循聲故流轉〔流逸奔聲〕。〔心性不明，依聲論而明，欲人達本忘言，而人反迷本而循聲。〕

阿難縱强記，不免落邪思〔以循聲流轉之故〕。豈非隨所淪〔聲塵，即亡所之所〕，旋流〔即入流〕獲無妄〔真性〕。

阿難汝諦聽，我承佛威力，宣說金剛王〔即前所謂如幻聞薰聞修金剛三昧〕。如幻不思議，佛母真三昧〔諸佛皆從此三昧而生〕。汝聞微塵佛，一切秘密門。欲〔緣心〕漏不先除，畜聞成過誤。將聞持佛佛〔即微塵佛。記持佛佛之言教〕，何不自聞聞〔聞自己之聞性〕。〔原頂批　阿難見佛三十二相而生愛欲，見摩登伽亦生愛欲。如來與他徵心辨見，則宜選眼根矣。乃選耳根者，何以故？不觀「欲漏不先除，畜聞成過誤」句耶？蓋阿難之欲漏不除者，以畜聞成過也。其誤處皆從累劫多聞，不達真性。六根原自互用，既在聞迷聞，必在見迷見。是以如來直於一機所抽處，使之息機，歸寂一處，休復六用不成，此所謂「密因修證了義」也。〕

聞非自然生，因聲有名字〔有「聞」之名〕。**旋**〔返〕**聞與聲脫**〔離〕，**能脫欲誰名。**〔不可復名爲「聞」，將誰名乎？但可喻之爲「源」。〕**一根既返源，六根成解脫。**

見〔能見〕**聞如幻翳，三界**〔能見〕**若空華。聞復翳根除**〔幻翳空華，原非自有，逐流忘返，不覺是妄〕，**塵銷覺**〔覺性〕**圓淨。淨極光通達**〔如淨瑠璃内含寶月〕，**寂照含虛空。**

却來觀世間，猶如夢中事。摩登伽在夢，誰能留汝形。

如世巧幻師，幻作諸男女。雖見諸根動，要以一機抽。息機歸寂然，諸幻成無性〔即不能自動〕。

六根亦如是。元依一精明〔譬喻一機抽〕，**分成六和合**〔每一處根、塵、識三種和合〕。**一處成休復**〔即息機歸寂然〕，**六用皆不成**〔即諸幻成無性〕。**塵垢應念消，成圓明淨妙。餘塵尚諸學**〔尚居有學之位〕，**明極即如來。**

大眾及阿難，旋汝倒聞機〔聞機外逸，迷本循聲，故曰「倒聞」〕，**反聞聞自性。性成無上道**〔即此性以成無上道〕，**圓通實如是。此是微塵佛，一路涅槃門。過去諸如來，斯門已成就。現在諸**

菩薩，今各入圓明。未來修學人，當依如是法。我亦從中證，非惟觀世音。誠如佛世尊，詢我諸方便，以救諸末劫。求出世間人，成就涅槃心。觀世音爲最，自餘諸方便。皆是佛威神，即事捨塵勞。非是長修學，淺深同說法。頂禮如來藏，無漏不思議。願加被未來，於此門無惑。方便易成就，堪以教阿難。及末劫沉淪，但以此根修。圓通超餘者，真實心如是。」

〔原頂批　大眾領解獲益。〕於是，阿難及諸大眾，身心了然，得大開示，觀佛菩提及大涅槃，猶如有人因事遠遊，未得歸還，明了其家所歸道路。普會大眾，天龍八部〔陳攖寧頂批　天、龍、夜叉、乾闥婆、阿修羅、迦樓羅、緊那羅、摩呼羅伽〕，有學二乘，及諸一切新發心菩薩，其數凡有十恒河沙，皆得本心，遠塵離垢，獲法眼淨。〔陳攖寧頂批　肉眼，肉體所有之眼；天眼，色界天人所有之眼，修禪定者亦能得之；慧眼，二乘之人照見真空無相之理；法眼，菩薩爲度眾生照見一切法門；佛眼。〕性比丘尼〔即摩登伽女〕，聞說偈已，成阿羅漢。無量眾生，皆發無等等阿耨多羅三藐三菩提心。〔陳攖寧頂批　無等等，佛道超絕無與等者，唯佛佛自相等；阿耨多羅三藐三菩提，無上正等覺，無上正遍知。〕阿難整衣服，於大眾中，合掌頂禮，心跡圓明，悲欣交集，欲益未來諸眾生故，稽首白佛：「〔原頂批　阿難發願度生。〕大悲世尊，我今已悟成佛法門，是中修行，得無疑惑。〔原頂批　又問攝心遠魔之法，爲末劫眾生慮也。〕常聞如來說如是言，自未得度，先度人者，菩薩發心；自覺已圓，能覺他者，如來應世。我雖未度，願度末劫一切眾生。世尊，此諸眾生，去佛漸遠，邪師說法，如恒河沙，欲攝其心，入三摩地，云何令其安立道場，遠諸魔事，於菩提心得無退屈？」爾時，世尊於大眾中稱讚阿難：「善哉善哉！如汝所問，安立道場，救護眾生末劫沉溺。汝今諦聽，當爲汝說。」阿難、大眾唯然奉教。〔原頂批 答攝心遠魔四戒三決定義，指戒定慧。律明決定戒爲最先，決定定依戒生，決定慧依定生。陳攖寧頂批 三無漏學。〕佛告阿難：「汝常聞我毘奈耶〔律藏〕中宣說修行三決定義，所謂攝心爲戒，因戒生定，因定發慧，是則名爲『三無漏學』。」〔陳攖寧頂批 四種律儀。原頂批 一，戒婬心。〕「阿難，云何攝取心，我名爲戒。若諸世界，六道眾生，其心不婬，則不隨其生死相續。汝修三昧，本出塵勞，婬心不除，塵不可出，縱有多智禪定現前，如不斷婬，必落魔道。上品魔王，中品魔民，下品魔女，彼等諸魔，亦有徒眾，各各自謂成無上道。我滅度後，末法之中，多此魔民，熾盛世間，廣行貪婬，爲善知識，令諸眾生，落愛見坑，失菩提路。汝教世人，修三摩地，先斷心婬，是名如來先佛世尊第一決定清淨明誨。是故阿難，若不斷婬修禪定者，如蒸沙石，欲其成飯，經百千劫，秖名熱砂。何以故？此非飯本，砂石成故。汝以婬身，求佛妙果，縱得妙悟，皆是婬根。根本成婬，輪轉三塗，必不能出。如來涅槃，何路修證？必使婬機身心俱斷，斷性亦無，於佛菩提，斯可希冀。如我此說，名爲佛說；不如此說，即波旬說。」

〔原頂批　二，戒殺心。〕「阿難，又諸世界，六道眾生，其心不殺，則不隨其生死相續。汝修三昧，本出塵勞，殺心不除，塵不可出。縱有多智，禪定現前，如不斷殺，必落神道。上品之人，爲大力鬼；　中品則爲飛行夜叉、諸鬼帥等；　下品當爲地行羅刹。彼諸鬼神，亦有徒眾，各各自謂成無上道。我滅度後，末法之中，多此鬼神，熾盛世間，自言食肉得菩提路。阿難，我令比丘食五淨肉〔陳攖寧頂批　五淨肉，不見、不聞、不疑、自死、鳥殘。三淨肉，即五淨之前三種〕，此肉皆我神力化生，本無命根。汝婆羅門，地多蒸濕，加以砂石，草菜不生，我以大悲神力所加，因大慈悲，假名爲肉，汝得其味。奈何如來滅度之後，食眾生肉，名爲釋子。汝等當知，是食肉人，縱得心開似三摩地，皆大羅刹，報終必沉生死苦海，非佛弟子。如是之人，相殺相吞相食未已，云何是人得出三界？汝教世人，修三摩地，次斷殺生，是名如來先佛世尊第二決定清淨明誨。是故阿難，若不斷殺修禪定者，譬如有人，自塞其耳，高聲大叫，求人不聞，此等名爲欲隱彌露。清淨比丘，及諸菩薩，於岐路〔陳攖寧頂批　岐路，「岐」同「歧」，兩路並出之義〕行，不蹋生草，況以手拔？云何大悲，取諸眾生血肉充食？若諸比丘，不服東方絲綿絹帛，及是此土靴履裘毳〔音「翠」，細毛〕，乳酪醍醐〔陳攖寧頂批　一，乳；二，酪；三，生酥；四，熟酥；五，醍醐〕，如是比丘，於世真脫，酬還宿債〔此二句是倒裝文法〕，不遊三界。何以故？服其身分，皆爲彼緣。如人食其地中百穀，足不離地。必使身心，於諸眾生，若身〔血、肉〕身分〔皮、毛、乳〕，身〔服食〕心〔貪求〕二途，不服不食。我說是人，真解脫者。如我此說，名爲佛說；不如此說，即波旬說。」

〔原頂批　三，戒偷心。〕「阿難，又復世界，六道眾生，其心不偷，則不隨其生死相續。汝修三昧，本出塵勞，偷心不除，塵不可出。縱有多智禪定現前，如不斷偷，必落邪道。上品精靈，中品妖魅，下品邪人，諸魅所著。彼等羣邪，亦有徒眾，各各自謂成無上道。我滅度後，末法之中，多此妖邪，熾盛世間，潛匿姦欺，稱善知識。各自謂已得上人法，詃〔誘詐〕惑無識，恐令失心〔恐嚇他人使人失其正念〕，所過之處，其家耗散〔使人破財〕。我教比丘，循方乞食，令其捨貪，成菩提道。諸比丘等，不自熟食，寄於殘生，旅泊三界，示一往還，去已無返。云何賊人，假我衣服，裨販〔陳攖寧頂批　裨販，「裨」同「稗」，買賤賣貴，以自裨益，即小販之流。稗，小也〕如來，造種種業，皆言佛法〔皆說是真佛法〕，却非出家具戒比丘爲小乘道〔輕視他人之守戒者，以爲是小乘。此「非」字乃不贊成之意〕？由是疑誤無量眾生墮無間獄。若我滅後，其有比丘，發心決定修三摩提，能於如來形像之前，身然一燈，燒一指節〔陳攖寧頂批　八指頭陀，九指佛乘〕，及於身上爇一香炷，我說是人，無始宿債，一時酬畢，長揖世間，永脫諸漏。雖未即明無上覺路，是人於法，已決定心，若不爲此捨身微因，縱成無爲，必還生人，酬其宿債，如我馬麥，正等無異。〔陳攖寧頂批　馬麥，即馬糧之麥。佛有一夏三月，受阿耆達王之請，安居彼國，與五百比丘共食三月馬麥，是佛十難之一。智度論九、經律異相五、大方便佛報恩經、中本起經：「因宿世詬罵比丘，可食馬麥。」〕汝教世人，修三摩地，後斷偷盜，是名如來先佛世尊第三決定清淨明誨。是故阿難，若不斷偷修禪定者，譬如有人水灌漏巵，欲求其滿，縱經塵劫，終無平復。若諸比丘，衣鉢之餘，分寸不畜，乞食餘分，施餓衆生，於大集會，合掌禮衆，有人捶詈〔陳攖寧頂批　捶，音「垂」，以杖擊；詈，音「利」，罵也〕，同於稱讚，必使身心二俱捐捨，身肉骨血與衆生共。不將如來不了義說，回爲己解，以誤初學。佛印是人，得真三昧。如我所說，名爲佛說；不如此說，即波旬說。」

〔原頂批　四，戒妄語。〕「阿難，如是世界，六道衆生，雖則身心無殺盜婬，三行已圓，若大妄語，即三摩地，不得清淨，成愛〔貪求〕見魔〔邪見〕，失如來種。所謂『未得謂得，未證言證』。或求世間尊勝第一，謂前人言我今已得須陀洹果〔入流、逆流、預流，斷盡三界見惑〕、斯陀含果〔一來尚須欲界受生一次，斷欲界九地思惑前六品〕、阿那含果〔不還、不來，斷盡欲界後三品之殘餘，生色界、無色界，不生欲界〕、阿羅漢道〔殺賊、應供、不生〕、辟支佛乘〔獨覺、緣覺，三乘中之中乘〕、十地地前諸位菩薩〔菩薩從初發心一大阿僧劫之間爲地前，即十住十行十回向之三十位，謂之「三賢位」。初地已上爲地上。地前者，凡夫之菩薩；地上者，法身之菩薩〕，求彼禮懺，貪其供養，是一顛迦〔即一闡提〕，銷滅佛種，如人以刀斷多羅木〔見多羅樹，以刀斷之，則不能活〕。佛記是人，永殞善根，無復知見，沉三苦海〔三塗也〕，不成三昧。我滅度後，敕諸菩薩及阿羅漢，應身生彼末法之中，作種種形，度諸輪轉。或作沙門、白衣、居士、人王、宰官、童男、童女，如是乃至婬女、寡婦、姦偷、屠販，與其同事，稱讚佛乘，令其身心入三摩地，終不自言我真菩薩、真阿羅漢，洩佛密因，輕言〔於〕未學。唯除命終，陰有遺付。云何是人惑亂眾生，成大妄語？汝教世人，修三摩地，後復斷除諸大妄語，是名如來先佛世尊第四決定清淨明誨。是故阿難，若不斷其大妄語者，如刻人糞為旃檀形，欲求香氣，無有是處。我教比丘，直心道場，於四威儀，一切行中，尚無虛假，云何自稱得上人法？譬如窮人妄號帝王，自取誅滅。況復法王，如何妄竊？因地不真，果招紆曲，求佛菩提，如噬臍人〔謂終不能及。陳攖寧頂批　左傳莊公六年云：「若不早圖，後君噬齊。」註云：「若噬腹臍，喻不可及。」〕，欲誰成就？若諸比丘，心如直弦，一切真實，入三摩地，永無魔事。我印是人，成就菩薩無上知覺。如我所說，名為佛說；不如此說，即波旬說。」

陳攖寧頂批　僧文通慧者，河南開封府白雲寺僧也。其師令掌盥盆。偶有市鮮者濯於盆，文恚，擊之，遽隕。因潛奔華州總持寺。久之，為長老，蓋二十餘年矣。一日，忽語其徒曰：「二十年前一段公案，今日當了。」眾問故，曰：「日午自知。」遂趺坐以俟。時張浚統兵至關中，一卒持弓矢至法堂，瞪目視文，將射之。文笑曰：「老僧相待久矣。」卒曰：「素未相面，今見而恚心不可遏，即欲相戕，何耶？」文語以昔故，卒遽說偈曰：「冤冤相報何時了，劫劫相纏豈偶然。不若與師俱解釋，如今立地往西天。」視之已立化矣。文即索筆書偈曰：「三十三年飄蕩，做了幾番模樣。誰知今日相逢，却是在前變障。」書畢泊然而化。

二十四祖師子比丘歸依二十三祖鶴勒那尊者時，見東北方有氣如白虹貫天地，復有黑氣五道橫亘其中。尊者問其兆如何。師子云：「不知。」尊者曰：「吾滅後五十年，北天竺國當有難起，應在汝身。」比丘未曉將罹何難。尊者密示之。後師子比丘傳法於婆舍斯多二十五祖，並言：「吾師密有懸記，罹難非久。」即以僧伽黎密付斯多，俾之他國，隨機演化。斯多受教，直抵南天，師子獨留本國。時有外道二人欲謀亂，詭爲釋子，潛入王宮。其王彌羅崛遂滅毀釋教。秉劍至師子比丘所，問師得蘊空否。曰：「已得。」又問離生死。曰：「已離。」王曰：「可施我頭。」師子曰：「我身非我有，何悋於頭？」王即揮刃斷師子首，白乳湧高數尺。王之右臂亦墮地，七日而終。太子歎曰：「吾父何故自取其禍？」延罪懺悔時，象白山有仙人言：「師子與羅崛往世皆爲白衣，以嫉法勝故，陰戕崛，今乃償焉。」時當中國三國之末。（彌羅崛，乃罽賓國王。罽，音「忌」。）

東土二祖慧可，付衣法於三祖後，並云：「吾有宿累，今往酬之。汝受吾教，宜處深山，勿罹世難，俟時傳付。」二祖乃往鄴都化導四眾。後至筦城匡救寺說法，有辨和法師正於其寺講涅槃經，其徒多去之而從二祖。和嫉之，謗於邑宰，邑宰翟仲侃加祖以非法，祖怡然委順。識真者謂是償債。時年一百七歲，當隋文帝開皇十三年癸丑三月十六。（筦城，今河南省鄭縣。）

宋湖州安吉縣沈某者，當金寇將至時，夢一僧曰：「汝前生所殺怨報至矣。有一人長大，以刀破門入者，可即問『是燕山府李立否』，但延頸受刃，不必逃也。」數日寇至，果如夢言。其人問：「何故得悉我姓名鄉里？」沈告以夢。李方歎息，見案上有金剛經，詢知沈已持誦二十年，即解衣出一竹筒，中藏細書金剛經，曰：「我已誦五年。」因結爲兄弟，贈以資糧金帛而去。（見宋何薳所作春渚紀聞。）

己求書云：「清初程伯麟，商於揚，事大士虔。乙酉夏，兵破揚州（即順治二年，西元一六四五年）。程禱大士垂救，夢大士云：『汝家十七口，十六口可免，惟汝一人不可逃。汝前生殺王麻子二十六刀，今當償債。可令家人往東廂，汝獨在堂中俟之，勿被株累。』及兵扣門，程迎問：『汝是王麻子否？』兵問：『何知我姓名？』程以夢告。兵歎曰：『汝前生殺我，今生受報。我今生殺汝，來生不又受報乎？』乃以刀背擊程二十六下而宥之，攜其眷屬至南京，爲至好友。」

大佛頂如來密因修證了義諸菩薩萬行首楞嚴經卷第六音釋

驅 丘於切。

優婆塞、優婆夷 梵語也，華言「近佛事男女」。

大家 「家」音「姑」，后妃所師之女也。

藥叉 梵語也，華言「勇健」。

乾闥婆 華言「樂神」。

阿修羅 華言「無酒」。

緊那羅 華言「疑神」。

摩呼羅伽 華言「蟒神」。

阿顛迦 梵語也，華言「無善心」。

毘奈耶 梵語也，華言「律藏」。

波旬 正云「波卑夜」，華言「惡者」，魔名。

毳 音「翠」。

靴 許瓜切。

耗 音「好」。

訤 古犬切。

裨 音「卑」。

揖 伊入切。

卮 音「支」。

捶 之累切。

詈 力智切，惡言也。

一顛迦 即一闡提，華言「斷善根」。

洩 思列切。

誅 音「朱」。

噬 音「逝」。

絃 音「言」。

大佛頂如來密因修證了義諸菩薩萬行首楞嚴經卷第七

陳攖寧頂批　淨土宗，蓮；禪宗，心；天台宗，法華；密宗，真言；華嚴宗，賢首；慈恩宗，相；律宗，南山；三論宗，性空；俱舍宗，有；成實宗。

〔原頂批　能持四戒，自遠魔事。〕「阿難，汝問攝心，我今先說入三摩地修學妙門。求菩薩道，要先持此四種律儀，皎如冰霜，自不能生一切枝葉。心三口四，生必無因。〔陳攖寧頂批　心三，貪、嗔、癡；口四，妄言、綺語、兩舌、惡口。〕阿難，如是四事，若不遺失，心尚不緣色香味觸，一切魔事，云何發生？若有宿習，不能滅除，汝教是人，一心誦我佛頂光明摩訶薩怛多般怛羅無上神咒〔大白傘蓋真言〕。〔陳攖寧頂批　現業易制，自行可違；宿習難除，必假神力。凡人好正而固邪，欲潔而偏染，不教而能，不願而爲，隱然若有驅策而不能自已者，宿習之使也；德隆而福薄，行善而身凶，多障多冤，數病數惱，綿然若有機緘而不能自釋者，宿習之召也。茲非一生一劫之緣，乃無始來念念受薰者，自非神力莫能脱之。〕斯是如來無見頂相、無爲心佛，從頂發輝，坐寶蓮華所說心咒。〔原頂批　持咒。〕且汝宿世與摩登伽，歷劫因緣，恩愛習氣，非是一生，及與一劫。我一宣揚，愛心永脱，成阿羅漢。彼尚婬女，無心修行，神力冥資，速證無學，云何汝等在會聲聞，求最上乘，决定成佛，譬如以塵揚於順風，有何艱險？若有末世，欲坐道場，先持比丘清淨禁戒。要當選擇戒清淨者，第一沙門，以爲其師。若其不遇真清淨僧，汝戒律儀，必不成就。〔陳攖寧頂批　沙門，乃出家人之通稱。佛徒與非佛徒，俱可稱「沙門」。僧，即僧伽，比丘四人以上和合爲僧。戒和同修，見和同解，身和同住，利和同均，口和無諍，意和同悦。智度論三十四云：「一，聲聞僧，修小乘三學，剃頭染衣，出家沙門之形相；二，菩薩僧，修大乘三學，有髮，俗衣，在家之形相。」〕戒成已後，著新淨衣，然香閒居，誦此心佛所説神咒一百八遍，然後結界，建立道場〔原頂批　建場結界〕，求於十方現住國土。無上如來，放大悲光，來灌其頂。阿難，如是末世清淨比丘。若比丘尼、白衣檀越，心滅貪婬，持佛淨戒，於道場中，發菩薩願，出入澡浴，六時行道。如是不寐，經三七日，我自現身，至其人前，摩頂安慰，令其開悟。」

〔原頂批　問建場結界。〕阿難白佛言：「世尊，我蒙如來無上悲誨，心已開悟，自知修證無學道成。末法修行，建立道場，云何結界，合佛世尊清淨軌則？」佛告阿難：「〔原頂批　一，築基。陳攖寧頂批　香土塗地。〕若末世人，願立道場，先取雪山大力白牛，食其山中肥膩香草。此牛唯飲雪山清水，其糞微細，可取其糞，和合旃檀，以泥其地。若非雪山，其牛臭穢，不堪塗地。別於平原，穿去地皮五尺已下，取其黃土，和上旃檀、沉水、蘇合、薰陸、鬱金、白膠、青木、零陵、甘松及雞舌香，以此十種，細羅爲粉，合土成泥，以塗場地。〔原頂批　二，規制。　陳攖寧頂批　壇式莊嚴。〕方圓丈六，爲八角壇，壇心置一金銀銅木所造蓮華，華中安鉢，鉢中先盛八月露水，水中隨安所有華葉。取八圓鏡，各安其方，圍繞華鉢。鏡外建立十六蓮華、十六香爐，間華鋪設，莊嚴香爐，純燒沉水，無令見火。〔原頂批　三，供養。　陳攖寧頂批　諸時奉享。〕取白牛乳，置十六器。乳爲煎餅，並諸砂糖、油餅、乳糜、蘇合、蜜薑、純酥、純蜜，於蓮華外，各各十六，圍繞華外，以奉諸佛及大菩薩，每以食時。若在中夜，取蜜半升，用酥三合，壇前別安一小火爐，以兜樓婆香〔陳攖寧頂批　兜樓婆，又云「妬路婆」，是西方苜蓿香〕，煎取香水，沐浴其炭，然令猛熾。投是酥蜜，於炎爐內，燒令煙盡，享佛菩薩。〔原頂批　四，設像儀軌。〕令其四外徧懸幡華，於壇室中，四壁敷設十方如來及諸菩薩所有形象，應於當陽，張盧舍那〔即「毘盧遮那佛」，密教稱「大日如來」〕、釋迦、彌勒、阿閦〔陳攖寧頂批　閦，音「促」〕、彌陀。〔陳攖寧頂批　台宗以毘盧舍那，爲法身佛，譯曰「遍一切處」；　盧舍那爲報身佛，譯曰「淨滿」；　釋迦，爲應身佛。　舊華嚴經譯爲「盧舍那」，新華嚴經譯爲「毘盧遮那」。〕諸大變化觀音形像，兼金剛藏，安其左右。帝釋、梵王、烏芻瑟摩〔火頭或穢跡，或除穢金剛，即前二十五聖之一〕，並藍地迦〔青面金剛〕、諸軍茶利〔明王，現忿怒身，降伏諸惡魔〕與毗俱胝〔三目四手忿怒形之天女〕、四天王等，頻那夜迦〔即歡喜天或毘那夜迦。　歡喜天，雙身合抱，乃退治法；頻那夜迦，又名「毘那夜迦」，譯云「長隨魔」「障礙神」，人身象鼻〕張於門側，左右安置。又取八鏡，覆懸虛空，與壇場中所安之鏡方面相對〔陳攖寧頂批　八鏡交光〕，使其形影重重相涉。〔原頂批　五，頂禮。　陳攖寧頂批　三七持咒。〕於初七中，至誠頂禮十方如來、諸大菩薩、阿羅漢號，恒於六時，誦咒圍壇，至心行道，一時常行一百八遍。第二七中，一向專心，發菩薩願，心無間斷，我毘奈耶〔戒律。　陳攖寧頂批　毘奈耶，意即「調伏」〕，先有願教。第三七中，於十二時，一向持佛般怛羅咒。至第七日，十方如來，一時出現〔陳攖寧頂批　鏡中佛現〕，鏡光交處，承佛摩頂，即於道場，修三摩地，能令如是末世修學，身心明淨，猶如瑠璃。阿難，若此比丘，本受戒師，及同會中十比丘等，其中有一不清淨者，如是道場，多不成就。從三七後，端坐安居，經一百日，有利根者，不起於座，得須陀洹，縱其身心聖果未成，決定自知成佛不謬。〔陳攖寧頂批　百日證果。〕汝問道場，建立如是。」

〔原頂批　求宣神咒。〕阿難頂禮佛足而白佛言：「自我出家，恃佛憍愛〔陳攖寧頂批　憍愛，即憐愛。憍，音「交」〕，求多聞故，未證無爲，遭彼梵天邪術所禁。心雖明了，力不自由。賴遇文殊，令我解脱。雖蒙如來佛頂神咒，冥獲其力，尚未親聞，惟願大慈，重爲宣說，悲救此會諸修行輩，末及當來在輪迴者，承佛密旨，身意解脱。」於時，會中一切大眾，普皆作禮，佇聞如來秘密章句。爾時，世尊從肉髻中，湧百寶光。光中湧出千葉寶蓮，有化如來坐寶華中，頂放十道百寶光明，一一光明，皆遍示現十恒河沙金剛密跡〔密中之密。大寶積經四十九會中第三會中有密跡金剛力士會〕，擎山持杵，遍虛空界。大眾仰觀，畏愛兼抱，求佛哀祐，一心聽佛無見頂相放光如來宣說神咒。

〔原頂批　神咒。〕「南無薩怛〔旦〕他蘇伽多耶阿羅訶帝三藐三菩陀寫。薩怛他佛陀俱知瑟尼釤〔陷〕。南無薩婆勃陀勃地薩跢〔墮〕鞞弊。南無薩多南三藐三菩陀俱知南。娑舍囉婆迦僧伽喃。南無盧雞阿羅漢跢喃。南無蘇盧多波那喃。南無娑羯唎陀伽彌喃。南無盧雞三藐伽跢喃。三藐伽波囉底波多那喃。〔十。〕南無提婆離瑟赧〔難〕。南無悉陀耶毗地耶陀囉離瑟赧。舍波奴揭囉訶娑訶娑囉摩他喃。南無跋囉訶摩泥。南無因陀囉耶。南無婆伽婆帝。嚧陀囉耶。烏摩般帝。娑醯夜耶。南無婆伽婆帝。〔廿。〕那囉野拏耶。槃遮摩訶三慕陀囉。南無悉羯唎多耶。南無婆伽婆帝。摩訶迦羅耶。地唎般剌那伽囉。毗陀囉波拏迦囉耶。阿地目帝。尸摩舍那泥婆悉泥。摩怛唎伽拏。〔三十。〕南無悉羯唎多耶。南無婆伽婆帝。多他伽跢俱囉耶。南無般頭摩俱囉耶。南無跋闍囉俱囉耶。南無摩尼俱囉耶。南無伽闍俱囉耶。南無婆伽婆帝。帝唎茶輸囉西那。波羅訶囉拏闍耶。跢他伽多耶。南無婆伽婆帝。南無阿彌多婆耶。哆他伽多耶。阿囉訶帝。三藐三菩陀耶。南無婆伽婆帝。阿芻鞞耶。跢他伽多耶。阿囉訶帝。三藐三菩陀耶。南無婆伽婆帝。鞞沙闍耶俱盧吠柱唎耶。般囉婆囉闍耶。跢他伽多耶。南無婆伽婆帝。三補師毖多。薩憐捺囉剌闍耶。跢他伽多耶。阿囉訶帝。三藐三菩陀耶。南無婆伽婆帝。舍雞野母那曳。跢他伽多耶。阿囉訶帝。三藐三菩陀耶。南無婆伽婆帝。剌怛那雞都囉闍耶。跢他伽多耶。阿囉訶帝。三藐三菩陀耶。帝瓢南薩羯唎多。翳曇婆伽婆多。薩怛他伽都瑟尼釤。薩怛多般怛嚂。南無阿婆囉視耽。般囉帝揚岐囉。薩囉婆部多揭囉訶。尼羯囉訶揭迦羅訶尼。跋囉毖地耶叱陀你。阿迦囉蜜唎柱。般唎怛羅耶儜揭唎。薩囉婆槃陀那目叉尼。薩囉婆突瑟吒。突悉乏般那你伐囉尼。赭都囉失帝南。羯囉訶娑訶薩囉若闍。毗多崩娑那羯唎。阿瑟吒冰舍帝南。那叉剎怛囉若闍。波囉薩陀那羯唎。阿瑟吒南。摩訶揭囉訶若闍。毗多崩薩那羯唎。薩婆舍都嚧你婆囉若闍。呼藍突悉乏難遮那舍尼。毖沙舍悉怛囉。阿吉尼烏陀迦囉若闍。阿般囉視多具囉。摩訶般囉戰持。〔一〇〇。〕摩訶疊多。摩訶帝闍。摩訶稅多闍婆囉。摩訶跋囉槃陀囉婆悉你。阿唎耶多囉。毗唎俱知。誓婆毗闍耶。跋闍囉摩禮底。毗舍嚧多。勃騰罔迦。跋闍囉制喝那阿遮。摩囉制婆般囉質多。跋闍囉擅持。毗舍囉遮。扇多舍鞞提婆補視多。蘇摩嚧波。摩訶稅多。阿唎耶多囉。摩訶婆羅阿般囉。跋闍囉商羯囉制婆。跋闍囉俱摩唎。俱藍陀唎。跋闍囉喝薩多遮。毗地耶乾遮那摩唎迦。啒蘇母婆羯囉跢那。鞞嚧遮那俱唎耶。

夜囉菟瑟尼釤。毗折藍婆摩尼遮。跋闍囉迦那迦波囉婆。嚧闍那跋闍囉頓稚遮。税多遮迦摩囉。刹奢尸波囉娑。翳帝夷帝。母陀囉羯拏。娑鞞囉懺。掘梵都。印兔那麼麼寫。烏䏁。唎瑟揭拏。般刺舍悉多。薩怛他伽都瑟尼釤。虎䏁。都嚧雍。瞻婆那。虎䏁。都嚧雍。悉耽婆那。虎䏁。都嚧雍。波羅瑟地耶三般叉拏羯囉。虎䏁。都嚧雍。薩婆藥叉喝囉刹娑。揭囉訶若闍。毗騰崩薩那羯囉。虎䏁。都嚧雍。者都囉尸底南。揭囉訶娑訶薩囉南。毗騰崩薩那囉。虎䏁。都嚧雍。囉叉。婆伽梵。薩怛他伽都瑟尼釤。波囉點闍吉唎。摩訶娑訶薩囉。勃樹娑訶薩囉室利沙。俱知娑訶薩泥帝隸。阿弊提視婆唎多。吒吒甖迦。摩訶跋闍嚧陀囉。帝唎菩婆那。曼茶囉。烏䏁。莎悉帝薄婆都。麼麼。印兔那麼麼寫。囉闍婆夜。主囉跋夜。阿祇尼婆夜。烏陀迦婆夜。毗沙婆夜。舍薩多囉婆夜。婆囉斫羯囉娑夜。突瑟叉婆夜。阿舍你婆夜。阿迦囉蜜唎柱婆夜。陀囉尼部彌劍波伽波陀婆夜。烏囉迦婆多婆夜。剌闍壇茶婆夜。那伽婆夜。毘條怛婆夜。蘇波囉拏婆夜。藥叉揭囉訶。囉叉私揭囉訶。畢唎多揭囉訶。毘舍遮揭囉訶。部多揭囉訶。鳩槃茶揭囉訶。〔二〇〇。〕補丹那揭囉訶。迦吒補丹那揭囉訶。悉乾度揭囉訶。阿播悉摩囉揭囉訶。烏檀摩陀揭囉訶。車夜揭囉訶。醯唎婆帝揭囉訶。社多訶唎南。揭婆訶唎南。嚧地囉訶唎南。忙娑訶唎南。謎陀訶唎南。摩闍訶唎南。闍多訶唎女。視比多訶唎南。毗多訶唎南。婆多訶唎南。阿輸遮訶唎女。質多訶唎女。帝釤薩鞞釤。薩婆揭囉訶南。毘陀耶闍嗔陀夜彌。雞囉夜彌。波唎跋囉者迦訖唎擔。毗陀夜闍嗔陀夜彌。雞囉夜彌。茶演尼訖唎擔。毘陀夜闍嗔陀夜彌。雞囉夜彌。摩訶般輸般怛夜。嚧陀囉訖唎擔。毘陀夜闍嗔陀夜彌。雞囉夜彌。那囉夜拏訖利擔。毘陀夜闍嗔陀夜彌。雞囉夜彌。怛埵伽嚧茶西訖唎擔。毘陀夜闍嗔陀夜彌。雞囉夜彌。摩訶迦囉摩怛唎伽拏訖唎擔。毘陀夜闍嗔陀夜彌。雞囉夜彌。迦波唎迦訖唎擔。毘陀夜闍嗔陀夜彌。雞囉夜彌。闍耶羯囉摩度羯囉。薩婆囉他娑達那訖唎擔。毘陀夜闍嗔陀夜彌。雞囉夜彌。赭咄囉婆耆你訖唎擔。毘陀夜闍嗔陀夜彌。雞囉夜彌。毘唎羊訖唎知。難陀雞沙囉伽拏般帝。索醯夜訖唎擔。毘陀夜闍嗔陀夜彌。雞囉夜彌。那揭那舍囉婆拏訖唎擔。毘陀夜闍嗔陀夜彌。雞囉夜彌。阿羅漢訖唎擔。〔別本此處不斷句。〕毘陀夜闍嗔陀夜彌。〔此本第二六二句，別本第二六一句。〕雞囉夜彌。毘多囉伽訖唎擔。毘陀夜闍嗔陀夜彌。雞囉夜彌跋闍囉波你。具醯夜具醯夜。迦地般帝訖唎擔。毘陀夜闍嗔陀夜彌。雞囉夜彌。囉叉罔。婆伽梵。印兔那麼麼寫。婆伽梵。薩怛多般怛囉。南無粹都帝。阿悉多那囉喇迦。波囉娑悉普吒。毘迦薩怛多鉢帝唎。什佛囉什佛囉。陀囉陀囉。頻陀囉頻陀囉嗔陀嗔陀。虎絣。虎絣。泮吒。泮吒泮吒泮吒泮吒。娑訶。醯醯泮。阿牟迦耶泮。

阿波囉提訶多泮。婆囉波囉陀泮。阿素囉毘陀囉波迦泮。薩婆提鞞弊泮。薩婆那伽弊泮。薩婆藥叉弊泮。薩婆乾闥婆弊泮。薩婆補丹那弊泮。迦吒補丹那弊泮。薩婆突狼枳帝弊泮。薩婆突澀比喫訖瑟帝弊泮。〔三〇〇，別本二九九。〕薩婆什婆唎弊泮。薩娑阿播悉摩喫弊泮。薩婆舍囉婆那弊泮。薩婆地帝雞弊泮。薩婆怛摩陀繼弊泮。薩婆毘陀耶囉誓遮喫弊泮。闍夜羯囉摩度羯囉。薩婆囉他娑陀雞弊泮。毘地夜遮唎弊泮。者都囉縛耆你弊泮。跋闍囉俱摩唎。毘陀夜囉誓弊泮。摩訶波囉丁羊乂耆唎弊泮。跋闍囉商羯囉夜。波囉丈耆囉闍耶泮。摩訶迦囉夜。摩訶末怛唎迦拏。南無娑羯唎多夜泮。毖瑟拏婢曳泮。勃囉訶牟尼曳泮。阿耆尼曳泮。摩訶羯唎曳泮。羯囉檀遲曳泮。蔑怛唎曳泮。嘮怛唎曳泮。遮文茶曳泮。羯邏囉怛唎曳泮。迦般唎曳泮。阿地目質多迦尸摩舍那。婆私你曳泮。演吉質。薩埵婆寫。麼麼印免那麼麼寫。突瑟吒質多。阿末怛唎質多。烏闍訶囉。伽婆訶囉。嚧地囉訶囉。婆娑訶囉。摩闍訶囉。闍多訶囉。視毖多訶囉。跋略夜訶囉。乾陀訶囉。布史波訶囉。頗囉訶囉。婆寫訶囉。般波質多。突瑟吒質多。嘮陀囉質多。藥叉揭囉訶。囉刹娑揭羅訶。閉隸多揭囉訶。毘舍遮揭囉訶。部多揭囉訶。鳩槃茶揭囉訶。悉乾陀揭囉訶。烏怛摩陀揭囉訶。車夜揭囉訶。阿播薩摩囉揭囉訶。宅祛革茶耆尼揭囉訶。唎佛帝揭囉訶。闍彌迦揭囉訶。舍俱尼揭囉訶。姥陀囉難地迦揭囉訶。阿藍婆揭囉訶。乾度婆尼揭囉訶。什伐囉堙迦醯迦。墜帝藥迦。怛隸帝藥迦。者突讬迦。昵提什伐囉毖釤摩什伐囉。薄底迦。鼻底迦。室隸瑟密迦。娑你般帝迦。薩婆什伐囉。室嚧吉帝。末陀鞞達嚧制劍。阿綺嚧鉗。目佉嚧鉗。羯唎突嚧鉗。揭囉訶揭藍。羯拏輸藍。憚多輸藍。迄唎夜輸藍。末麽輸藍。跋唎室婆輸藍。毖栗瑟吒輸藍。烏陀囉輸藍。羯知輸藍。跋悉帝輸藍。鄔嚧輸藍。常伽輸藍。喝悉多輸藍。跋陀輸藍。娑房盎伽般囉丈伽輸藍。部多毖路茶。茶耆尼什婆囉。陀突嚧迦建咄嚧吉知婆路多毘。〔四〇〇，別本三九九。〕薩般嚧訶凌伽。輸沙怛囉娑那羯囉。毘沙喻迦。阿耆尼烏陀迦。末囉鞞囉建路囉。阿迦囉密唎咄怛斂部迦。地栗剌吒。毖唎瑟質迦。薩婆那俱囉。肆引伽弊揭囉唎藥叉怛囉芻。末囉視吠帝釤娑鞞釤。悉怛多鉢怛囉。摩訶跋闍嚧瑟尼釤。摩訶般賴丈耆藍。夜波突陀舍喻闍那。辮怛隸奴。毘陀耶槃曇迦嚧彌。帝殊槃曇迦嚧彌。般囉毘陀槃曇迦嚧彌。跢姪他。唵。阿那〔諸莪〕隸。毘〔皮〕舍提。鞞〔比〕囉跋闍囉陀唎〔利〕。槃陀槃陀你。跋〔博〕闍〔蛇〕囉〔利遮〕謗尼泮。虎吽〔轟〕都嚧〔祿吾〕甕〔烏貢〕泮。莎婆訶。」〔全咒共計四百廿八句。別本作四百廿七句。共二六二〇字。〕

〔原頂批　諸佛用咒。〕「阿難，是佛頂光聚悉怛多般怛囉秘密伽陀微妙章句，出生十方一切諸佛。十方如來，因此咒心〔因地修行〕，得成無上正遍知覺；十方如來，執此咒心〔如有權柄〕，降伏諸魔，制諸外道；　十方如來，乘此咒心〔如乘車船〕，坐寶蓮華，應微塵國；　十方如來，含〔含蓄〕此咒心，於微塵國，轉大法輪；　十方如來，持〔把握〕此咒心，能於十方摩頂授記，自果未成，亦於十方蒙佛授記；　十方如來，依〔依靠，倚仗〕此咒心，能於十方拔濟羣苦，所謂地獄、餓鬼、畜生、盲聾瘖瘂〔陳攖寧頂批　八難，地獄、餓鬼、畜生、北拘盧洲、長壽天、聾盲瘖瘂、世智辯聰、佛前佛後。此八種皆難聞佛法〕，怨憎會苦、愛別離苦、求不得苦、五陰熾盛〔八苦中尚有生、老、病、死四苦〕，大小諸橫〔陳攖寧頂批　九種橫死（藥師經）：一，有病無醫；二，王法誅戮；三，鬼怪奪其精氣；四，火焚；五，水溺；六，惡獸啖；七，墮崖；八，毒藥咒咀；九，饑渴所困〕，同時解脫，賊難、兵難、王難、獄難、風火水難、饑渴貧窮，應念消散；　十方如來，隨〔隨順不背〕此咒心，能於十方事善知識，四威儀中，供養如意，恒沙如來會中推爲大法王子；　十方如來，行〔應用於事物〕此咒心，能於十方攝受親因〔接引有緣〕，令諸小乘，聞秘密藏，不生驚怖；　十方如來，誦此咒心，成無上覺，坐菩提樹，入大涅槃；　十方如來，傳此咒心〔相續不絕〕，於滅度後，付佛法事，究竟住持，嚴淨戒律，悉得清淨。若我說是佛頂光聚般怛羅咒，從旦至暮，音聲相聯，字句中間亦不重疊，經恒沙劫，終不能盡〔心性妙理，不可窮盡，所以密咒功德亦無盡〕，亦說此咒，名『如來頂』。汝等有學，未盡輪迴，發心至誠，取阿羅漢，不持此咒，而坐道場，令其身心，遠諸魔事，無有是處。」

〔原頂批　明誦持功德。　陳攖寧頂批　眾生奉咒。〕「阿難，若諸世界，隨所國土，所有眾生，隨國所生，樺〔大木名。　陳攖寧頂批　樺，音「華」，落葉喬木，樹皮色白，有多層，易剝離，如紙〕皮貝葉，紙素白氎〔細毛布。　陳攖寧頂批　氎，音「迭」〕，書寫此咒，貯於香囊，是人心昏，未能誦憶，或帶身上，或書宅中，當知是人，盡其生年，一切諸毒，所不能害。〔原頂批　一，書寫功德。〕阿難，我今爲汝，更說此咒，救護世間，得大無畏，成就眾生出世間智。〔原頂批　二，誦讀功德。〕若我滅後，末世眾生，有能自誦，若教他誦，當知如是持誦眾生，火不能燒，水不能溺，大毒小毒所不能害。如是乃至龍天鬼神，精祇〔陳攖寧頂批　祇，音「奇」，地神也；　衹，音「支」，恭敬，又「適」也；　秖、衹，皆別字〕魔魅〔陳攖寧頂批　魅，古作「鬽」，百物之神〕，所有惡咒，皆不能著，心得正受。一切咒詛、厭蠱、毒藥、金毒銀毒、草木蟲蛇、萬物毒氣，入此人口，成甘露味。一切惡星，並諸鬼神，磣〔音「寸」〕心毒人，於如是人，不能起惡。〔原頂批　三，持護功德。〕頻那夜迦，諸惡鬼王並其眷屬，皆領深恩，常加守護。阿難，當知是咒，常有八萬四千那由他〔那由他，又作「那庚多」，數目之名，等於中國所謂「億」。但中國之「億」，有各種不同，多少無定〕、恒河沙、俱胝〔俱胝，亦數名。　華嚴經阿僧祇品云：「十萬爲一洛義；　一百洛義爲一俱胝。」或云百億爲俱胝、萬億爲那由他〕、金剛藏王菩薩種族，一一皆有諸金剛眾而爲眷屬，晝夜隨侍。設有眾生，於散亂心，非三摩地，心憶口持，是金剛王，常隨從彼善男子，何況決定菩提者。此諸金剛菩薩藏王，精心陰〔於暗中〕速發彼神識，是人應時心能記憶，八萬四千恒河沙劫，周遍了知，得無疑惑。從第一劫〔最初發心時〕，乃至後身，生生不生〔不墮落〕藥叉羅刹，及富單那〔穢形惡鬼〕、迦吒富單那〔奇臭鬼〕、鳩槃茶〔甕形鬼、冬瓜鬼〕、毘舍遮〔噉精鬼，又顛狂鬼〕等〔陳攖寧頂批　富單那、富多那、富陀那、布單那、布怛那，餓鬼中之最勝者，惟身形臭穢耳〕，並諸餓鬼，有形無形，有想無想，如是惡處。〔原頂批　四，供養功德。〕是善男子，若讀若誦，若書若寫，若帶若藏，諸色供養，劫劫不生貧窮下賤不可樂處。此諸衆生，縱其自身不作福業，十方如來所有功德，悉與此人，由是得於恒河沙、阿僧祇不可說不可說劫，常與諸佛同生一處。無量功德，如惡叉聚，同處薰修，永無分散。是故能令破戒之人，戒根清淨；未得戒者，令其得戒；未精進者，令得精進；無智慧者，令得智慧；不清淨者，速得清淨；不持齋戒，自成齋戒。〔原頂批　五，滅罪功德。〕阿難，是善男子，持此咒時，設犯禁戒於未受時，持咒之後，衆破戒罪，無問輕重，一時銷滅。縱經飲酒，食噉五辛，種種不淨，一切諸佛、菩薩、金剛、天仙、鬼神，不將爲過。設著不淨破弊衣服，一行一住，悉同清淨，縱不作壇，不入道場，亦不行道，誦持此咒，還同入壇行道功德無有異也。若造五逆無間重罪〔五逆，又名「五無間業」，乃感無間地獄苦果之惡業也。一，殺父；二，殺母；三，殺阿羅漢；四，出佛身血；五，破和合僧〕，及諸比丘、比丘尼四棄八棄〔陳攖寧頂批　四棄，比丘戒，殺、盜、婬、妄。八棄，比丘尼於前四棄外，又加四棄，即觸、入、覆、隨〕，誦此咒已，如是重業，猶如猛風吹散沙聚，悉皆滅除，更無毫髮。阿難，若有眾生，從無量無數劫來，所有一切輕重罪障，從前世來，未及懺悔，若能讀誦書寫此咒，身上帶持，若安住處，莊宅園館，如是積業，猶湯銷雪，不久皆得悟無生忍。〔原頂批　六，隨求功德。〕復次，阿難，若有女人未生男女，欲求孕者，若能至心憶念斯咒，或能身上帶此悉怛多般怛羅者，便生福德智慧男女；　求長命者，即得長命；　欲求果報速圓滿者，速得圓滿。身命色力，亦復如是。命終之後，隨願往生十方國土，必定不生邊地下賤，何况雜形。〔原頂批　七，息災功德。〕阿難，若諸國土，州縣聚落，饑荒疫癘，或復刀兵賊難鬭諍，兼餘一切厄難之地，寫此神咒，安城四門，並諸支提〔塔。　集聚土石成高堆處〕或脫闍〔幢〕上，令其國土所有眾生奉迎斯咒，禮拜恭敬，一心供養，令其人民各各身佩或各各安所居宅地，一切災厄悉皆消滅。阿難，在在處處，國土眾生，隨有此咒，天龍歡喜，風雨順時，五穀豐殷，兆庶安樂。亦復能鎮一切惡星隨方變怪。災障不起，人無橫夭。杻械枷鎖，不著其身。晝夜安眠，常無惡夢。阿難，是娑婆界，有八萬四千災變惡星，二十八大惡星而爲上首，復有八大惡星以爲其主，作種種形，出現世時，能生眾生種種災異。有此咒地，悉皆消滅，十二由旬〔亦作「踰繕那」，大概等於三十華里有餘〕成結界地，諸惡災祥，永不能入。〔原頂批　感通功德。〕是故如來，宣示此咒，於未來世，保護初學，諸修行者，入三摩提，身心泰然，得大安穩，更無一切諸魔鬼神及無始來冤橫宿殃、舊業陳債來相惱害。汝及眾中諸有學人，及未來世諸修行者，依我壇場，如法持戒，所受戒主，逢清淨僧，於〔持〕此咒心，不生疑悔，是善男子，於此父母所生之身不得心通〔陳攖寧頂批　心通：一，得須陀洹果；二，決定自知成佛不謬；三，能知宿命〕，十方如來便爲妄語。」

〔原頂批　總顯護持之力。　陳攖寧頂批　會眾密護。〕說是語已，會中無量百千金剛，一時佛前合掌頂禮而白佛言：「如佛所說，我當誠心保護如是修菩提者。」爾時梵王並天帝釋、四天大王，亦於佛前同時頂禮而白佛言：「審有如是修學善人，我當盡心至誠保護，令其一生所作如願。」復有無量藥叉大將、諸羅刹王、富單那王、鳩槃茶王、毘舍遮王、頻那夜迦、諸大鬼王及諸鬼帥，亦於佛前合掌頂禮：「我亦誓願護持是人，令菩提心速得圓滿。」復有無量日月天子、風師〔行風者〕、雨師、雲師、雷師並電伯等年歲巡官、諸星眷屬，亦於會中頂禮佛足而白佛言：「我亦保護是修行人安立道場，得無所畏。」復有無量山神海神、一切土地、水陸空行、萬物精祇並風神王〔主風者〕、無色界天，於如來前，同時稽首而白佛言：「我亦保護是修行人，得成菩提，永無魔事。」爾時，八萬四千那由他、恒河沙、俱胝、金剛藏王菩薩在大會中即從座起，頂禮佛足而白佛言：「世尊，如我等輩，所修功業，久成菩提，不取涅槃，常隨此咒，救護末世修三摩提正修行者。世尊，如是修心求正定人，若在道場，及餘經行，乃至散心遊戲聚落，我等徒眾，常當隨從侍衛此人，縱令魔王、大自在天求其方便，終不可得。諸小鬼神，去此善人十由旬外。除彼發心，樂修禪者。世尊，如是惡魔，若魔眷屬，欲來侵擾是善人者，我以寶杵殞碎其首，猶如微塵，恒令此人所作如願。」〔陳攖寧頂批　以上修道分已竟。〕

〔原頂批　三、證果分。〕阿難即從座起，頂禮佛足而白佛言：「我輩愚鈍，好爲多聞，於諸漏心，未求出離。蒙佛慈誨，得正薰修，身心快然，獲大饒益。〔原頂批　問修證地位。　陳攖寧頂批　求示修路。〕世尊，如是修證佛三摩提，未到涅槃，云何名爲乾慧〔初因〕之地？四十四心至何漸次得修行目？詣何方所，名入地中？云何名爲等覺菩薩？」作是語已，五體投地。大衆一心，佇佛慈音，瞪〔凝視〕瞢〔冥心，目不明。　陳攖寧頂批　瞢，音「蒙」〕瞻仰。爾時，世尊讚阿難言：「善哉善哉！汝等乃能普爲大衆及諸末世一切衆生修三摩提求大乘者，從於凡夫，終大涅槃，懸示無上正修行路。汝今諦聽，當爲汝說。」阿難、大衆合掌刳〔陳攖寧頂批　刳，音「枯」〕心〔除雜想〕，默然受教。〔陳攖寧頂批　位有因果，證有分滿，惑有粗細，斷有淺深。第一漸次，除其助因；第二漸次，刳其正性；第三漸次，違其現業。初乾慧地：十信——信心住、念心住、精進心、慧心住、定心住、不退心、護法心、回向心、戒心住、願心住；十住——發心住、治地住、修行住、生貴住、方便具足住、正心住、不退住、童真住、法王子住、灌頂住；十行——歡喜行、饒益行、無瞋恨行、無盡行、離癡亂行、善現行、無著行、尊重行、善法行、真實行；十回向——離衆生相回向、不壞回向、等一切佛回向、至一切處回向、無盡功德藏回向、隨順平等善根回向、隨順等觀一切衆生回向、真如相回向、無縛解脱回向、法界無量回向；四加行——煖地、頂地、忍地、世第一地；十地——歡喜

地、離垢地、發光地、燄慧地、離勝地、現前地、遠行地、不動地、善慧地、法雲地。〕

〔原頂批　明真體本無修證，由妄乃有修證。　陳攖寧頂批　等覺妙覺。〕佛言：「阿難當知，妙性圓明，離諸名相，本來無有。世界眾生，因妄有生，因生有滅。生滅名妄，滅妄名真。是稱如來無上菩提〔轉煩惱〕及大涅槃〔轉生死〕二轉依號。〔原頂批　故欲修真，當先除眾生世界二顛倒因。　陳攖寧頂批　二顛倒因。〕阿難，汝今欲修真三摩地，直詣如來大涅槃者，先當識此眾生世界二顛倒因。顛倒不生，斯則如來真三摩地。〔原頂批　詳眾生顛倒妄因。性明心，指真如體；性明圓，謂真體雖絕名相，而能現萬法，如明鏡雖無影像，而能現眾容也。　陳攖寧頂批　本覺之體，妄動而有無明。因無明而轉成業識，因業識而有見分，因見分而有根身器界。〕阿難，云何名爲眾生顛倒？阿難，由性〔本覺〕明心，性明圓故。〔真本無生，本無世界眾生。不落方所，故謂「明圓」。其所一立，明即不圓。〕因明發性，性妄見生。〔因明即有分別，有分別即落識情。識情無根，故謂之妄。因迷本明，即無相處。妄則有相，故因妄有生。明即轉相，所發世界眾生之性，即是現相。〕從畢竟無，成究竟有〔相分〕。〔依無相之真，成有相之妄。〕此有〔無明〕所有〔諸法〕，非因所因。〔本無有因，爲其所因。〕住〔無明〕所住〔諸法〕相，了無根本。〔能住所住皆無本。〕本此無住，建立世界，及諸眾生。〔從無而立一切法。〕迷本圓明〔無明業相〕，是生虛妄〔依真起妄〕。妄性無體，非有所依。〔妄無實體，若了無依無體，直下便是真心。〕將欲復真〔因其不了，欲於妄外尋真〕，欲真已非真真如性〔即此欲真之一念，已屬妄想〕。非真求復，宛成非相。〔此念既非真，而必欲求復，是妄而又妄。〕

非生非住，非心非法。〔依法生心，由心住法，展轉發生。生住心法皆妄，故皆云「非」。依法生心，即境界爲緣，生智相、相續相； 由心住法，復起執取相，計名字相。〕**展轉發生，生力發明**〔心法相生〕。**薰以成業**〔即起業相〕，**同業相感。因有感業**〔即業繫苦相〕，**相滅相生。由是故有衆生顛倒。」**〔若了此無住，當體無生，不說是無，即是無住。本此無住，立一切法，不妨世界衆生色建立，於本性圓明，原無障礙。一即一切，一切即一。覓真且不可得，況有妄耶！ 唯迷此圓明，分別妄生。將謂依真而生，真非妄之媒； 將謂依境而生，境非心之病。了無所依，即是無體。即妄即真，直下便是真心，更不須除妄以求真。若妄分別，將欲復真，即此復真一念，便即是妄。真真如性，本自無心。真豈可得而欲乎？ 所欲之真，已非真矣。非真而求復之，豈不宛然成非真之相乎？ 有妄有真，真與妄對，是真即妄也； 可求可復，屬於造作，是造作亦非真也。本無生住心法，而有生住心法，是四非相，展轉相生。依法生心，即境界爲緣，生智相、相續相； 由心住法，即由上二相，復起執取相，計名字相。心法相生，即是生力發明。此四皆惑，薰以成業，即起業相。因有同業相感，生滅相續，即業繫苦相。以有惑業苦三，故成衆生顛倒。若不迷本圓明，即無住而非真也。

陳攖寧頂批 根本無明——三細：一，無明業相（動作，業）；二，能見相（轉）；三，境界相（所見，現）。枝末無明——六麤：一，智相（不了幻妄而生分別）；二，相續相（依分別續起不斷）；三，執取相（不了幻妄，生取著念。惑因）；四，計名字相（計量分別假名）；五，起業相（依惑起善惡業。業緣）；六，業繫苦相（依業感生死苦。苦果）。〕

〔**原頂批** 詳世界顛倒妄因。〕**「阿難，云何名爲世界顛倒？是有所有，分段妄生**〔因能有無明，故有東西南北之分段〕，**因此界立**〔指此分段名之爲界〕。**非因所因**〔界相既從妄立，何有所因〕，**無住所住**〔住惟妄住〕。**遷流不住**〔既非真性常住，則有三世遷流〕，**因此世成。三世四方，和合相涉，變化衆生，成**

十二類。是故世界，因動有聲，因聲有色，因色有香，因香有觸，有觸有味，因味知法。六亂妄想，成業性故。〔陳攖寧頂批　動爲業本。一切諸法，本自寂滅，一念心動，六亂橫生。所謂「因動有聲」六句，意即一涉於有，則法法皆有。〕十二區分〔即十二類衆生〕，由此輪轉。是故世間聲、香、味、觸〔即六亂妄想〕，窮十二變〔即十二區分〕，爲一旋復〔即輪轉〕。乘此輪轉，顛倒相故，是有世界，卵生胎生，濕生化生，有色無色，有想無想，若非有色，若非無色，若非有想，若非無想。」

〔原頂批　詳世界輪轉，變化衆生，成十二類。〕「阿難，由因世界，虛妄〔惑，卵惟想生〕輪迴，動〔業〕顛倒故，和合氣〔報〕成。八萬四千，飛〔上〕沉〔下〕亂想。〔陳攖寧頂批　一，卵生。〕如是故有卵羯羅藍〔凝滑〕，流轉國土。魚鳥龜蛇，其類充塞。〔陳攖寧頂批　一念之動，始於虛妄分別。既生愛取，則爲雜染。漸染漸深，便乃執着。世未有常，執而不捨者，終從變易。此情念輪轉自然之趨勢。〕由因世界，雜染〔胎因情有〕輪迴，欲顛倒故，合成滋成。〔無緣處暗，有緣處明，欲心盛而亂求配偶。得精水滋潤，又貪愛同滋。〕八萬四千，橫豎〔龍、畜，人、仙〕亂想。〔陳攖寧頂批　二，胎生。〕如是故有胎遏蒱曇〔疱〕，流轉國土。人畜龍仙，其類充塞。由因世界，執著〔惑。濕以合感〕輪迴，趣〔業〕顛倒故，和合煖〔報。得煖而生〕成。八萬四千，飜覆〔無定之義。陳攖寧頂批　飜，同「翻」〕亂想。〔陳攖寧頂批　三，濕生。〕如是故有濕相蔽尸〔軟肉〕，流轉國土。含〔陳攖寧頂批　含，含靈、含識、含類〕蠢蠕動，其類充塞。由因世界，變易〔惑。化以離應。陳攖寧頂批　變易，喜怒無常，好惡不定〕輪迴，假〔業〕顛倒故，和合觸〔報。有所感觸，即變其本心〕成。八萬四千，新故〔厭故喜新〕亂想。〔陳攖寧頂批　四，化生。〕如是故有化相羯南〔硬肉〕，流轉國土。轉蛻飛行〔以不同形而相禪〕，其類充塞。由因世界，留礙〔惑於妄想堅執〕輪迴，障〔業。阻滯不通〕顛倒故，和合著〔報。顯明〕成。八萬四千，精耀亂想。〔陳攖寧頂批　五，有色。有色者，着於色也。其想已結成精耀，故但有色而已。精耀生於明，明生於覺，覺無住相，而精耀有麗，故名「留礙」。無色者，着於空也，迷漏無聞，故名曰「惑」。〕如是故有色相羯南，流轉國土。休咎精明〔日、月、星〕，其類充塞。由因世界，銷散〔惑。厭有著空，滅身歸無〕輪迴，惑〔業〕顛倒故，和合暗〔報。晦昧爲空〕成。八萬四千，陰隱〔入無色界〕亂想。〔陳攖寧頂批　六，無色。〕如是故有無色羯南〔有想無色，而不無業體〕，流轉國土。空散銷沉，其類充塞。由因世界，罔象〔惑。依稀彷彿，似有若無，如禱祀、祈求、依附影像、志慕靈通，但有憶想，潛結狀貌，非有實色〕輪迴，影顛倒故，和合憶成〔報。心念守於一處〕。八萬四千，潛結亂想。〔陳攖寧頂批　七，有想。〕如是故有想相羯南，流轉國土。〔由潛結亂想，故於罔象中潛結貌狀，其神不明而幽爲鬼，精不全而散爲靈，無有實色，但有想相。〕神鬼精靈，其類充塞。由因世界，愚鈍〔惑。不明事理〕輪迴，癡〔業〕顛倒故，和合頑〔報。冥頑不靈〕成。八萬四千，枯槁亂想。〔陳攖寧頂批　八，無想。〕如是故有無想羯南，流轉國土。精神化爲土木金石，其類充塞。由因世界，相待〔惑。假託之義〕輪迴，僞〔業〕顛倒故，和合染〔報〕成。八萬四千，因依亂想。〔陳攖寧頂批　九，非有色。〕如是故有非有色相〔因其無目之故〕，成色羯南，流轉國土。諸水母等，以蝦爲目，其類充塞。由因世界，相引〔惑。邪業相引，使性情顛倒，而乘咒託識，不由生理，妄隨呼召〕輪迴，性〔業〕顛倒故，和合咒〔報〕成。八萬四千，呼召亂想。〔陳攖寧頂批　十，非無色。〕由是故有非無色相〔既感而成形，則非無色，不由生理，本自無色〕，無色羯南，流轉國土。咒詛〔陳攖寧頂批　咒詛，即「祝詛」。以言告神曰「祝」，請神加殃於人曰「詛」〕厭生，其類充塞。由因世界是，合妄〔二妄相合〕輪迴，罔顛倒故〔虛假欺罔〕，和合異〔報。非同類而相合〕成。八萬四千，回互亂想。〔陳攖寧頂批　十一，非有想。〕如是故有非有想相，成想羯南，流轉國土。〔以異質故，非有想；以相成故，成想羯南。〕彼蒲盧〔陳攖寧頂批　蒲盧，細腰蜂，又蛤類〕等，異質相成，其類充塞。由因世界，怨害〔惑〕輪迴，殺〔業〕顛倒故，和合怪〔報。恩將仇報，不近情理，故曰「怪」〕成。八萬四千，食父母想。〔陳攖寧頂批　十二，非無想。〕如是故有非無想相〔陳攖寧頂批　土塊樹果皆無想〕，無想羯南，流轉國土。如土梟〔陳攖寧頂批　梟，惡鳥〕等，附塊爲兒。及破鏡鳥〔陳攖寧頂批　破鏡鳥，各註皆云是獸類，食父。又名「獍」，或云「食母」〕，以毒樹果，抱爲其子。子成，父母皆遭其食，其類充塞。是名衆生十二種類。」

大佛頂如來密因修證了義諸菩薩萬行首楞嚴經卷第七音釋

摩訶悉怛多般怛囉　梵語也，華言「大白傘蓋」，即楞嚴咒名。

糜　武悲切。

享 許爾切。
釤 所鑒切。
跢 丁个切。
揭 居列切。
毖 音「秘」。
赧 奴板切。
鞞 步迷切。
剌 盧達切。
嚂 蘆鑒切。
赭 音「者」。
儜 女耕切。
啒 音「骨」。
莬 音「免」。
訏 于今切。
罌 音「英」。

粹　音「瑞」。

姥　莫補切。

堙　音「因」。

昵　女質切。

盎　烏浪切。

辮　毘典切。

跢姪他唵　梵語也，華言「即說咒曰」。「跢」字以上四百十八句，俱是皈依三寶賢聖及敘咒功力求願加被之事；「唵」字以下七句，方是神咒。咒亦曰「陀羅尼」，華言「總持」。陀羅尼是體，咒是用也。

樺　胡化切。

詛　莊力切。

磣　初錦切。

支提　梵語也，華言「可供養處」。

脫闍　華言「幢」。

刳　音「枯」，猶空也。

羯邏藍遏蒲曇 釋見四卷。

蜕 音「税」。

羯南 華言「硬肉」。

蔽尸 華言「軟肉」。

蒲盧 蟲名。

蝦 呼牙切。

蠢 尺尹切。

蝡 而尹切。

胎內五位：一，羯羅藍，譯言「和合」「雜穢」「凝滑膜」；二，頞部曇，譯言「皰」，經二七日漸漸增長而爲瘡疱形；三，閉尸，譯言「血肉」，三七日漸爲血肉形；四，健南，譯言「堅肉」「凝厚」「肉團」，經四七日漸至如此；五，鉢羅奢佉，譯言「支節」「形位」。

大佛頂如來密因修證了義諸菩薩萬行首楞嚴經卷第八

〔原頂批　欲除眾生世界二顛倒因，須循三種漸次。〕「阿難，如是眾生，一一類中，亦各各具十二顛倒，猶如捏目，亂華發生，顛倒妙圓真淨明心，具足如斯虛妄想。汝今修證佛三摩提，於是本因元所亂想，立三漸次，方得除滅。如淨器中，除去毒蜜，以諸湯水，並雜灰香，洗滌其器，後貯甘露。〔原頂批　詳三種漸次。〕云何名為三種漸次？一者修習，除其助因；二者真修，刳其正性；三者增進，違其現業。」

〔原頂批　第一漸次，除五辛助因。助因者，謂五辛發婬增恚，當先除也。〕「云何助因？阿難，如是世界十二類生，不能自全，依四食住。所謂段食〔口食〕、觸食〔觸境〕、思食〔希望〕、識食〔執持〕。是故佛說一切眾生皆依食住。〔陳攖寧頂批　欲界人天及畜生等，具足四食；鬼及色界天，無段食，具足三食；無間獄，亦唯識食；空處、識處、無所有處，無段、觸二食，唯有思、識而二食；非非想處及無想天、無想定等，並無思食，唯有識食；二乘入滅盡定，便斷識食，若入此定七日，則起定時，必捨身命。又說，段食者，如刀段食飯菜麵等，有形段故，人間食也； 觸食者，根境識觸之而成，但觸其氣而已，鬼神食也； 禪天無段食，但有思食，故云「思食得食」；識無邊處，無思食，但有識食，識取法味，亦有以自養，如段食。 故曰：「皆依食住。」〕阿難，一切眾生，食甘故生，食毒故死，是諸眾生求三摩提，當斷世間五種辛菜。〔陳攖寧頂批 五辛，葱、蒜、韭、薤、興渠。〕是五種辛，熟食發婬，生啖增恚。 如是世界，食辛之人，縱能宣說十二部經，十方天仙，嫌其臭穢，咸皆遠離； 諸餓鬼等，因彼食次，舐其脣吻； 常與鬼住，福德日銷，長無利益。是食辛人，修三摩地，菩薩天仙，十方善神，不來守護； 大力魔王，得其方便，現作佛身，來爲說法，非毁禁戒，讚婬怒癡，命終自爲魔王眷屬，受魔福盡，墮無間獄。 阿難，修菩提者，未斷五辛，是則名爲第一增進修行漸次。」

〔原頂批 第二漸次，持清淨律戒，刳其正性。 婬等四惑，初漸次中已伏不起，此則永斷。 是故說名「刳其正性」。〕

「云何正性？ 阿難，如是眾生，入三摩地，要先嚴持清淨戒律，永斷婬心，不餐酒肉，以火淨食，無啖生氣。 阿難，是修行人，若不斷婬，及與殺生，出三界者，無有是處。 當觀婬欲，猶如毒蛇，如見怨賊。 先持聲聞四棄八棄，執身不動； 後行菩薩清淨律儀，執心不起。禁戒成就，則於世間，永無相生相殺之業。 偷劫不行，無相負累，亦於世間不還宿債。 是清淨人，修三摩地，父母肉身，不須天眼，自然觀見十方世界，覩佛聞法，親奉聖旨，得大神通，遊十方界，宿命清淨，得無艱險。 是則名爲第二增進修行漸次。」

〔原頂批　第三漸次，違根塵現業，妄銷真全，可證聖位矣。〕「云何現業？阿難，如是清淨持禁戒人，心無貪婬，於外六塵，不多流逸。因不流逸，旋元自歸。塵既不緣，根無所偶。反流全一，六用不行，十方國土，皎然清淨。譬如瑠璃，內懸明月，身心快然，妙圓平等，獲大安穩。一切如來密圓淨妙，皆現其中。是人即獲無生法忍，從是漸修，隨所發行，安立聖位。是則名爲第三增進修行漸次。」

〔原頂批　由三漸次，入乾慧地。〕「阿難，是善男子，欲愛乾枯〔心無貪婬〕，根境不偶〔塵既不緣，根無所偶〕，現前殘質〔違其現業〕，不復續生。執心虛明〔返流全一〕，純是智慧〔六用不行〕。慧性明圓，鎣〔陳攖寧頂批　鎣，音「瑩」，磨金器發光〕十方界。〔十方國土，皎然清淨。〕乾有其慧〔欲乾發慧〕，名『乾慧地』〔又因心未與果智相接〕。」

〔原頂批　由乾慧地，入四十四心。〕「欲習初乾，未與如來法流水接，即以此心，中中流入，圓妙開敷，從真妙圓，重發真妙。〔原頂批　先十信。〕妙信常住，一切妄想，滅盡無餘，中道純真，名『信心住』〔一，信根〕；真信明了，一切圓通，陰處界三，不能爲礙，如是乃至過去未來無數劫中，捨身受身，一切習氣，皆現在前，是善男子，皆以能憶念，得無遺忘，名『念心住』〔二，念根〕；妙圓純真，真精發化，無始習氣，通一精明〔習氣消盡，融通爲一精明之體〕，唯以精明進趣真淨，名『精進心』〔三，進根〕；心精現前，純以智慧，名『慧心住』〔四，慧根〕；執持智明，周遍寂湛，寂妙常凝，名『定心住』〔五，定根〕； 定光發明，明性深入，唯進無退，名『不退心』〔六，進力〕； 心進安然，保持不失，十方如來，氣分交接，名『護法心』〔七，定力〕； 覺明保持〔所護之法，能護之心〕，能以妙力，回佛慈光〔回果向因〕，向佛安住〔回因向果。以自己妙力，回佛之慈光，向自己心佛安住〕，猶如雙鏡，光明相對，其中妙影，重重相入，名『回向心』〔八，慧力〕； 心光密回，獲佛常凝無上妙淨，安住無爲，得無遺失，名『戒心住』〔九，信力〕； 住戒自在，能遊十方〔不肯永住無爲，故發心度生，而起有爲之用〕，所去隨願，名『願心住』〔十，念力〕。」

〔原頂批 次十住。〕「阿難，是善男子，以真方便發此十心。心精發暉，十用涉入，圓成一心，名『發心住』； 心中發明，如淨瑠璃，內現精金，以前妙心，履以成地，名『治地住』〔如築室必先治地〕； 心地涉知〔心地即理，妙行能涉，妙智能知〕，俱得明了，遊履十方，得無留礙，名『修行住』； 行與佛同，受佛氣分，如中陰身〔原頂批 已捨現陰、未取後陰者，謂「中陰」〕，自求父母，陰信冥通，入如來種，名『生貴住』； 既遊道胎，親奉覺胤，如胎已成，人相不缺，名『方便具足住』； 容貌如佛，心相亦同，名『正心住』； 身心合成，日益增長，名『不退住』； 十身〔陳攖寧頂批 十身，菩提身、願身、化身、力身、莊嚴身、威勢身、意生身、福身、法身、智身〕靈相，一時具足，名『童真住』〔具體而微，故以童相〕； 形成出胎，親爲佛子，名『法王子住』； 表以成人，如國大王，以諸國事，分委太子，彼剎利王世子長成，陳列灌頂，名『灌頂住』。」

〔原頂批　次十行。〕「阿難，是善男子，成佛子已，具足無量如來妙德，十方隨順，名『歡喜行』〔施度〕；善能利益一切眾生，名『饒益行』〔戒度〕；自覺覺他，得無違拒，名『無瞋恨行』〔忍度〕；種類〔眾生〕出生，窮未來際，三世平等，十方通達，名『無盡行』〔進度〕；一切合同，種種法門，得無差誤，名『離癡亂行』〔禪度〕；則於同中，顯現羣異，一一異相，各各見同，名『善現行』〔理事無礙智〕；如是乃至十方虛空，滿足微塵，一一塵中，現十方界，現塵現界，不相留礙，名『無著行』〔事事無礙智〕；種種現前，咸是第一波羅蜜多，名『尊重行』〔究竟彼岸智〕；如是圓融，能成十方諸佛軌則，名『善法行』〔說法度生智〕；一一皆是清淨無漏，一真無爲，性本然故，名『真實行』〔不違實相智〕。」

〔原頂批　次十回向。前十住，多是出俗自行，爲體；十行多是入俗利他，爲用。今中道觀中，真俗相回，理事相向，故名「回向」。〕「阿難，是善男子，滿足神通，成佛事已，純潔精真，遠諸留患，當度眾生，滅諸度相，回無爲心，向涅槃路，名『救護一切眾生離眾生相回向』；壞其可壞〔滅諸度相〕，遠離諸離〔離相亦離〕，名『不壞回向』〔雖不著眾生相，仍不壞度生事業〕；本覺湛然，覺齊佛覺，名『等一切佛回向』；精真〔本覺體〕發明，地〔因地〕如佛地〔果地〕，名『至一切處回向』；世界如來，互相涉入，得無罣礙，名『無盡功德藏回向』；於同佛地，地中各各生清淨因，依因發揮，取涅槃道，名『隨順平等善根回向』；真根既成，十方眾生，皆我本性，性圓成就，不失眾生，名『隨順等觀一切衆生回向』；　即一切法，離一切相，唯即與離，二無所着，名『真如相回向』；　真得所如，十方無礙，名『無縛解脱回向』；　性德圓成，法界量滅，名『法界無量回向』。」

〔原頂批　由四十一心，加四種圓行。〕「阿難，是善男子，盡是清淨四十一心〔乾慧、信、住、行、回向〕，次成四種妙圓加行。即以佛覺用爲己心，若出未出，猶如鑽火欲然其木〔鑽喻加行，火喻果覺，木喻因心〕，名爲『煖地』；　又以己心，成佛所〔即十地〕履，若依非依，如登高山，身入虚空，下有微礙，名爲『頂地』；　心佛二同，善得中道，如忍事人，非懷非出〔不懷於心，不出於口〕，名爲『忍地』；　數量銷滅，迷覺中道，二無所目，名『世第一地』〔世第一地，乃世間第一。若圓滿菩提，歸無所得，乃出世第一也〕。」

〔原頂批　由圓行入十地。十地者，蘊積前法，至於成實，一切佛法，依此發生，故謂之「地」也。〕「阿難，是善男子，於大菩提，善得通達，覺通如來，盡佛境界，名『歡喜地』；　異性入同，同性亦滅，名『離垢地』；　淨極明生，名『發光地』；　明極覺滿，名『燄慧地』；　一切同異，所不能至，名『難勝地』；　無爲真如，性淨明露，名『現前地』；　盡真如際，名『遠行地』；　一真如心，名『不動地』；　發真如用，名『善慧地』。阿難，是諸菩薩，從此已往，修習畢功，功德圓滿，亦目此地，名『修習位』；　慈陰妙雲，覆涅槃海，名『法雲地』。」

〔原頂批　由十地入等覺。〕「如來逆流，如是菩薩順行而至，覺際入交，名爲『等覺』。阿難，從乾慧心至等覺已，是覺始獲金剛心中初乾慧地。〔原頂批　前乾慧以未與如來法流水接，此乾慧以未與如來妙莊嚴海接。名雖乍同，義實逈異。〕如是重重單複十二，方盡妙覺，成無上道。〔原頂批　鈍根單修，利根複修。十二謂乾、信、心、住、行、向、煖、頂、忍、世地等也。十二爲因，妙覺爲果。陳攖寧頂批　單複十二：始從乾慧，終至妙覺，單複相兼，總有十二。單則有七，謂乾慧、煖、頂、忍、世第一、等覺、妙覺；複則有五，謂十信、十住、十行、十回向、十地。以一一位中，自具於十，故名爲「複」。另有一解：從初乾慧，至等覺，此覺祇獲金剛心中初乾慧地，從此金剛乾慧，重歷信、住、行、向加行地等，凡有兩重十二，方盡妙覺而成無上道。〕是種種地，皆以金剛觀察，如幻十種深喻。〔陳攖寧頂批　十喻：一切業如幻、一切法如燄、一切身如水月、妙色如空華、妙音如谷響、諸佛國土如乾城、佛事如夢、佛身如影、報身如像、法身如化。乾城，即乾闥婆城蜃樓之意。〕奢摩他〔止〕中，用諸如來毘婆舍那〔觀〕，清淨修證，漸次深入。阿難，如是皆以三增進故，善能成就五十五位真菩提路。作是觀者，名爲正觀。若他觀者，名爲邪觀。」〔陳攖寧頂批　修證總結。〕

〔原頂批　四，結經分。陳攖寧頂批　說經名義。〕爾時，文殊師利法王子，在大眾中，即從座起，頂禮佛足，而白佛言：「當何名是經？我及眾生，云何奉持？」〔原頂批　此經發起爲救阿難，故先開圓解，次顯圓行，行成入位，極乎妙覺，垂範來世。有始有終，故文殊請名及奉持法也。〕佛告文殊師利：「是經名『大佛頂悉怛多般怛羅〔白傘蓋〕無上寶印，十方如來清淨海眼』，亦名『救護親因度脫阿難及此會中性比丘尼得菩提心入遍知海』，亦名『如來密因修證了義』，亦名『大方廣妙蓮華王十方佛母陀羅尼咒』，亦名『灌頂章句諸菩薩萬行首楞嚴』，汝當奉持。」

〔原頂批　五，助道分。〕說是語已，即時阿難及諸大衆，得蒙如來開示密印般怛羅義，並聞此經了義名目，頓悟禪那，修進聖位，增上妙理，心慮虛凝，斷除三界修心六品微細煩惱〔陳攖寧頂批　欲界爲一地，色界四禪爲四地，無色界四空處爲四地，共爲九地。每一地有九品思惑，九地共有八十一品思惑。欲界一地，具九品貪、嗔、癡、慢四惑；　色界、無色界亦各有九品貪、癡、慢三惑，但除嗔。　初果須陀洹（入流）斷盡三界之見惑；　二果斯陀含（一來）斷欲界九品思惑中前六品，尚餘後三品，當一次受生於欲界天或人間，故謂之「一來」；　三果阿那含（不來）斷盡欲惑後三品之殘餘，再不還來欲界，以後受生，必於色界、無色界；　四果阿羅漢（不生）一世報盡，永入涅槃，再不來生三界，故謂之「不生」。　三界六品，大概說欲界前六品，後三品，約爲二品。　色界、無色界亦然。　一界有二品，三界則有六品也〕，即從座起，頂禮佛足，合掌恭敬，而白佛言：「大威德世尊，慈音無遮〔遍布各處〕，善開衆生微細沉惑，令我今日身心快然，得大饒益。世尊，若此妙明真淨妙心，本來遍圓，如是乃至大地草木、蠕動含靈，本元真如，即是如來成佛真體。〔原頂批　七趣之由。〕佛體真實，云何復有地獄、餓鬼、畜生、修羅、人、天等道？世尊，此道爲復本來自有？爲是衆生妄習生起？世尊，如寶蓮香比丘尼持菩薩戒，私行婬欲，妄言『行婬非殺非偷，無有業報』。發是語已，先於女根生大猛火，後於節節猛火燒然，墮無間獄。瑠璃大王、善星比丘，瑠璃爲誅瞿曇族姓，善星妄說一切法空，生身陷入阿鼻地獄。〔陳攖寧頂

批　善星比丘爲佛未出家時所生之長子，後得四禪定。以親近惡友，退失四禪，謂爲無涅槃、無法、無佛。見佛起惡心，生身墮阿鼻地獄。（見涅槃經。）瑠璃乃匿王太子，廢父母自立。挾宿嫌誅釋種，佛言七日後當墮地獄。王恐怖，乘船入海，水中自然，出火燒滅。（見瑠璃王經。）〕此諸地獄，爲有定處〔同報〕，爲復自然，彼彼發業，各各私受〔別報〕。惟垂大慈，開發童蒙，令諸一切持戒衆生，聞決定義，歡喜頂戴，謹潔無犯。」

佛告阿難：「快哉此問，令諸衆生不入邪見。汝今諦聽，當爲汝說。〔原頂批　實本清淨，妄生內分外分。〕阿難，一切衆生，實本真淨，因彼妄見，有妄習生，因是分開內分外分。〔原頂批　內分屬妄情，情爲愛圓，下而不揚。〕阿難，內分即是衆生分內〔即分內之事〕，因諸愛染，發起妄情〔即生死根本〕。情積不休，能生愛水〔潤業潤生〕。是故衆生心憶珍羞，口中水出；心憶前人，或憐或恨，目中淚盈；貪求財寶，心發愛涎，舉體光潤；心著行婬，男女二根，自然流液。阿難，諸愛雖別，流結是同〔皆能感水結業〕。潤濕不升，自然從墜。此名『內分』。」

〔原頂批　外分屬虛想，想起情囿，上而不沉。〕「阿難，外分即是衆生分外，因諸渴仰，發明虛想，想積不休，能生勝氣。〔陳攖寧頂批　勝氣者，猶如浩然之氣；希望勝境，爲渴仰；神遊天外，爲虛想。〕是故衆生心持禁戒，舉身輕清；心持咒印，顧盼雄毅；心欲生天，夢想飛舉；心存佛國，聖境冥現；事善知識，自輕身命。阿難，諸想雖別，輕舉是同。飛動不沉，自然超越。此名『外分』。」

〔原頂批　臨命終時，一切善惡，隨其情想輕重感變。〕「阿難，一切世間，生死相續，生從順習〔愛生；生存故順習〕，死從變流〔惡死，死變故逆習。　生時恣情縱慾，謂之「順習」；　若克制情慾，則是「逆習」〕。〔陳攖寧頂批　臨終現相。〕臨命終時，未捨煖觸，一生善惡，俱時頓現。死逆生順，二習相交。〔方死方生之間。生時造惡業，則順習；　死後受惡報，則逆習。生時造善業，則逆習；　死後受善報，則順習。　陳攖寧頂批　生時十分順其習，死時必十分逆其習；　生時不甚順其習，死時亦不甚逆其習；　生時無絲毫順習，死時則無絲毫逆習。〕純想〔無情〕即飛，必生天上。〔陳攖寧頂批　情可以表現於人的面部，使他人一望而知，故做戲者最重表情。　想則不能表現。所以世間俗語，只聽說某人善於表情，不說某人善於表想。　因爲想不能表也。〕若飛心中，兼福兼慧。及與淨願，自然心開，見十方佛。一切淨土，隨願往生。情少想多，輕舉非遠，即爲飛仙〔九想一情〕、大力鬼王〔八想二情〕、飛行夜叉〔七想三情，勇健〕、地行羅刹〔六想四情，暴惡〕，遊於四天〔暫遊不能久住〕，所去無礙。其中〔指上四種〕若有善願善心，護持我法；　或護禁戒，隨持戒人；　或護神咒，隨持咒者；　或護禪定，保綏〔安〕法忍〔得無生法忍之人〕。是等親住，如來座下。情想均等〔五情五想〕，不飛不墜，生於人間〔總報〕。想明斯聰〔日進高明〕，情幽斯鈍〔別報。日趨幽暗。　陳攖寧頂批　魂升魄降。　魂聰明，魄愚昧〕。〔原頂批　情多即沉。〕情多想少〔六情四想〕，流入橫生，重爲毛羣，輕爲羽族。七情三想，沉下水輪，生於火際，受氣猛火〔受火氣以爲身〕，身爲餓鬼，常被焚燒。水能害己〔水化爲火〕，無食無飲，經百千劫。九情一想，下洞火輪，身入風火二交過地

〔風火交感之地〕，輕生有間、重生無間二種地獄〔八情二想生有間，九情一想生無間〕。純情〔無想〕即沉入阿鼻獄〔大無間〕。若沉心中，有謗大乘，毀佛禁戒，誑妄說法，虛貪信施〔無功受施〕，濫膺恭敬〔無德受敬〕，五逆十重〔陳攖寧頂批　五逆，殺父、殺母、殺羅漢、出佛身血、破和合僧。十重，即十惡罪加重。一，殺；二，盜；三，邪婬；四，妄語（虛誑之言）；五，兩舌（離間之言）；六，惡口（粗惡之言）；七，綺語（語含婬意）；八，貪欲；九，嗔恚；十，邪見。十惡重罪，在如來秘密藏經中，另有解說〕，更生十方阿鼻地獄。循造惡業〔純情以造〕，雖則自招，眾同分中〔同業所感〕，兼有元地〔有定處。別造同受〕。阿難，此等皆是彼諸眾生自業所感，造十習因，受六交報。〔十習本於十惑，以習成惡業；六交因乎六根，而交起惡報。〕

〔陳攖寧頂批　一，地獄趣。　原頂批　詳十習因。〕「云何十因？〔原頂批　一，婬習。〕阿難，一者婬習交接，發於相磨，研磨不休，如是故有大猛火光於中發動，如人以手自相摩觸，煖相現前。二習〔生順死逆〕相然〔燃燒〕，故有鐵床銅柱諸事。故十方一切如來，色〔種類〕目〔名目〕行婬〔陳攖寧頂批　色目：「色」「目」二字連用，成一名詞，猶云各種名目，乃唐人習慣語。纂註及直解，恐不合經義。正脈之意可採。通鑒：唐德宗建中元年，「改作兩稅法，比來新舊徵科色目，一切罷之」〕，同名『欲火』。菩薩見欲，如避火坑。〔原頂批　二，貪習。　陳攖寧頂批　十習，皆先言所感之境，次言所報之事。〕二者，貪習交計〔持籌握算〕，發於相吸，吸攬不止，如是故有積寒堅冰，於中凍冽〔陳攖寧頂批　冽，音「列」，寒也〕，如人以口吸縮風氣，有冷觸生。二習相陵〔陳攖寧頂批　陵，侵侮，踰越〕，故有吒〔陳攖寧頂批　吒，音「叉」〕

吒，波波羅羅〔忍寒之聲〕，青赤白蓮〔寒冰之色〕，寒冰等事。〔陳攖寧頂批　涅槃經十一曰八種寒冰地獄，所謂阿波波地獄、阿吒吒地獄、阿羅羅地獄、阿婆婆地獄、優鉢羅地獄、波頭摩地獄、拘物頭地獄、分陀利地獄。青蓮華，即優鉢羅，嚴寒逼迫，身分折裂，如青蓮也；　紅蓮華，即波頭摩，身分折裂，如紅蓮也；　赤蓮華，即拘物頭；　白蓮華，即分陀利。〕是故十方一切如來，色目多求，同名『貪水』。菩薩見貪，如避瘴海。〔原頂批　三，慢習。〕三者，慢習交陵〔陵人傲眾〕，發於相恃〔倚恃己長〕，馳流〔以驕縱故馳流〕不息，如是故有騰逸奔波。積波爲水，如人口舌，自相綿味，因而水發。二習相鼓，故有血河、灰河、熱沙、毒海、融銅灌吞諸事。是故十方一切如來，色目我慢，名『飲癡水』。菩薩見慢，如避巨溺。〔原頂批　四，嗔習。〕四者，嗔習交衝，發於相忤。忤結不息，心熱發火，鑄氣爲金。如是故有刀山、鐵橛、劍樹、劍輪、斧鉞鎗鋸，如人銜冤，殺氣飛動〔怒形於外〕。二習相擊，故有宮、割、斬、斫、剉〔陳攖寧頂批　剉，音「錯」，折傷，斬截〕、刺、槌、擊諸事。是故十方一切如來，色目嗔恚，名『利刀劍』。菩薩見嗔，如避誅戮。〔原頂批　五，詐習。　陳攖寧頂批　機巧變詐，引誘彼人入其彀中，並使人心服情願。〕五者，詐習交誘〔誘惑他人〕，發於相調〔調戲勾引〕，引起不住，如是故有繩木絞校〔陳攖寧頂批　校，枷也〕，如水浸田，草木生長〔漸漸滋蔓〕。二習相延，故有杻械枷鎖、鞭杖檛〔陳攖寧頂批　檛，音「撾」，棰也〕棒諸事。是故十方一切如來，色目姦僞，同名『讒賊』。菩薩見詐，如畏豺狼。〔原頂批　六，誑習。〕六者，誑習交欺〔蒙蔽他人〕，發於相罔，誣妄不止，飛心造姦，如是故有塵土屎尿，穢汙不淨，如塵隨風，各無所見。二習相加，故有沒溺騰擲、飛墜漂淪諸事。是故十方一切如來，色目欺誑，同名『劫殺』〔欺其不見〕。菩薩見誑，如踐蛇虺〔蛇虺亦傷人於不見〕。〔原頂批　七，怨習。陳攖寧頂批　嗔發於外，怨結於內。〕七者，怨習交嫌，發於銜恨，如是故有飛石、投礰〔礰，音「歷」，農具以堅木爲之，有齒。或釋爲小石，則同「礫」字義〕、匣貯、車檻、甕盛、囊撲，如陰毒人，懷抱〔怨藏於中〕畜惡。二習相吞，故有投擲擒捉、擊射抛撮諸事。是故十方一切如來，色目怨家，名『違害鬼』〔陰害〕。菩薩見怨，如飲鴆酒〔陰毒〕。〔原頂批　八，見習。陳攖寧頂批　見習有五：一，身見，執身有我；二，邊見，執斷執常；三，邪見，不信因果；四，見取，非果計果；五，戒禁取，非因計因。〕八者，見習交明，如薩迦耶〔身見〕，見戒禁取邪悟諸業，發於違拒〔見解不同，是非相反〕，出生相反，如是故有王使主吏，證執文籍。如行路人，來往相見〔無可逃避。或註：「一來一往，所見相反。」〕。二習相交，故有勘問權詐考訊、推鞫〔陳攖寧頂批　鞫，音「菊」〕、察訪、披究、照明、善惡童子、手執文簿、辭辯諸事。是故十方一切如來，色目惡見，同名『見坑』。菩薩見諸虛妄遍執，如臨毒壑。〔原頂批　九，枉習。〕九者，枉習交加〔冤屈他人〕，發於誣謗。如是故有合山合石、碾〔陳攖寧頂批　碾，音「輦」〕磑〔陳攖寧頂批　磑，音「畏」，磨子〕耕磨，如讒賊人，逼枉良善。二習相排〔擠〕，故有押捺〔陳攖寧頂批　捺，音「諾」〕搥按、蹙漉衡度諸事〔蹙其體、漉其血，或稱量其體如牲畜〕。是故十方一切如來，色目怨謗，同名『讒虎』。菩薩見枉，如遭霹靂。〔原頂批　十，訟習。〕十者，訟習交諠〔陳攖寧頂批　諠，諠譁，諍競〕，發於藏覆〔攻發人之隱事〕。如是故有鑒見照燭，如於日中不能藏影。二習相〔顯現〕陳〔列布〕，故有惡友業鏡、火珠披露、宿業對驗諸事。是故十方一切如來，色目覆藏，同名『陰賊』。菩薩觀覆，如戴〔自壓〕高山，履於〔自墜〕巨海。」〔陳攖寧頂批　十習：婬、貪、慢、嗔、詐、誑、怨、見、枉、訟。六報：見（眼）、聞（耳）、齅（鼻）、味（舌）、觸（身）、思（意）。〕〔原頂批　詳六交報。〕「云何六報？阿難，一切眾生，六識造業，所招惡報，從六根出。云何惡報從六根出？〔原頂批　一，見報。〕一者見報〔標示〕，招引惡果。此見業交，則臨終時，先見猛火〔現報〕，滿十方界〔見覺爲火〕。亡者神識〔生報〕，飛墜〔陳攖寧頂批　極善極惡，皆無中陰，故直墮入〕乘煙，入無間獄，發明二相。〔以下就眼根明反對之二相。〕一者明見〔陳攖寧頂批　周易說卦傳「離爲火」，虞氏逸象「離爲見」〕，則能遍見種種惡物，生無量畏；二者暗見，寂然不見，生無畏恐。〔以下對諸根明交報。〕如是見火，燒聽，能爲鑊〔陳攖寧頂批　鑊，音「活」〕湯洋銅；燒息，能爲黑煙紫燄；燒味，能爲焦丸鐵糜；燒觸，能爲熱灰爐炭；燒心，能生星火迸灑，煽鼓空界。〔原頂批　二，聞報。〕二者聞報，招引惡果。此聞業交，則臨終時，先見波濤，沒溺天地。〔陳攖寧頂批　坎爲耳爲水。〕亡者神識，降注乘流，入無間獄，發明二相。一者開聽，聽種種鬧，精神愗〔陳攖寧頂批　愗，音「茂」〕亂；二者閉聽，寂無所聞，幽魄沉沒。如是聞波，注聞，則能爲責爲詰；注見，則能爲雷爲吼，爲惡毒氣；注息，則能爲雨爲霧，灑諸毒蟲，周滿身體；注味，則能爲膿爲血，種種雜穢；　注觸，則能爲畜爲鬼，爲糞爲尿；　注意，則能爲電爲雹，摧碎心魄。〔原頂批　三，齅報。〕三者齅報，招引惡果。此齅業交，則臨終時，先見毒氣，充塞遠近。〔陳攖寧頂批　巽爲風，爲木，爲臭。〕亡者神識，從地踴出，入無間獄，發明二相。一者通聞，被諸惡氣，薰極心擾；　二者塞聞，氣掩不通，悶絕於地。如是齅氣，衝息，則能爲質〔陳攖寧頂批　質，質礙〕爲履〔陳攖寧頂批　履，履行〕；　衝見，則能爲火爲炬；　衝聽，則能爲没爲溺，爲洋爲沸〔坎爲耳爲水〕；　衝味，則能爲餒〔魚敗〕爲爽〔羹敗〕；　衝觸，則能爲綻〔陳攖寧頂批　綻，音「戰」，開裂〕爲爛，爲大肉山，有百千眼，無量咂〔陳攖寧頂批　咂，音「幣」，魚食物之狀〕食；　衝思，則能爲灰爲瘴，爲飛砂礰，擊碎身體。〔原頂批　四，味報。〕四者味報，招引惡果。此味業交，則臨終時，先見鐵網，猛燄熾烈，周覆世界。〔陳攖寧頂批　兑爲口舌。〕亡者神識，下透掛網，倒懸其頭，入無間獄，發明二相。一者吸氣，結成寒冰，凍裂身肉；　二者吐氣，飛爲猛火，焦爛骨髓。如是嘗味，歷嘗，則能爲承〔承受〕爲忍〔忍耐〕；　歷見，則能爲然金石〔離火尅兑金〕；　歷聽，則能爲利兵刃；　歷息，則能爲大鐵籠，彌覆國土；　歷觸，則能爲弓爲箭，爲弩爲射；　歷思，則能爲飛熱鐵，從空雨下。〔原頂批　五，觸報。〕五者觸報，招引惡果。此觸業交，則臨終時，先見大山，四面來合，無復出路。亡者神識，見大鐵城，火蛇火狗，虎狼師子，牛頭獄卒，馬頭羅刹，手執槍矟，驅入城門，向無間獄，發明二相。一者合觸，合山逼體，骨肉血潰；　二者離觸，刀劍觸身，心肝屠裂。〔陳攖寧頂批　艮爲山、爲門闕、爲指、爲狗、爲黔喙之屬。虞氏逸象：「艮爲道、爲城、爲門庭、爲宮室、爲廬、爲牖、爲居、爲鼻、爲肱、爲背、爲腓、爲皮、爲膚、爲豺、爲狼。」〕如是合觸，歷觸，則能爲道〔獄路〕爲觀〔獄門〕，爲廳〔審判罪犯之所〕爲案；　歷見，則能爲燒爲爇；　歷聽，則能爲撞爲擊，爲剚爲射；　歷息，則能爲括爲袋，爲考〔擊也〕爲縛；　歷嘗，則能爲耕〔犁也〕爲鉗〔拔也〕，爲斬爲截〔兑爲口舌、爲毀傷〕；　歷思，則能爲墜爲飛，爲煎爲炙〔離爲火、爲飛〕。〔原頂批　六、思報。〕

六者思報，招引惡果。此思業交，則臨終時，先見惡風，吹壞國土。亡者神識，被吹上空，旋落乘風，旋落乘風，墮無間獄，發明二相。〔原頂批　此六根，菩薩以證圓通，眾生以受業報，如垂手顛倒，首尾旋換耳。〕一者不覺，迷極則荒，奔走不息；　二者不迷，覺知則苦，無量煎燒，痛深難忍。如是邪思，結思，則能爲方爲所〔真心本無方所，邪思一結則爲方所所迷〕；　結見，則能爲鑒爲證；　結聽，則能爲大合石，爲冰爲霜，爲土爲霧；　結息，則能爲大火車〔巽爲木〕，火船火檻；　結嘗，則能爲大叫喚，爲悔爲泣；　結觸，則能爲大爲小，爲一日中，萬生萬死，爲偃〔俯也〕爲仰〔反覆無定〕。〔原頂批　總地獄十因六果，皆由迷妄所造。〕阿難，是名地獄十因六果，皆是眾生迷妄所造。〔陳攖寧頂批　地獄總結。〕若諸眾生，惡業同造〔十業具足，六根同造〕，入阿鼻獄〔陳攖寧頂批　阿鼻，又作「阿鼻旨」，或云「阿毘至」，譯曰「無間」。　一，身無間；　二，苦無間〕，受無量苦，經無量劫。六根各造，及彼所作，兼境兼根，是人則入八無間獄〔此亦各具十因，惟前後異時，或一根各造而兼三根四根〕」，　身口意三〔此只造三業〕，作殺盜婬，是人則入十八地獄；　三業不兼，中間或為一殺一盜〔三業闕一〕，是人則入三十六地獄；　見見一根，單犯一業〔三業缺二〕，是人則入一百八地獄。由是眾生別作別造，於世界中，入同分地〔各從其類〕，妄想發生，非本來有。」〔陳攖寧頂批　八大地獄，重重豎立。俱舍論八云：「一，等活地獄。彼有情遇種種斫刺磨擣，被涼風所吹，則蘇如故，等於前活，故名『等活』。二，黑繩地獄。先以黑繩秤量支體，而後斬鋸，故名『黑繩』。三，眾合地獄。眾多苦具，俱來逼身，合黨相害，故名『眾合』。四，號叫地獄。逼於眾苦，發悲號悲叫之聲，故名『號叫』。五，大叫號地獄。逼於劇苦，更發大哭聲，故名『大號叫』。六，炎熱地獄。火隨身起，火熾周圍，苦熱難堪，故名『炎熱』。七，大熱地獄。為熱中之極，故名『八大熱』。八，無間地獄。」以上又名「八熱地獄」，對於「八寒地獄」而言。又有十八地獄：第一地獄，受苦一百三十五萬萬年；　第二地獄，一苦當前二十，受苦之年數當前之四倍，即五百四十萬萬年；　第三地獄，一苦當第二地獄之二十，受苦之年數亦當第二地獄之四倍，即二千一百六十萬萬年；　第四地獄，直到第十八地獄，皆依前之比例，挨次照加。第十八獄比較第一獄受苦之程度之倍數，十三萬萬萬萬一千零七十二萬萬萬萬倍；　第十八地獄，二垓三千一百九十三京零二百三十三兆九千八四十億年數，二萬萬萬萬三千一百九十三萬萬萬萬零二百三十三萬萬萬九千八百四十萬萬年數。〕

〔原頂批　情沉業果，罪畢受鬼。答餓鬼所自來，非本來有也。　陳攖寧頂批　二，鬼趣。〕「復次，阿難，是諸眾生，非破律儀〔謗也，犯也，無正軌〕，犯菩薩戒〔無正因〕，毀佛涅槃〔無正果〕，諸餘雜業〔即十因〕，歷劫燒然，然後罪畢，受諸鬼形〔在獄受報者，是業識身，直待業盡，方受鬼身〕。　若於本因，貪物為罪〔貪習為因。　陳攖寧頂批　惡業皆由於情，情皆由於貪〕，是人罪畢，遇物成形，名為『怪鬼』；　貪色為罪

〔婬習爲因〕，是人罪畢，遇風成形，名爲『魃鬼』〔陳攖寧頂批　詩經有「旱魃爲虐」之文〕；　貪惑爲罪〔詐習爲因〕，是人罪畢，遇畜成形，名爲『魅鬼』；　貪恨爲罪〔嗔習爲因〕，是人罪畢，遇蟲〔毒蟲〕成形，名『蠱毒鬼』；　貪憶爲罪〔怨習爲因〕，是人罪畢，遇衰〔人氣衰〕成形，名爲『厲鬼』；　貪傲爲罪〔慢習爲因，陵人傲物〕，是人罪畢，遇氣成形〔以氣用事，並無實德實學〕，名爲『餓鬼』；　貪罔爲罪〔誑習爲因，暗地作惡，欺人不知〕，是人罪畢，遇幽〔幽暗境界〕爲形，名爲『魘鬼』；　貪明爲罪〔見習爲因，自作聰明〕，是人罪畢，遇精爲形，名『魍魎鬼』；　貪成爲罪〔枉習爲因，以造成他人之罪過〕，是人罪畢，遇明〔遇明顯境界〕爲形，名『役使鬼』；　貪黨爲罪〔訟習爲因，牽引他人爲己之黨羽〕，是人罪畢，遇人爲形，名『傳送鬼』。〔陳攖寧頂批　鬼形總結。〕阿難，是人皆以純情墜落，業火燒乾，上出爲鬼。〔情業積水，下墜燒乾，則情業已盡，復乘想業上出。〕此等皆是自妄想業之所招引，若悟菩提，則妙圓明，本無所有。」

〔原頂批　鬼業既盡，爲畜還債。答畜生所自來，非本來有也。　陳攖寧頂批　三，畜生趣。〕「復次，阿難，鬼業既盡，則情與想，二俱成空，方與世間，與元負人，怨對相值，身爲畜生，酬〔還〕其宿債。〔獄報情業，鬼報想業，二報既畢，復償負業。以業火乾枯之故，情想暫時不生，如負重行遠，氣消力竭，萬慮俱空，非真空也。〕物怪之鬼，物消報盡，生於世間，多爲梟類；　風魃之鬼，風消報盡，生於世間，多爲咎徵〔陳攖寧頂批　咎，過惡；　徵，應驗〕一切異類；　畜魅之鬼，畜死報盡，生於世間，多爲狐類；

蟲蠱之鬼，蠱滅報盡，生於世間，多爲毒類〔蛇蠍之屬〕； 衰癘之鬼，衰窮報盡，生於世間，多爲蛔類； 受氣之鬼〔餓鬼〕，氣銷報盡，生於世間，多爲食類〔供人食之家畜〕； 綿幽之鬼〔魘鬼〕，幽銷報盡，生於世間，多爲服類〔牛馬驢等爲人服務，皮毛供人衣服之獸類〕； 和精之鬼〔罔兩鬼〕，和銷報盡，生於世間，多爲應類〔社燕寒鴻，應節氣之動物〕； 明靈之鬼〔役使鬼〕，明滅報盡，生於世間，多爲休徵〔祥瑞，如麟鳳〕一切諸類； 依人之鬼〔傳送鬼〕，人亡報盡，生於世間，多爲循類〔猫犬之類〕。〔陳攖寧頂批　畜類總結。〕阿難，是等皆以業火乾枯，酬其宿債，傍爲畜生。 此等亦皆自虛妄業之所招引。 若悟菩提，則此妄緣，本無所有。 如汝所言，寶蓮香等，及瑠璃王、善星比丘，如是惡業，本自發明，非從天降，亦非地出，亦非人與。 自妄所招，還自來受。 菩提心中，皆爲浮虛妄想凝結。」

〔原頂批　畜業既盡，復生人道，總是無始來業計顛倒也。　陳攖寧頂批　四，人趣。〕「復次，阿難，從是畜生，酬償先債，若彼酬者，分越所酬。 此等衆生，還復爲人，反徵其剩。 如彼有力，兼有福德，則於人中，不捨人身，酬還彼力。 若無福者，還爲畜生，償彼餘直。 阿難當知，若用錢物，或役其力，償足自停。 如於中間，殺彼身命，或食其肉，如是乃至經微塵劫，相食相誅，猶如輪轉，互爲高下，無有休息。 除奢摩他〔修定破惑〕，及佛出世〔見佛得解脫〕，不可停寢。 汝今應知，彼梟倫者，酬足復形，生人道中，參合頑類〔帶畜生之餘習，參合於人中，無禮義廉恥。 陳攖

寧頂批　參合者，參雜於原從人道而轉世之人類也〕；　彼咎徵者，酬足復形，生人道中，參合愚〔異〕類〔陳攖寧頂批　愚，或作「異」，妖異也〕；　彼狐倫者，酬足復形，生人道中，參與庸類〔庸材没有氣節〕；彼毒倫者，酬足復形，生人道中，參合狠類；　彼蛔倫者，酬足復形，生人道中，參合微類〔輕微卑賤〕；　彼食倫者，酬足復形，生人道中，參合柔類〔柔弱無能〕；　彼服倫者，酬足復形，生人道中，參合勞類〔勞苦工作〕；　彼應倫者，酬足復形，生人道中，參於文類〔文人雅士〕；　彼休徵者，酬足復形，生人道中，參合明類〔精明〕；　彼諸循倫，酬足復形，生人道中，參於達類〔通達人情世故〕。阿難，是等皆以宿債畢酬，復形人道，皆無始來，業計顛倒，相生相殺，不遇如來，不聞正法，於塵勞中，法爾輪轉，此輩名爲可憐愍者。」

〔原頂批　仙道。此十種仙，存想長生，堅固幻質，所修雖異，總屬有漏妄想也。進不如天，退又勝人，故居山林，名爲仙趣。　陳攖寧頂批　五，仙趣。〕「阿難，復有從人，不依正覺修三摩地，別修妄念，存想固形，遊於山林人不及處，有十種仙。阿難，彼諸衆生，堅固服餌，而不休息，食道圓成〔服製造之藥，如丸散膏丹，及一切飲食、補品〕，名『地行仙』（一）；　堅固草木，而不休息，藥道圓成〔服草木之藥，大概單服或生服者多〕，名『飛行仙』（二）；　堅固金石，而不休息，化道圓成，名『遊行仙』（三）；　堅固動止〔靜〕，而不休息，氣精圓成，名『空行仙』（四）；　堅固津液，而不休息，潤德圓成，名『天行仙』（五）；　堅固精色，而不休息，吸粹圓成，名『通行仙』（六）；　堅固咒禁，而不休息，術法圓成，名『道行仙』（七）；　堅固思念，而不休息，思憶圓成，名『照行仙』（八）；　堅固交遘，而不休息，感應圓成，名『精行仙』（九）；　堅固變化，而不休息，覺悟圓成，名『絕行仙』（十）。〔陳攖寧頂批　宗通謂：「存想世間，皆成變化，惟空寂不變，遂一味清淨，灰心槁形，其行絕世，有似二乘緣覺，故以覺悟名之。西域習此者多，生非非想天。」纂註亦同此。直解謂：「觀變化轉移，以固其形也。通悟化理，所行無礙，故曰『絕行仙』。此蓋不知幻化皆自己出，無方所，絕對待，方是真正絕行也。」〕阿難，是等皆於人中煉心，不修正覺，別得生理，壽千萬歲，休止深山或大海島，絕於人境。斯亦輪迴，妄想流轉，不修三昧，報盡還來，散入諸趣。」

〔原頂批　欲界天。此六天雖出塵擾，而未能絕欲，故通名「欲界」。　陳攖寧頂批　六，天趣。一，正婬未斷，邪婬已斷；　二，正婬亦不貪，但未全斷；　三，逢欲暫交，事後無念；　四，平時不起欲念，但有時爲被動的，或不能無念；　五，雖爲被動，亦不感覺有味；　六，雖同世事，全無心想。交，四王、忉利；　抱，燄摩；　摯，兜率；　笑，樂變化；　視，他化自在。〕「阿難，諸世間人，不求常住〔不求常住於世間〕，未能捨諸妻妾恩愛，於邪婬中，心不流逸，澄瑩生明，命終之後，鄰於日月〔所居報土在須彌山腰，鄰於日月〕，如是一類，名『四天王天』〔須彌山腰四面，有四王各主一方〕；　於己妻房，婬愛微薄，於淨居時，不得全味〔清淨安居時，未能完全得清淨之味〕，命終之後，超日月明〔超出須彌山腰〕，居人間頂，如是一類，名『忉利天』〔此天在須彌山頂，離地八萬四千由旬，四方各有八天，此天居中，總爲三十三天〕；　逢欲暫交，去無思憶，於人間世，動少靜多，命終之後，於虛空中〔高出須彌一倍〕，朗然安住，日月光明，上照不及，是諸人等，自有光明，如是一類，名『須燄摩天』〔又名「時分天」〕；　一切時靜，有應觸來，未能違戾〔雖能少欲，未能無心〕，命終之後，上升精微〔指彌勒內院〕，不接下界〔通指外院而言〕，諸人天境，乃至劫壞，三災不及〔指內院〕，如是一類，名『兜率陀天』；　我無欲心〔前天尚有應心，此則應心亦無〕，應汝行事，於橫陳時，味如嚼蠟〔欲味甚淡薄〕，命終之後，生越化地〔超越下天，自化樂具〕，如是一類，名『樂變化天』；　無世間心，同世行事，於行事交，了然超越〔心不着境〕，命終之後，遍能出超化〔第五天〕、無化〔下四天〕境，如是一類，名『他化自在天』〔諸欲無境，不勞自化，皆由他化，而能自在受用〕。阿難，如是六天，形雖出動，心跡尚交，自此已還，名爲『欲界』。」

陳攖寧頂批　六欲天，皆以十善爲本。若兼護法心，是四天王天業；　若兼慈化人，是忉利天業；　若兼不惱衆生，善巧純熟，是燄摩天業；　若兼修禪定，粗住細住，是兜率天業；　欲界定，是是變化天業；　未到定，是他化天業。（天台宗說，宗通。）

直解云：「欲界諸天，同以上品十善爲因，今獨舉邪婬事，言此婬欲正是生死根本。此念不斷，終不能出生死也。欲界天自須彌腰頂以至空居，具有飲食、婬欲、睡眠三欲，故曰『欲界天』。其男女嫁娶，亦如人間。惟欲天無血肉軀，亦無大小便利不淨事，身放光明，無別晝夜，報得五通，形無障礙。」前二，名「地居天」；　後四，名「空居天」。不須日月而常明，以蓮花開合而分晝夜，故名「時分」。

「生兜率天者，七日後彌勒放光雨花，引入外院小摩尼殿，尋爲說法，俾發起精進力故，然後引入內院。二院外，又有總報天，乃有漏業果所成。修十善業者，得生彼處，三災可壞。此云『三災不及』者，蓋指彌勒所居，乃諸聖者後得智所變之宮也。以總報望外院，當若仙凡之隔，況內院乎？」（宗通。）

忉利天，譯言「三十三天」，欲界六天之第二，在須彌山頂，閻浮提上八萬由旬之處。天上人身長一由旬，衣重六銖（即兩之四分之一），壽一千歲，以世間百年爲一晝夜。不知此天以多少晝夜爲一歲。假定如人間三百六十五日爲一年，則忉利一年等於人間三萬六千五百年，天上一千年，即人間三千六百五十萬年。

七火次第過，然後一水災；七七火七水，復七火後風。水火大災劫，經過六十三次後，方有一次大風災，壞三禪。

禪之義，爲靜慮，即靜止其思慮，有四種淺深。初禪天不須分段食，故無鼻、舌二識，唯有眼、耳、身、意四識樂受，與三識相應，喜受與意識相應，具有覺觀之二用。粗住，氣息調和，心不散亂；細住，澄靜更勝；欲界定，已見虛清，猶有身心之相（如雲如影）；未到定，不見身體及物，而性障猶在。

八觸：動、癢、輕、重、冷、煖、滑、澀。或以軟、粗代動、癢。此種感覺與出入息有關。

十功德：空、明、定、智、善心、柔軟、喜、樂、解、脫。

五支：覺支，又名「尋支」；觀支，又名「伺支」；喜支；樂支；一心支，又名「定支」。

諸天壽命：四天王天，九百萬歲；忉利天，三千六百萬歲；炎摩天，十四千四百萬歲；兜率天，五萬七千六百萬歲；化樂天，二十三萬零四百萬歲；他化自在天，九十二萬一千六百萬歲；梵眾，半劫；梵輔，一劫；大梵，一劫半；少光，四劫；無量光，六劫；光音，八劫；少淨，十六劫；無量淨，三十二劫；遍淨，六十四劫；福慶，百二十五劫；福光，二百五十劫；廣果、無想，五百劫；無煩，千劫；無熱，二千劫；善見，四千劫；善現，八千劫；色究竟，一萬六千劫；空處，二萬劫；識處，四萬劫；無所有處，六萬劫；非非想處，八萬劫。（劫，除增減算法而外，尚有「磐石劫」「芥子劫」二說。）

諸天身長：四天王，身長一拘留舍四分之一（約一華里）；忉利，半拘留舍；帝釋，一拘留舍；炎摩，一拘留舍四分之三；兜率，一拘；化樂，一拘又四分之一；他化，一拘又半；梵眾，半由延；梵輔，一由延；大梵，一由延半；少光，二由；無量光，四由；光音，八由；少淨，十六由；無量淨，三十二由；遍淨，六十四由延；福慶，百廿五由；福生，二百五十由；廣果、無想，五百由；無煩，千由；無熱，二千由；善見，四千由；善現，八千由；色究竟，一萬六千由。

諸天衣服：欲界六天，皆着天衣，飛行自在，看之似衣，光色具足，不可以世間繒綵比之；色界諸天，衣如非衣，光明轉勝轉妙。四王天，衣重半兩；忉利天，衣重六銖；炎摩，三銖；兜率，一銖半；化樂，一銖；他化，半銖。色界諸天，不着衣服，與着無異。頭雖無髻，如戴天冠，無男女相。

諸天業因：持不殺戒，得生四王天；持不殺、不盜，得生忉利天；不殺、不盜、不邪婬，得生夜摩天；不殺、盜、婬，不兩舌、妄語、惡口、綺語，得生化樂、他化天；修有漏十善，與定相應，得生色界。

諸天受生：四天王天，皆有婚嫁，行欲如人。然受化生，初生如五歲小兒，在父母膝上，未久便知饑渴，自然寶器盛百味食。福多者，飲食白色；中者，青色；下者，赤色。初生出，憶往昔業，戲已忘念。忉利天受生者，見彼天子天女在樹林中同一處坐，心生愛樂，速生彼處。彼天女手華忽生，彼女見已，自知有兒，即以此華授於夫言：「若今得子，可生歡喜。生七日中，憶念我某處退。」生此天中，身體香潔，天衣具足，善知天法，身無病故。於宮殿中，次第漸行，見無主天女，悉來圍繞，作如是言：「聖子善來，此汝宮殿，我無夫主，應相供養。」彼三十三天有善法堂天眾集處，有八萬四千柱，皆眾寶所成。初生時有自然飲食。飲食既訖，身便長大，與原男女無異。初生時憶宿世事，見天女後，迷諸色故，即失前念。欲界諸天，身皆有光，天身有四種色，紺、赤、黃、白。初受生時，見某色之華，即成某色身。髮青齊整，齒白方密，眼視無瞬，騰虛飛行，無大小便，不患疲勞。帝釋有九十二億那由他天女，其天人最少者，亦有一萬天女。

大佛頂如來密因修證了義諸菩薩萬行首楞嚴經卷第八音釋

滌 音「笛」。

四棄八棄 梵語「波羅夷」，華言「棄」。

胤 羊晉切。

鑽 祖官切。

複 音「福」。

奢摩他毘婆舍那　梵語也，華言「止觀」。

毅　魚計切。

綏　音「雖」，安也。

膺　音「英」。

阿鼻　梵語也，華言「無間」。

橛　其月切。

斧　音「府」。

鉞　于月切。

鋸　于御切。

剉　千臥切。

刺　七跡切。

戮　音「六」。

調　徒吊切，試也。

校　音「教」，枷也。

檛　陟瓜切，棰也。

豺 音「才」。

狼 音「郎」。

虺 許鬼切，似蛇而小者。

礰 音「歷」。

擈 有本作「幞」。

挩 有本作「挽」。

鴆 毒鳥名，翼毛畫酒，人飲則死。

薩迦耶見 梵語也，華言「身見」。

鞠 音「菊」。

碾 尼展切。

磑 五對切，小磨也。

衡 權衡。

度 丈尺。

煽 音「扇」。

愗 音「茂」，昏也。

吒 音「幣」，唊也。

矟 音「朔」。

剚 側吏切。

魃 音「跋」。

蠱 音「古」。

魘 於琰切。

狠 乎墾切。

須餤摩 梵語也，華言「時分」。

兜率陀 華言「知足」。

大佛頂如來密因修證了義諸菩薩萬行首楞嚴經卷第九

〔原頂批　色界天。此十八天，雖離欲染，尚有色質，故通名「色界」。　陳攖寧頂批　初禪三天。欲界天及初禪三天，皆有君臣民貴賤之分。自此以上，更無貴賤。天人將命終，先有二種五衰相現。小五衰：一者，樂聲不起；二者，身光微暗；三者，浴水著身；四者，專著一境，多時不捨；五者，身力虛弱，眼常數瞬。大五衰：一，衣穢；二，華冠光萎；三，腋汗；四，體臭；五，不樂安住本座。〕「阿難，一切世間所修心人，不假禪那〔非真正三摩地〕，無有智慧，但能執身〔戒勝〕，不行婬欲，若行若坐，想念俱無，愛染不生，無留欲界，是人應念身爲梵侶〔臨命終時，應念而生〕，如是一類，名『梵眾天』；欲習既除，離欲心現〔定心〕，於諸律儀，愛樂隨順，是人應時，能行梵德，如是一類，名『梵輔天』；身心妙圓，威儀不缺，清淨禁戒，加以明悟〔慧心〕，是人應時，能統梵眾，爲大梵王，如是一類，名『大梵天』。阿難，此三勝流，一切苦惱〔欲界煩惱〕所不能逼。雖非正修〔離欲生喜〕真三摩地，清淨心中〔戒心清淨〕，諸漏不動〔不爲欲習所動，尚未能伏〕，名爲『初禪』。〔此天雖離欲火，然內有覺觀擾亂，故外感火災，火災能壞初禪。　陳攖寧頂批　此天以尋伺覺觀、不淨、慈悲，治欲界粗障，離欲生喜，名「離生喜樂地」。尋伺即覺觀。

粗思名覺，細思名觀，二者皆妨定心。因此覺觀之有無，而判定心之深淺。智度論二十三曰：「是覺觀撓亂三昧，故說此二事雖善，而是三昧賊，難可捨離。粗心相名覺，細心相名觀。」維摩經弟子品：「法無有說，離覺觀故。」肇註：「覺觀粗心，言語之本。」初、二天，尋、伺皆有；三天，無尋有伺。尋者，尋求事理之粗性作用；伺者，伺察事理之細性作用。見七十五法。〕**」**

〔陳攖寧頂批　二禪三天。二禪以上無言語。〕**「阿難，其次，梵天統攝梵人，圓滿梵行**〔戒定慧全，故曰「圓通」〕**，澄心不動**〔已無覺觀，不起現行〕**，寂湛生光，如是一類，名『少光天』；光光相然，照耀無盡，映十方界，遍成瑠璃，如是一類，名『無量光天』**〔雖多光，尚未成音〕**；吸持圓光，成就教體，發化清淨，應用無盡**〔此天已無尋伺，故無語言，惟以光明發，清淨化，以表言詮〕**，如是一類，名『光音天』**〔以光爲音。陳攖寧頂批　光音天，又名「極光淨天」。此天絕音聲，欲語時，自口發光，而爲語言。大火災壞初禪時，下界眾生，盡集此天，待世界再成，至成劫之初，自此天起金色之雲，而注大洪雨，以造初禪天以下至地獄之世界。待世界已成，此天眾之福薄者，漸漸下生。「劫初，光音天下至閻浮提地，食地肥故，失神足，不能復還天上。」（增一阿含經）〕**阿難，此三勝流，一切憂懸所不能逼**〔滅世間一切煩惱〕**，雖非正修真三摩地，清淨心中，麤漏已伏**〔以定力伏前五識，故無尋伺，超過初禪。因有真樂，未能伏六識；內有喜水擾動，故外感水災〕**，名爲『二禪』**〔二禪，名「定生喜樂地」〕**。」**

〔陳攖寧頂批　三禪三天。〕**「阿難，如是天人，圓光成音**〔指光音天〕**，披音露妙**〔顯露妙理〕**，發成精行**〔離喜之故，通而未成〕**，通寂滅樂**〔因伏六識，故似二乘之寂滅〕**，如是一類，名『少淨天』**〔定樂初通，淨空初顯〕」；　淨空現前，引發無際〔擴而充之，喜心愈寂，淨空愈廣〕，身心輕安，成寂滅業，如是一類，名『無量淨天』；　世界身心，一切圓淨，淨德成就，勝託〔勝妙寄託〕現前，歸寂滅樂〔認爲歸依之處〕，如是一類，名『遍淨天』。　阿難，此三勝流，具大隨順〔隨心順意〕，身心安隱，得無量樂〔身心皆受妙樂〕，雖非正得真三摩地，安隱心中，歡喜畢具〔心已離喜，而喜樂自具。　他經云：「二禪有喜受，三禪已伏意識，無喜受。」然此處有言「歡喜畢具」〕，名爲『三禪』。」

〔**陳攖寧頂批**　四禪四天：福生、福愛、廣果、無想。　初禪離苦受，有憂受；　二禪離憂受，有喜受；　三禪離喜受，有樂受；　四禪苦樂俱捨，內心湛然。　不苦不樂，名「捨念清淨地」。　心住無動，粗重相滅，尋伺苦憂喜樂及出入息皆斷。初禪戒勝，二禪、三禪定慧勝，四禪福德勝。〕「**阿難，復次，天人不逼身心，苦因已盡，樂非常住，久必壞生，苦樂二心，俱時頓捨，麤重相滅，淨福性生，如是一類，名『福生天』；　捨心圓融**〔樂念全捨〕，**勝解清淨**〔不爲異緣所轉〕，**福無遮中**〔無礙無限〕，**得妙隨順**〔無不如意〕，**窮未來際**〔三災不到，受報無窮〕，**如是一類，名『福愛天』。　阿難，從是天**〔即福愛天〕**中，有二岐路**〔一趣廣果，一趣無想〕。　**若於先心**〔即捨心〕，**無量淨光**〔定中之光〕，**福德圓明，修證而住，如是一類，名『廣果天』**〔證廣大之果〕；　**若於先心**〔指福愛天之捨心〕，**雙厭苦樂，精研捨心，相續不斷，圓窮捨道**〔捨而復捨，由粗至細，由身至心，一切皆捨〕，**身心俱滅，心慮灰凝**〔入無想定〕，**經五百劫，是人既以生滅爲因，不能發明不生滅性，初半劫滅**〔第一劫之前半〕，**後半劫生**〔四百九十九劫半以後〕，**如是一類，名『無想天』。**

阿難，此四勝流，一切世間諸苦樂境所不能動，雖非無爲真不動地，有所得心〔非無所得〕**，功用純熟，名爲『四禪』。」**〔陳攖寧頂批　廣果天，乃厭苦樂而增修福慧；無想天，則厭苦樂而精研捨心。無想定與滅盡定之別：無想，僅滅第六識分別見，第七識染分尚在；滅盡定，已滅盡七識。無想天與無色界天之別：無想天出定則有身，無色界天在一切時皆無身。初禪，伏鼻、舌二識；二禪，伏眼、耳、鼻、舌、身五識；三禪，伏意識分別現行；四禪，伏意識分別種子。〕

〔陳攖寧頂批　五不還天，無煩、無熱、善見、善現、色究竟。三界九地，一，欲界：五趣雜居地。五趣，天、人、畜、鬼、獄。色界：二，離生喜樂地，初禪；三，定生喜樂地，二禪；四，離喜妙樂地，三禪；五，捨念清淨地，四禪。無色界：六，空無邊處地；七，識無邊處地；八，無能有處地；九，非想非非想處地。〕**「阿難，此中復有五不還天，於下界中，九品習氣**〔欲界思惑種子〕**，俱時滅盡，苦樂雙亡，下無卜居，故於捨心眾同分中，安立居處。**〔初果斷見惑八十八使，二果破思惑六品，三果破思惑九品，故不來欲界，即住色界五不還天。再斷色界、無色界七十二品，即出三界，名『四果』。斷欲界一地九品，故苦亡而欲界無卜居。復斷色界三地各九品，故樂亡而色界三地無卜居。惟四禪是其同分。〕**阿難，苦樂兩滅，鬭心不交**〔無厭欣二心之交戰〕**，如是一類，名『無煩天』**〔斷離生喜樂地九品思惑（極熱）〕**；機**〔發〕**括**〔收〕**獨行**〔心無繫著，常行於獨〕**，研交無地**〔前尚有交地，今則交地亦復研盡〕**，如是一類，名『無熱天』**〔斷定生喜樂地中九品思惑（微煩）〕**；十方世界，妙見圓澄，更無塵象**〔外境〕**，一切沈垢**〔內惑〕**，如是一類，名『善見天』**〔斷離喜妙樂地中九品思惑〕**；精見現前**〔無塵垢〕**，陶**〔土制〕**鑄**〔金制〕**無礙**〔純智無習〕**，如是一類，名『善現天』**〔斷捨念清淨地中九品思惑〕」；究竟羣〔眾〕幾〔微〕，窮色性性〔微之本〕，入無邊際〔斷無色界四地三十六品思惑〕，如是一類，名『色究竟天』。〔陳攖寧頂批　九品惑：貪、嗔、慢、無明四種之修惑，就粗細而分爲九品。三界九地之俱生煩惱，各有九品，其中欲界九品之修惑，有潤七生之作用。上上品，二生；上中品，一生；上下品，一生；中上品，一生，中中品，半生；中下品，半生；下上品，半生；下中、下下，合爲半生。所謂一生者，人天各一生；半生者，人或天之一生。故七生者，實爲十四生。問：「第六識相應俱生之煩惱，自無始即在一切有情身中，潤生無窮，何限七生耶？」答：「是僅謂已入聖位者所餘之煩惱，非泛言凡情。」〕阿難，此不還天，彼諸四禪四位天王，獨有欽聞，不能知見〔同在四禪境界，何以不能知見？因彼修有漏，此修無漏。何爲無漏？無一切惑故〕，如今世間，曠野深山，聖道場地，皆阿羅漢所住持故，世間麤人，所不能見。〔陳攖寧頂批　色界通結。〕阿難，是十八天，獨行無交〔無情欲故〕，未盡形累〔尚有色質〕，自此已還，名爲『色界』。」

〔原頂批　無色界天。此四天雖有定果色，已無業果色，故通名「無色界」。〕「復次，阿難，從是有頂色邊際中，其間復有二種岐路。〔陳攖寧頂批　回心大阿羅漢。〕若於捨心發明智慧，慧光圓通，便出塵界，成阿羅漢，入菩薩乘，如是一類，名爲『回心大阿羅漢』。若在捨心捨厭成就，覺身爲礙，銷礙入空〔滅身歸無〕，如是一類，名爲『空處』；諸礙既銷〔不依於色〕，無礙無滅〔不依於空，無礙之無亦滅〕，其中唯留阿賴耶識，全於末那半分細微〔伏第七識之半，留其半分〕，如是一類，名爲『識處』；空色既亡，識心都滅〔半分末那亦滅〕，十方寂然，迥無攸往，如是一類，名『無所有處』；識性不動，以滅窮研，於無盡中，發宣盡性，如存不存，若盡非盡，如是一類，名爲『非想〔離粗想〕非非想〔非真無想〕處』。〔陳攖寧頂批　不回心鈍阿羅漢。〕此等窮空不盡空理，從不還天〔五不還天〕，聖道窮者，如是一類，名『不回心鈍阿羅漢』〔俟八萬劫滿，斷盡思惑，而出三界，生方便有餘土〕。若從無想諸外道天，窮空不歸，迷漏無聞，便入輪轉。阿難，是諸天上，各各天人〔天上人民〕，則是凡夫業果酬答，答盡入輪。彼之天王，即是菩薩遊三摩提，漸次增進，回向聖倫所修行路。〔陳攖寧頂批　四空天通結。〕阿難，是四空天，身〔前二天〕心〔後二天〕滅盡，定性現前〔有定果色〕，無業果色〔無業報所感根身器界之色〕，從此逮終，名『無色界』。〔原頂批　總答三界由積妄。〕此皆不了妙覺明心，積妄發生。妄有三界，中間妄隨七趣沉溺，補特伽羅，各從其類。〔補特伽羅，舊譯曰「衆生」，新譯曰「數取趣」，謂數數往來諸趣，造業不息，而數數取苦果也。或曰「中有身」。〕」

〔原頂批　阿修羅。此四修羅，福力等天，而行所不及，故云非天。隨業輕重，而有四生之不同也。陳攖寧頂批　七，阿修羅趣。〕「復次，阿難，是三界中，復有四種阿修羅類。若於鬼道，以護法力，乘通入空，此阿修羅從卵而生〔即從想而生〕，鬼趣所攝；若於天中，降德〔陳攖寧頂批　降德，德有虧損〕貶墜，其所卜居，鄰於日月，此阿修羅，從胎而出〔胎生〕，人趣所攝；有修羅王，執持世界，力洞〔陳攖寧頂批　洞，作「通」字義〕無畏，能與梵王及天帝釋四天爭權，此阿修羅，因變化有〔化生〕，天趣所攝；阿難，別有一分下劣修羅，生大海心，沉水穴口，旦遊虛空，暮歸水宿，此阿修羅，因濕氣有〔濕生〕，畜生趣攝。」

〔原頂批　總名七趣，皆是昏沉諸有爲相，不識本心，故欲證菩提，在除三惑。　陳攖寧頂批　七趣總結。〕「阿難，如是地獄、餓鬼、畜生、人，及神僊、天，洎〔陳攖寧頂批　洎，音「既」，同「及」。〕修羅，精研七趣，皆是昏沉諸有爲相，妄想受生，妄想隨業，於妙圓明，無作本心，皆如空華，元無所著〔不礙本心〕，但一虛妄，更無根緒〔元非本有。　陳攖寧頂批　緒，頭緒〕。阿難，此等衆生，不識本心，受此輪迴，經無量劫，不得真淨，皆由隨順殺、盜、婬故。反此三種，則又出生無殺、盜、婬。有名鬼倫，無名天趣，有無相傾，起輪迴性。若得妙發三摩提者，則妙〔妙性〕常寂，有〔惡業〕無〔善業，無惡業〕二無，無二亦滅，尚無不殺、不偷、不婬，云何更隨殺、盜、婬事？阿難，不斷三業，各各有私〔別業。各有各的罪惡〕。因各各私，衆私同分，非無定處〔受報則有定處〕，自妄發生。生妄無因，無可尋究〔不能覓起處〕。汝勗〔努力勉力〕修行，欲得菩提，要除三惑。不盡三惑，縱得神通，皆是世間有爲功用，習氣不滅，落於魔道。〔陳攖寧頂批　三惑，見思惑、塵沙惑、無明惑，或作貪、嗔、癡解。意根對法塵起諸邪見，名「見惑」；五根貪愛五塵而起想著，名「思惑」。衆生見思之惑，多以塵沙，菩薩之行，專爲化他。若令衆生斷見思惑者，在菩薩即是斷塵沙惑。無明惑乃業識之種子、煩惱之根本，二乘不知其名，大乘菩薩定慧雙修，萬行具足，方斷此惑，故亦名「別惑」。〕雖欲除妄，倍加虛僞。如來說爲可哀憐者，汝妄自造，非菩提咎。作是說者，名爲正說。若他說者，即魔王說。」

〔原頂批　前法已盡，無問自答者，以止觀中細微塵事，能隳實覺，破法王家，非一切知莫能深辨，故須特言之。陳攖寧頂批　總示魔境。〕即時，如來將罷法座，於獅子床，攬七寶几〔陳攖寧頂批　七寶，金、銀、瑠璃、硨磲、瑪瑙、真珠、玫瑰、玻璃、珊瑚、琥珀，以上十種之內任取七種，皆可稱七寶〕，回紫金山，再來凭〔陳攖寧頂批　凭，音「憑」〕倚，普告大眾及阿難言：「汝等有學，緣覺聲聞，今日回心，趣大菩提無上妙覺。我今已說真修行法，汝猶未識修奢摩他〔止〕、毗婆舍那〔觀〕。微細魔事，魔境現前，汝不能識，洗心非正，落於邪見。或汝陰魔〔自心所現〕，〔以下皆外魔〕或復天魔，或著鬼神，或遭魑魅〔山澤之神〕。心中不明，認賊為子。又復於中，得少為足。如第四禪無聞比丘〔不樂聞法〕，妄言證聖，天報已畢，衰相現前，謗阿羅漢，身遭後有，墮阿鼻地獄。〔陳攖寧頂批　誤認四禪定為真涅槃，遂有如是過。〕汝應諦聽，吾今為汝，子細分別。」阿難起立，並其會中，同有學者，歡喜頂禮，伏聽慈誨。

佛告阿難及諸大眾：「〔原頂批　明本覺湛然，因迷妄有，虛空成國土，故魔有所依。〕汝等當知，有漏世界，十二類生，本覺妙明，覺圓心體，與十方佛，無二無別，由汝妄想，迷理〔背真〕為咎，癡愛發生，生發遍迷〔遍迷法界〕，故有空性，化迷不息，有世界生，則此十方微塵國土，非無漏者，皆是迷頑，妄想安立？當知虛空生汝心內，猶如片雲點太清裏，況諸世界在虛空耶！〔原頂批　斷迷妄，則虛空消，國土裂，魔自無依。〕汝等一人發真歸元，此十方空皆悉銷殞，云何空中所有國土而不振裂？〔原頂批　前言不聞爛壞虛空，今云虛空消殞，何也？前以萬物對虛空，則萬物皆妄；今以虛空對真如，則虛空亦妄。迷妄有虛空，復真無虛空，故知虛空亦可銷殞也。〕汝輩修禪，飾〔莊嚴〕三摩地，十方菩薩，及諸無漏大阿羅漢，心精通𣽣〔陳攖寧頂批　𣽣，音「忽」，合也。蒲團子按　此處當讀「泯」〕，當處湛然。一切魔王，及與鬼神、諸凡夫天，見其宮殿，無故崩裂，大地振坼〔陳攖寧頂批　坼，音「側」，裂也〕，水陸飛騰，無不驚慴〔懼也。陳攖寧頂批　慴，音「折」，又音「習」〕。凡夫昏暗，不覺遷訛。彼等咸得五種神通，唯除漏盡，戀此塵勞，如何令汝摧裂其處？〔原頂批　魔恨其無依，故欲加害，然邪終不能勝正。〕是故鬼神及諸天魔、魍魎〔陳攖寧頂批　魍魎，亦作「蝄蜽」，山川之精物〕、妖精，於三昧時，僉來惱汝。然彼諸魔，雖有大怒，彼塵勞內，汝妙覺中，如風吹光，如刀斷水，了不相觸。汝如沸湯，彼如堅冰，煖氣漸鄰，不日銷殞。待恃神力〔指魔言〕，但爲其客〔魔爲客〕，成就破亂。〔原頂批　心爲主，魔爲客，主人無惑，邪魔自然銷殞。阿難墮魔，亦心魔招之。倘戒體一毀，寶覺全隳，故當識認。〕由汝心中，五陰主人，主人若迷，客得其便。當處禪那，覺悟無惑，則彼魔事，無奈汝何。陰銷入明〔即還本覺〕，則彼羣邪，咸受幽氣。明能破暗，近自銷殞，如何敢留，擾亂禪定？若不明悟，被陰所迷，則汝阿難，必爲魔子，成就魔人。如摩登伽，殊爲眇劣，彼唯咒汝，破佛律儀。八萬行中，秖毁一戒，心清淨故，尚未淪溺。此乃隳〔陳攖寧頂批　隳，壞也〕汝寶覺全身，如宰臣家，忽逢籍沒，宛轉零落，無可哀救。」

〔原頂批　辨色陰十魔。**陳攖寧頂批**　色陰十魔。身體異常：一，身能出礙；二，身內拾出蟯蛔；七，火燒刀斫無所覺；十，形體變遷。見聞異常：三，空中聞說法身；四，見一切種類皆成佛形；五，見虛空成七寶色；六，暗室見物；八，見佛國、地獄、天宮；九，中夜見遠方街市人物或聞人語。〕**「阿難當知，汝坐道場**〔有事理二種道場〕**，銷落諸念。其念若盡，則諸離**〔止〕**念**〔得元明，覺無生，滅性爲因地心。惺惺不昧，了了常知〕**，一切精明**〔觀〕**，動靜不移**〔卷六耳根圓通，「動靜二相，了然不生」〕**，憶忘如一**〔卷三意入，「覽塵斯憶，失憶爲忘」〕**。**〔動靜之境無干，憶忘之識無預。〕**當住此處**〔不昏不散。住離念精明之外〕**，入三摩地**〔依此境可入正定。**陳攖寧頂批**　若靜時有工夫，而動時無工夫，或有時記得做工夫，有時忘記做工夫，非爲正定〕**。**〔原頂批　明色陰所自處。〕**如明目人，處大幽暗**〔初得離念，尚爲色陰所覆〕**，精性妙淨，心未發光，此則名爲『色陰區宇』**〔色陰未破時〕**。**〔原頂批　陰以覆蔽爲義，故名「區宇」。**陳攖寧頂批**　區者，各別；宇者，蓋覆。〕**若目明朗**〔心光已發〕**，十方洞開，無復幽黯，名『色陰盡』**〔已破時。色陰盡相，非滅身歸無，乃觀力洞照，不爲身境色法之所迷礙耳，故曰「十方洞開」〕**，**〔**陳攖寧頂批**　破色陰，超劫濁。劫濁，色；見濁，受；煩惱濁，想；衆生濁，行；命濁，識。〕**是人則能超越劫濁。**〔色陰本從空晦暗中，結暗所成。暗色蔽錮真性，便成劫濁。此濁離色陰無體。**陳攖寧頂批**　本經卷四云：「汝見虛空，遍十方界，空見不分，有空無體，有見無覺，相織妄成，是第一重，名爲『劫濁』。」〕**觀其所由，堅固妄想，以爲其本。**〔妄想堅執根身爲外我，緣影爲內我。〕**」**

〔原頂批　一，精明於外暫徹，執之成魔。**陳攖寧頂批**　精明外溢。〕**「阿難，當在此中**〔止觀不二之中〕**，精**

研妙明〔妙體本融，由妄質成礙〕，四大不織，少選〔陳攖寧頂批　少選，即少時〕之間，身能出礙，此名精明〔心光〕流溢前境〔外無所隔〕。斯但功用，暫得如是〔定力所逼，不可長久〕，非爲聖證。不作聖心，名善境界；若作聖解，即受羣邪。」

〔原頂批　二，精明於內暫徹，執之起魔。陳攖寧頂批　精明內溢。〕「阿難，復以此心〔止觀之心〕，精研妙明，其身內徹，是人忽然於其身內，拾出蟯〔陳攖寧頂批　蟯，音「饒」，寸白蟲〕蛔，身相宛然，亦無傷毀，此名精明流溢形體。斯但精行，暫得如是，非爲聖證。不作聖心，名善境界；若作聖解，即受羣邪。」

〔原頂批　三，精明內外暫徹，執之成魔。陳攖寧頂批　精魄離合。〕「又以此心，內外精研〔初能外虛，次能內徹，此復內外精研，俱虛徹故〕，其時魂〔肝〕、魄〔肺〕、意〔脾〕、志〔膽〕、精〔腎〕、神〔心〕，除執受〔陳攖寧頂批　執受，執是「攝」義、「持」義，受是「領」義、「覺」義。攝爲自體，持令不壞，安危共同，能生苦樂等之覺受〕身，餘皆涉入，互爲賓主〔第八識皆離其本位，一爲主，餘爲賓〕，忽於空中，聞說法聲〔一處聞〕，或聞十方同敷密義〔遍處聞〕，此名精魄遞相離合，成就善種。暫得如是，非爲聖證。不作聖心，名善境界；若作聖解，即受羣邪。」

〔原頂批　四，精明靈悟暫染神光，執之成魔。陳攖寧頂批　心魂染悟。〕「又以此心，澄〔止〕露〔觀〕皎徹，內光發明，十方遍作閻浮檀色，一切種類化爲如來，於是忽見毘盧遮那〔陳攖寧頂批　毘盧遮那如來，名「遍照報身佛」，於色界頂第四禪色究竟天成等正覺。見般若理趣釋上。毘盧遮那，在密教或翻「大日」，或翻「遍照」，或翻「最高顯廣眼藏」，謂理智不二之法身佛也」，踞天光臺，千佛圍繞，百億國土，及與蓮華，俱時出現，此名心魂靈悟所染，心光研明〔心魂被靈悟所染，佛境遂於心光中發現〕，照諸世界。暫得如是，非爲聖證。不作聖心，名善境界；若作聖解，即受羣邪。〔若念佛三昧，見淨土境，心境相應，又當別論。〕」

〔原頂批　五，精明抑按，暫現諸色，執之成魔。　陳攖寧頂批　抑按逾分。〕「又以此心，精研妙明，觀察不停，抑按〔過去〕降伏〔現在〕，制止〔未來〕超越。於時忽然十方虛空，成七寶色，或百寶色，同時遍滿，不相留礙，青黃赤白，各各純現〔妙明逼極渙散，而現諸境相〕，此名抑按功力逾分。暫得如是，非爲聖證。不作聖心，名善現界；若作聖解，即受羣邪。」

〔原頂批　六，精明澄細，暫洞幽暗，執之成魔。　陳攖寧頂批　密見洞幽。〕「又以此心，研究澄徹，精光不亂〔心光凝定，明暗不移〕，忽於夜半，在暗室內見種種物，不殊白晝，而暗室物亦不除滅，此名心細，密澄其見，所視洞幽。〔此有兩解。一解謂此是實境實物，故室內物不能除滅。又一解謂，所見種種物，非空中原之物，是鬼神之物從暗中發現，而人間之物同時亦存在其間，各不相礙。〕暫得如是，非爲聖證。不作聖心，名善境界；若作聖解，即受羣邪。」

〔原頂批　七，精明虛融，暫覺遺身，執之成魔。　陳攖寧頂批　四大入純。〕「又以此心，圓入虛融，四體忽然同於草木，火燒刀斫〔陳攖寧頂批　斫，音「酌」。〕，曾無所覺，又則火光不能燒爇，縱割其肉，猶如削木，此名塵併排〔排除〕四大性一向入純。〔定力虛融，則五塵併銷，四大排遣，純覺遺身。〕暫得如是，非爲聖證。不作聖心，名善境界；　若作聖解，則受羣邪。〔四大色塵併合而排除之。〕」

〔原頂批　八，精明凝久，暫見無礙，執之成魔。　陳攖寧頂批　凝想化成。〕「又以此心，成就清淨〔凝想日深〕，淨心功極，忽見〔境隨心化〕大地十方山河，皆成佛國，具足七寶，光明遍滿。又見恒沙諸佛如來，遍滿空界。樓殿華麗，下見地獄，上觀天宮，得無障礙。此名欣厭凝想日深，想久化成，非爲聖證。不作聖心，名善境界；　若作聖解，即受羣邪。」〔陳攖寧頂批　問：「如現佛菩薩像，說甚深法，或是宿世善根所發，云何揀別定其邪正？」答：「此事甚難。若是魔所作，誤認善相，而心生取著，則墮邪網。若實善根所發，誤爲魔事，心疑捨離，則退善根。當於初發相時，深入定中，不取不捨，安住平等。若是善根，定力愈深，善根愈顯。若是魔爲，不久自隱。第二，依本修觀禪，仍舊進修。境界增明，則非僞；漸漸滅者，知是邪。第三，以智慧觀所發相，深達空寂，心不住著，邪當自滅，正當自現。如燒真金，益增光彩；若是僞金，即變壞矣。」〕

〔原頂批　九，精明迫越，暫能隔見，執之成魔。　陳攖寧頂批　逼極心飛。〕「又以此心，研究深遠，忽於中夜，遙見遠方，市井街巷，親族眷屬，或聞其語，此名迫心〔用功過切〕逼極飛出，故多隔見〔雖障隔能見〕，非爲聖證。不作聖心，名善境界；　若作聖解，即受羣邪。」

〔原頂批　十，色盡受現，精明內含魔種，暫現魔眾，執之成魔。　陳攖寧頂批　含受魑魅。〕「又以此心，研究精極〔窮其精而至於極〕，見善知識形體變移〔謂行人自己在靜定中所見〕，少選無端，種種遷改，此名邪心含受魑魅，或遭天魔入其心腹，無端說法，通達妙義，非爲聖證。不作聖心，魔心銷歇；若作聖解，即受羣邪。」（原頂批　總色陰十魔當辨。　陳攖寧頂批　色陰通結。以上所現十境，皆是行人自己禪觀，與堅固妄想交攻互戰，或勝或負，故現斯境。每一善境現，即是觀力勝妄想；若有所貪愛，即是妄想勝觀力。）「阿難，如是十種禪那現境，皆是色陰用心交互（色陰與止觀之心彼此交戰），故現斯事。衆生頑迷，不自忖量，逢此因緣，迷不目識，謂言登聖，大妄語成，墮無間獄。汝等當依如來滅後於末法中宣示斯義，無令天魔得其方便，保持覆護，成無上道。」

（原頂批　辨受陰十魔。）「阿難，彼善男子，修三摩提，奢摩他中，色陰盡者，見諸佛心（妙覺明心，觀中顯露），如明鏡中，顯現其像（色陰盡），若有所得（領納之身心未忘）而未能用（爲受陰所覆）。猶如魔人，手足宛然，見聞不惑，心觸客邪而不能動。此則名爲『受陰區宇』。（原頂批　明受陰所自起。　陳攖寧頂批　本經卷四云：「汝身現摶四大爲體，見聞覺知，壅令留礙，水火風土，旋令覺知，相織妄成，是第二重，名爲『見濁』。」）若魔咎歇（受陰已破），其心離身（如仙家之出神），返觀其面，去住自由，無復留礙，名『受陰盡』。是人則能超越見濁。（受陰爲身見之本，身見又爲諸見之本，受盡離身，身見解脫，得超見濁。　陳攖寧頂批　破受陰，超見濁。）觀其所由，虛明妄想，以爲其本。」（見濁依六根得名，受以根塵相偶，領納爲義。今受陰盡，則於根塵無所領納，故超之也。因違順之幻境，生損益之妄受，則受陰無體，虛有所明，故曰

「虛明妄想」。〕

〔原頂批　一，由功用自抑過分，而致悲魔。　陳攖寧頂批　過抑生悲。悲、狂、憶、知足、憂愁、喜樂、我慢、好清輕、空、欲，受陰十魔，皆是心病，與色陰十魔不同，故曰「入其心腑」。「入」即「受」之義。以下十魔皆同。〕「阿難，彼善男子，當在此中，得大光耀〔在受陰定中，十方洞開，無復幽暗〕，其心發明〔如受陰爲咎〕，內抑過分，忽於其處，發無窮悲。如是乃至觀見蚊蝱〔陳攖寧頂批　蝱，同「虻」，飛蟲，大寸許〕，猶如赤子，心生憐愍，不覺流淚，此名『功用抑摧過越』。悟則無咎，非爲聖證；覺了不迷，久自銷歇。若作聖解，則有悲魔入其心腑，見人則悲，啼泣無限，失去正受，當從淪墜。」

〔原頂批　二，由功用自勝過分，而致狂魔。　陳攖寧頂批　過激生狂。〕「阿難，又彼定中諸善男子，見色陰銷，受陰明白〔心地明白〕，勝相現前〔色盡受明〕，感激過分，忽於其中，生無限勇，其心猛利，志齊諸佛，謂三僧祇〔即三大阿僧祇劫。無量數之長久時間。　陳攖寧頂批　十信、十住、十行、十回向，爲第一阿僧祇劫；初地至七地，爲第二阿僧祇劫；八地至十地，爲第三阿僧劫〕，一念能越，此名『功用陵〔陵蔑〕率〔輕率〕過越』。悟則無咎，非爲聖證；覺了不迷，久自銷歇。若作聖解，則有狂魔入其心腑，見人則誇，我慢無比，其心乃至上不見佛、下不見人，失於正受，當從淪墜。」

〔原頂批　三，由功用無依過憶，而致憶魔。　陳攖寧頂批　智衰困憶。無慧自失。〕「又彼定中諸善男子，見色陰銷，受陰明白，前無新證〔受陰未破〕，歸失故居〔色陰已消〕，智力衰微〔定力勝過智力〕，入中墮地，迴無所見，心中忽然生大枯渴，於一切時，沉憶不散〔無智照故〕，將此以為勤精進相，此名『修心無慧自失』。悟則無咎，非為聖證。若作聖解，則有憶魔入其心腑，旦夕撮心，懸在一處，失於正受，當從淪墜。」

〔原頂批　四，由功過猛易足，而致易足魔。　陳攖寧頂批　慧勝易足。忘失恒審。〕「又彼定中諸善男子，見色陰銷，受陰明白，慧力過定，失於猛利，以諸勝性，懷於心中，自心已疑，是盧舍那〔即毘盧遮那佛。或謂毘盧遮那為法身佛，盧舍那為報身佛。　陳攖寧頂批　法身、報身、化身：小乘以戒、定、慧解脫，解脫知見之五品功德，為法身；王宮所生相好之形，為報身；為化眾生，示現佛形，為應身；示現種種六道之形，為化身〕，得少為足，此名『用心忘失恒〔常〕審〔推求。　陳攖寧頂批　審，安定也。莊子徐無鬼篇：「水之守土也審，影之守人也審，物之守物也審。」忘失恒審，即忘失定功之意〕』，溺於知見〔執性廢修〕。悟則無咎，非為聖證。若作聖解，則有下劣易知足魔入其心腑，見人自言『我得無上第一義諦』，失於正受，當從淪墜。」

〔原頂批　五，由功用失守自憂而致憂魔。　陳攖寧頂批　艱險生憂。失於方便。〕「又彼定中諸善男子，見色陰銷，受陰明白，新證未獲，故心已亡，歷覽二際〔前後際〕，自生艱險，於心忽然生無盡憂，如坐鐵床，如飲毒藥，心不欲活，常求於人，令害其命，早取解脫，此名『修行失於方便』。悟則無咎，非為聖證。若作聖解，則有一分常憂愁魔入其心腑，手執刀劍，自割其肉，欣其捨壽，或常憂愁，走入山林，不耐見人，失於正受，當從淪墜。」

〔原頂批　六，由自喜而致喜魔。　陳攖寧頂批　輕安成喜。無慧自禁。〕「又彼定中諸善男子，見色陰銷，受陰明白，處清淨中，心安隱後〔陳攖寧頂批　安隱，即「安穩」。「穩」「隱」二字相通〕，忽然自有無限喜生，心中歡悅，不能自止，此名『輕安無慧自禁』〔此有二解。一解，歡悅不能自止，由於無慧；二解，因無慧故，自以爲是而不求前進〕。悟則無咎，非爲聖證。若作聖解，則有一分好喜樂魔入其心腑，見人則笑，於衢〔陳攖寧頂批　衢，四出之路〕路傍，自歌自舞，自謂已得無礙解脫，失於正受，當從淪墜。」

〔原頂批　七，由自慢而致慢魔。　陳攖寧頂批　見勝成慢。無慧自救。〕「又彼定中諸善男子，見色陰銷，受陰明白，自謂已足，忽有無端大我慢起〔恃己凌他〕，如是乃至慢〔同德相傲〕與過慢〔於同爭勝〕及慢過慢〔於勝爭勝〕，或增上慢〔未得謂得〕，或卑劣慢〔以劣自矜〕，一時俱發〔諸慢俱發〕，心中尚輕十方如來，何況下位聲聞緣覺，此名『見勝無慧自救』。悟則無咎，非爲聖證。若作聖解，則有一分大我慢魔入其心腑，不禮塔廟，摧毀經像，謂檀越言，此是金銅，或是土木，經是樹葉，或是㲲〔陳攖寧頂批　㲲，音「迭」，細毛布〕華〔陳攖寧頂批　華，疑原是「樺」字〕。肉身真常，不自恭敬，却崇土木，實爲顛倒。其深信者，從其毀碎，埋棄地中，疑誤衆生，入無間獄，失於正受，當從淪墜。」〔陳攖寧頂批　七慢：一，慢。即同類相傲，於相似法中執己相似，於下劣中執己爲勝。又解，於劣而謂己勝、於等而謂己著者，是於境雖稱而以以心高舉，故名爲「慢」也。二，過慢。如同類相似法中，執己爲勝，或信他人勝於己處，執爲相似。又解，於等而謂己勝、於勝而謂己等者。三，慢過慢。即於勝爭勝，如他本勝於己，而執己爲勝。又解，於他勝中而謂己更勝。四，我慢。即恃己之所能，欺凌於他。又解，執有我有我所有而使心高舉者。五，增上慢。即未得謂得。未得上聖之法，自謂已得；未證上聖之理，自謂已證。又解，未證得聖道，自謂已證得者。六，卑劣慢。即以劣自誇，如己但有少分之能，反自矜誇，以爲彼多分之能不及我。又解，於他多分勝中，而謂己少分劣者。七，邪慢。無德妄謂有德，執著邪見。又解，成就惡行，恃惡高舉。」

〔陳攖寧頂批　八，輕清自滿。好輕清魔。〕「又彼定中諸善男子，見色陰銷，受陰明白，於精明中，玄〔圓。纂註、宗通、直解皆作「圓」字〕悟精理，得大隨順，其心忽生無量輕安，己言成聖得大自在，此名『因慧獲諸輕清』。悟則無咎，非爲聖證。若作聖解，則有一分好輕清魔入其心腑，自謂滿足，更不求進。此等多作無聞比丘，疑誤眾生，墮阿鼻獄，失於正受，當從淪墜。」

〔原頂批　九，由虛明向滅以空而致空魔。陳攖寧頂批　著空破戒。〕「又彼定中諸善男子，見色陰銷，受陰明白，於明悟中，得虛明性，其中忽然歸向永滅，撥〔陳攖寧頂批　撥，主張〕無因果，一向入空，空心現前，乃至心生長斷滅解。悟則無咎，非爲聖證。若作聖解，則有空魔入其心腑，乃謗持戒，名爲小乘。菩薩悟空，有何持犯〔持戒犯戒〕？其人常於信心檀越，飲酒噉肉，廣行婬穢，因魔力故，攝其前人〔即信徒〕，不生疑謗，鬼心久入，或食屎尿〔陳攖寧頂批　屎尿，音「矢嬲」〕，與酒肉等，一種俱空〔即一切皆空〕，破佛律儀，識入人罪〔因自誤而又誤人〕，失於正受，當從淪墜。」

〔原頂批　十，由虛明生愛以欲而致欲魔。〕〔陳攖寧頂批　愛極成欲。無慧自持。〕

「又彼定中諸善男子，見色陰銷，受陰明白，味其虛明，深入心骨，其心忽有無限愛生，愛極發狂，便爲貪欲。此名『定境安順入心，無慧自持，誤入諸欲』。悟則無咎，非爲聖證。若作聖解，則有欲魔入其心腑，一向說欲爲菩提道，化諸白衣，平等行欲。其行婬者，名持法子，神鬼力故，於末世中，攝其凡愚，其數至百，如是乃至一百二百，或五六百，多滿千萬，魔心生厭，離其身體。威德既無，陷於王難，疑誤眾生，入無間獄，失於正受，當從淪墜。」

〔陳攖寧頂批　受以領納爲義，眾生無始以來，無明覆心，煩惱障意，不了諸法如幻，於違順等境，念念取著，發生苦、樂、憂、喜、捨等受，積集喜、怒、哀、懼、愛、惡、欲七情種子於第八藏識中，今被定力所逼，忽起現行，正是魔佛交戰之時，若能覺悟，不生取捨，魔境自消。故於十境皆云「悟則無咎，若作聖解，則魔得其便矣」。咎在定慧不均。見惑是受陰根本，故前十種，皆言「見色陰銷」；思惑是想陰根本，故下十種皆由貪愛而起。〕

〔原頂批　總申受陰十魔當辨。〕〔陳攖寧頂批　受陰十魔：一，內抑過分，悲魔入心；二，感激過分，狂魔入心；三，無慧自失，憶魔入心；四，忘失恒審，知足魔入心；五，失於方便，憂愁魔入心；六，無慧自禁，喜魔入心；七，無慧自救，我慢魔入心；八，因慧自滿，輕清魔入心；九，生斷滅解，空魔入心；十，無慧自持，欲魔入心。〕

「阿難，如是十種禪那現境，皆是受陰用心交互，故現斯事。眾生頑迷，不自忖量，逢此因緣，迷不自識，謂言登聖。大妄語成，墮無間獄。汝等亦當將如來語，於我滅後，傳示末法，遍令眾生，開悟斯義，無令天魔得其方便，保持覆護，成無上道。」

〔原頂批　辨想陰十魔。〕**「阿難，彼善男子，修三摩提，受陰盡者，雖未漏盡，心離其形，如鳥出籠**〔即前文所謂：「其心離身，返觀其面，去住自由，無復留礙。」末脫根塵，爲根塵所礙，如鳥在籠；根塵銷落，寄根明發，如鳥出籠〕，**已能成就。**〔原頂批　明想陰所自來。〕**從是凡身上歷菩薩六十聖位**〔陳攖寧頂批　六十聖位：三種漸次、乾慧地、十信、十住、十行、十回向、四種加行、十地、等覺、妙覺〕，**得意生身**〔摩奴末耶，諸佛菩薩及諸天等從自意化生之身。陳攖寧頂批　意生身：「佛告大慧：『有三種意生身。云何爲三？所謂三昧樂正受意生身，覺法自性性意生身，種類俱生無行作意生身。修行者了知，初地上增進相，得三種身。大慧，云何三昧樂正受意生身？謂第三、第四、第五地三昧樂正受故，種種自心寂靜，安住心海，起浪識相不生，知自心現境界性非性，是名三昧樂正受意生身。大慧，云何覺法自性性意生身？謂第八地觀察覺了，如幻等法悉無所有，身心轉變，得如幻三昧及餘三昧門，無量相力自在明，如妙華莊嚴，迅疾如意，猶如幻夢、水月、鏡像，非造非所造，如造所造，一切色種種支分具足莊嚴，隨入一切佛刹大眾，通達自性法故，是名覺法自性性意生身。大慧，云何種類俱生無行作意生身？所謂覺一切佛法緣自得樂相，是名種類俱生無行作意生身。大慧，於彼三種身相觀察覺了，應當修學。』」（以上見四卷楞伽經第三卷一切佛語心品之三，宋天竺三藏求那跋陀羅譯。）「佛告大慧：『有三種意生身。何等爲三？一者，得三昧樂三摩跋提意生身；二者，如實覺知諸法相意生身；三者，種類生無作行意生身。菩薩從於初地如實修行，得上上地證智之相。大慧，何者菩薩摩訶薩得三昧樂三摩跋提意生身？謂第三、第四、第五地中，自心寂靜，行種種行，大海心波轉識之相三摩跋提樂，名意識生，以見自心境界故，如實知有無相。大慧，是名意生身相。大慧，何者如實覺知諸法相意生身？謂菩薩摩訶薩於八地中觀察覺了，得諸法無相，如幻等法悉無所有，身心轉變，得如幻三昧及餘無量三摩跋提樂門，無量相力自在神通，妙華莊嚴，迅疾如意，猶如幻夢、水中月、鏡中像，非四大生，似四大相，具足身分，一切修行，得如意自在，隨入諸佛國土大眾。大慧，是名如實覺知諸法相意生身。大慧，何者種類生無作行意生身？謂自身內證一切諸法，如實樂相法相樂故。大慧，是名種類生無作行意生身。大慧，汝當於彼三種身相觀察了知。』」（以上見十卷楞伽經第五卷佛心品第四，元魏天竺三藏菩提流支譯。）「佛言：『大慧，意成身有三種。何者爲三？謂入三昧樂意成身、覺法自性意成身、種類俱生無作行意成身。諸修行者，入初地已，漸次證得。大慧，云何入三昧樂意成身？謂三、四、五地，入於三昧，離種種心，寂然不動，心海不起轉識波浪，了境心現，皆無所有，是名入三昧樂意成身。云何覺法自性意成身？謂八地中了法如幻，皆無有相，心轉所依住如幻定，及餘三昧，能現無量自在神通，如花開敷，速疾如意，如幻如夢，如影如像，非造所造，與造相似，一切色相具足莊嚴，普入佛剎，了諸法性，是名覺法自性意成身。云何種類俱生無作行意成身？謂了達諸佛，自證法相，是名種類俱生無作行意成身。大慧，三種身相，當勤觀察。』」（以上見七卷楞伽經第四卷無常品第三，大唐三藏實叉難陀譯。）」**，隨往無礙。譬如有人熟寐寱**〔囈。**陳攖寧頂批** 寱，音「意」，亦作「囈」。〕**言，是人雖則無別所知，其言已成音韻倫**〔序〕**次，令不寐者，咸悟其語，此則名爲『想陰區宇』。**〔**陳攖寧頂批** 破想陰，超煩惱濁。〕**若動念盡，浮想銷除，於覺明心，如去塵垢**〔浮想〕**，一倫生死，首尾圓照，名『想陰盡』。**〔**陳攖寧頂批** 倫，類也。一倫生死，謂生死不二。另有一解，謂三界一類分段生死，皆能知其生從何來、死從何去，故曰「首尾圓照」。〕**是人則能超煩惱濁。**〔想陰爲煩惱根本。**陳攖寧頂批** 本經卷四云：「又汝心中，憶識誦習，性發知見，容現六塵，離塵無相，離覺無性，相織妄成，是第三重，名『煩惱濁』。」「又汝朝夕生滅不停，知見每欲留於世間，業運每常遷於國土，相織妄成，是第四重，名『眾生濁』。」「汝等見聞，元無異性，眾塵隔越，無狀異生，性中相知，用中相背，同異失準，相織妄成，是第五重，名爲『命濁』。」〕**觀其所由，融通妄想以爲其本。」**〔**陳攖寧頂批** 色陰十魔，乃自己身體或見聞有異乎尋常；受陰十魔，乃自己知解上的病態； 想陰十魔，皆以心愛貪求而召外魔； 行陰十魔，皆以妄生計度而成外道； 識陰十魔，皆以妄生勝解而墮妄執。受陰盡者，已得歷聖位，何故下文說墮無間獄？ 蓋別教經劫歷位，尅定取證，一證即無墮落，圓頓不歷僧祇，一超直入，中間更不取證，直以初住爲第一峯頭，方名不退。 今言從是凡夫上歷聖位，但是歷過，非一一取證也。 在識陰未破以前，未入圓通，故不能保無墮。〕

〔原頂批　一，以食求善巧，而遭善巧魔。〕「阿難，彼善男子，受陰虛妙〔心離其形，得意生身。 去住自由，隨往無礙〕，不遭邪慮〔無受魔〕，圓定發明〔在想陰定中，受陰已破，見惑銷，於前塵不起分別〕。 三摩地中，心愛圓明，銳其精思，貪求善巧。〔想陰未盡，於覺明心猶有塵垢，未得圓明，故於圓明境，心生愛樂。 陳攖寧頂批　因虛妙生愛，思於圓明之體，以發善巧之用。〕爾時天魔候得其便，飛精附人〔速遣精靈附他人之身〕，口說經法，其人〔即所附之人〕不覺是其魔著，自言謂得無上涅槃，來彼求巧善男子處，敷座說法。 其形斯須或作比丘，令彼人見。 或爲帝釋，或爲婦女，或比丘尼，或寢暗室，身有光明。 是人〔行人〕愚迷，惑爲菩薩，信其教化，搖蕩其心，破佛律儀，潛行貪欲。 口中好言〔魔附之人所說法〕災祥變異，或言如來某處出世，或言劫火，或說刀兵，恐怖於人，令其家資無故耗散。 此名『怪鬼』〔即貪習爲因，遇物成形之鬼，被天魔所使以惑人者〕，年老成魔，惱亂是人〔求巧之人〕。 厭足心生，去彼人體〔魔所附之人〕，弟子〔即求巧者〕與師〔即說法者〕，俱陷王難。 汝當先覺，不入輪迴。 迷惑不知，墮無間獄。」

〔原頂批　二，以貪求遊蕩，而召遊蕩魔。〕「阿難，又善男子，受有虛妙，不遭邪慮，圓定發明，三摩地中，心愛遊蕩，飛其精思，貪求經歷。〔陳攖寧頂批　行人若悟惟心妙理，則無邊刹土，不隔毫端，不動道場，周遊法界，何須起貪求遊歷之想？〕爾時天魔候得其便，飛精附人，口説經法，其人亦不覺知魔著，亦言自得無上涅槃，來彼求遊善男子處，敷座説法，自形無變〔不自己變形，而使他人變化莊嚴之身〕。其聽法者，忽自見身坐寶蓮華，全體化成紫金光聚，一衆聽人，各各如是，得未曾有。是人〔即心愛遊蕩之修行人〕愚迷，惑爲菩薩，婬逸其心，破佛律儀，潛行貪欲。口中好言諸佛應世，某處某人當是某佛化身來此，某人即是某菩薩等來化人間，其人見故，心生傾渴，邪見密興，種智銷滅。此名『魃鬼』〔婬習爲因，遇風成形之鬼〕，年老成魔，惱亂是人。厭足心生，去彼人體，弟子與師，俱陷王難。汝當先覺，不入輪迴。迷惑不知，墮無間獄。」

〔原頂批　三，以貪求契悟，而召契悟魔。〕「又善男子，受陰虛妙〔受陰已盡故〕，不遭邪慮〔已無受陰中各種心病〕，圓定發明〔受陰破，見惑銷，於諸前塵不起分別〕，三摩地中，心愛綿〔密〕溜〔合〕，澄其精思，貪求契合〔謂以此心上契諸佛，下合衆生〕。〔陳攖寧頂批　本經卷六觀音耳根圓通章云：「忽然超越，世出世間，十方圓明，獲二殊勝。一者，上合十方諸佛，本妙覺心，與佛如來同一慈力；二者，下合十方一切六道衆生，與諸衆生同一悲仰。」此乃證得者，非貪求所能得。〕爾時天魔候得其便，飛精附人，口説經法，其人實不覺知魔著，亦言自得無上涅槃，來彼求合善男子處，敷座説法，其形及彼聽法之人，外無遷變，令其聽者未聞法前，心自開悟，念念移易〔轉變不同〕，或得宿命，或有他心〔他心通〕，或見地獄，或知人間好惡諸事，或口說偈，或自誦經，各各歡娛，得未曾有。是人愚迷，惑爲菩薩，綿愛其心，破佛律儀，潛行貪欲。口中好言佛有大小，某佛先佛，某佛後佛，其中亦有真佛假佛、男佛女佛，菩薩亦然。其人見故，洗滌本心〔喪失正定之心〕，易入邪悟。此名『魅鬼』〔詐習爲因，遇畜成形之鬼〕，年老成魔，惱亂是人。厭足心生，去彼人體，弟子與師，俱陷王難。汝當先覺，不入輪迴。迷惑不知，墮無間獄。」

〔原頂批　四，以貪析化元而致析元魔。〕「又善男子，受陰虛妙，不遭邪慮，圓定發明，三摩地中，心愛根本〔萬物之根本〕，窮覽物化，性之終始，精爽〔精神清爽〕其心，貪求辨析。〔陳攖寧頂批　三界唯心，萬法唯識，若能識心達本，則世法、出世法，無不了其元由。今不求諸心，而求諸物，故魔得其便。〕爾時天魔候得其便，飛精附人，口說經法，其人先不覺知魔著，亦言自得無上涅槃，來彼求元〔根源〕善男子處，敷座說法，身有威神，摧伏求者，令其座下，雖未聞法，自然心伏。是諸人等，將佛涅槃菩提法身，即是現前我肉身上〔認肉身爲法身〕，父父子子，遞代相生，即是法身，常住不絕〔以幻生爲常住〕，都指現在，即爲佛國〔人間即是佛國〕，無別淨居及金色相〔別無淨土及報身佛〕。其人信受，忘失先心，身命歸依，得未曾有。是等愚迷，惑爲菩薩，推究其心，破佛律儀，潛行貪欲。〔陳攖寧頂批　潛行貪欲。〕口中好言眼耳鼻舌皆爲淨土，男女二根即是涅槃真處。彼無知者，信是穢言。此名『蠱毒魘勝惡鬼』，年老成魔，惱亂是人。厭足心生，去彼人體，弟子與師，俱陷王難。汝當先覺，不入輪迴。迷惑不知，墮無間獄。」

〔原頂批　五，以貪求冥感而致冥感魔。〕「又善男子，受陰虛妙，不遭邪慮，圓定發明，三摩地中，心受懸應，周流精研，貪求冥感。〔陳攖寧頂批　懸應在聖，冥感在己。〕爾時天魔候得其便，飛精附人，口說經法，其人元不覺知魔著，亦言自得無上涅槃，來彼求應善男子處，敷座說法，能令聽眾暫見其身。如千百歲〔壽者相〕，心生愛染，不能捨離；身爲奴僕，四事〔衣、食、住、藥〕供養，不覺疲勞。各各令其座下人心，知是先師本善知識，別生法愛，黏如膠漆，得未曾有。是人愚迷，惑爲菩薩，親近其心，破佛律儀，潛行貪欲。〔陳攖寧頂批　潛行貪欲。〕口中好言我於前世於某生中先度某人，當時是我妻妾兄弟，今來相度，與汝相隨，歸某世界，供養某佛；或言別有大光明天，佛於中住，一切如來所休居地。彼無知者，信是虛誑，遺失本心。此名『厲鬼』〔怨習爲因，遇衰成形之鬼〕，年老成魔，惱亂是人。厭足心生，去彼人體，弟子與師，俱陷王難。汝當先覺，不入輪迴。迷惑不知，墮無間獄。」

〔原頂批　六，以貪求深知而致深知魔。陳攖寧頂批　楞嚴直解將下第七章「貪求宿命」一段移在此處，將此處「貪求靜謐」一段移到第七之首，比較合理。〕「又善男子，受陰虛妙，不遭邪慮，圓定發明，三摩地中，心愛深入，克己辛勤，樂處陰寂，貪求靜謐〔陳攖寧頂批　謐，音「密」〕。爾時天魔候得其便，飛精附人，口說經法，其人本不覺知魔著，亦言自得無上涅槃，來彼求陰善男子處，敷座說法，令其聽人各知本業〔即夙業〕。或於其處語一人言，汝今未死，已作畜生，敕使一人，於後蹋尾，頓令其人，起不能得，於是一眾傾心欽伏。有人起心，已知其肇〔似有他心通〕，佛律儀外，重加精苦〔在佛律儀之外，另立不合情理之苦行。陳攖寧頂批　重加精苦。〕，誹謗比丘，罵詈徒眾，訐〔陳攖寧頂批　訐，音「結」〕露人事，不避譏嫌。口中好言未然禍福，及至其時，毫髮無失。此『大力鬼』，年老成魔，惱亂是人。厭足心生，去彼人體，弟子與師，俱陷王難。汝當先覺，不入輪迴。迷惑不知，墮無間獄。」

〔原頂批　七，以貪求異知而召異知魔。〕「又善男子，受陰虛妙，不遭邪慮，圓定發明，三摩地中，心愛知見，勤苦研尋，貪求宿命。爾時天魔候得其便，飛精附人，口說經法，其人殊不覺知魔著，亦言自得無上涅槃，來彼求知善男子處，敷座說法。是人無端，於說法處得大寶珠，其魔或時化為畜生，口銜其珠，及雜珍寶，簡策符牘〔陳攖寧頂批　簡，竹上書字；策，連編諸簡，乃名為「策」，又與「冊」通；符，符籙之類；牘，木上書字〕，諸奇異物，先授彼人，後著其體。或誘聽人，藏於地下，有明月珠，照耀其處。是諸聽者，得未曾有，多食藥草，不餐嘉饌，或時日餐一麻一麥，其形肥充，魔力持故。誹謗比丘，罵詈徒眾，不避譏嫌，口中好言他方寶藏、十方聖賢潛匿之處，隨其後者，往往見有奇異之人。此名『山林土地城隍川嶽鬼神』，年老成魔。或有宣婬，破佛戒律，與承事者，潛行五欲〔色、聲、香、味、觸〕；或有精進，純食草木，無定行事〔無一定之方式〕，惱亂是人。厭足心生，去彼人體，弟子與師，多陷王難。汝當先覺，不入輪迴。迷惑不知，墮無間獄。」

〔原頂批　八，以貪取神變而致神變魔。〕「又善男子，受陰虛妙，不遭邪慮，圓定發明，三摩地中，心愛神通，種種變化，研究化元〔萬化之本元〕，貪取神力。爾時天魔候得其便，飛精附人，口說經法，其人誠不覺知魔著，亦言自得無上涅槃，來彼求通善男子處，敷座說法。是人或復手執火光，手撮其光，分於所聽四眾頭上。是諸聽人，頂上火光，皆長數尺，亦無熱性，曾不焚燒。或水上行，如履平地；或於空中，安坐不動；或入瓶內，或處囊中，越牖透垣，曾無障礙。唯於刀兵，不得自在。自言是佛，身著白衣，受比丘禮，誹謗禪律，罵詈徒眾，訐露人事，不避譏嫌。口中常說神通自在，或復令人傍見佛土，鬼力惑人，非有真實。讚歎行婬，不毀麤行，將諸猥媟〔陳攖寧頂批　媟，同「褻」〕，以爲傳法。〔陳攖寧頂批　讚歎行婬。〕此名『天地大力山精、海精、風精、河精、土精、一切草木積劫精魅』。或復龍魅，或壽終仙，再活爲魅。或仙期終，計年應死，其形不化，他怪所附，年老成魔，惱亂是人。厭足心生，去彼人體，弟子與師，多陷王難。汝當先覺，不入輪迴。迷惑不知，墮無間獄。」

〔原頂批　九，以貪求深空而致深空魔。〕「又善男子，受陰虛妙，不遭邪慮，圓定發明，三摩地中，心愛入滅，研究化性，貪求深空。爾時天魔候得其便，飛精附人，口說經法，其人終不覺知魔著，亦言自得無上涅槃，來彼求空善男子處，敷座說法。於大眾內，其形忽空，眾無所見，還從虛空，突然而出，存沒自在。或現其身，洞如瑠璃；或垂手足，作旃檀氣；或大小便，如厚石蜜。誹毀戒律，輕賤出家。口中常說，無因無果，一死永滅，無復後身，及諸凡聖，雖得空寂，潛行貪欲。〔陳攖寧頂批　潛行貪欲。〕受其欲者，亦得空心，撥無因果〔即空心〕。此名『日月薄〔陳攖寧頂批　薄，逼迫〕蝕〔陳攖寧頂批　蝕，虧損〕精氣、金玉芝草、麟鳳龜鶴經千萬年不死爲靈出生國土』，年老成魔，惱亂是人。厭足心生，去彼人體，弟子與師，多陷王難。汝當先覺，不入輪迴。迷惑不知，墮無間獄。」

〔原頂批　十，以貪求變易而致變易魔。　陳攖寧頂批　想陰十魔所由來：一，心愛圓明，貪求善巧；二，心愛遊蕩，貪求經歷；三，心愛綿㴱，貪求契合；四，心愛根本，貪求辨析；五，心愛懸應，貪求冥感；六，心愛深入，貪求靜謐；七，心愛知見，貪求宿命；八，心愛神通，貪取神力；九，心愛入滅，貪求深空；十，心愛長壽，貪求永歲。〕

「又善男子，受陰虛妙，不遭邪慮，圓定發明，三摩地中，心愛長壽，辛苦研幾〔微〕，貪求永歲，棄分段生，頓希變易細相〔即所謂意生身〕常住〔變易身乃三乘聖人於界外淨土所受之正報〕。〔陳攖寧頂批　常住真心，元無生滅，以見思惑，故有三界內分段生死；以無明惑，故有三界外變易生死。二惑若除，即超二種生死，而證涅槃。今不斷惑復真，遽欲棄分段粗身之短命，而希變易細相之長年，故魔得其便。分段生死：「諸有漏善不善業，由煩惱障助緣所感之三界六道果報也，其身果報有分分段段之差異，故曰『分段』。具見思惑之一切凡夫是也。」不思議變易生死：「諸無漏之善業，依所知障助緣所感之界外淨土果報也，爲斷見思惑之阿羅漢以上聖者之生死。不思議者，以常用之神妙不測而名；　變易者，無色形之勝劣、壽期之短長，但迷想漸滅，證悟漸增。此迷悟之遷移，謂之『變易』。」以上天台宗說。「聖者改易分段之身，而得不可思議殊妙之好身，故曰『變易』。」法相宗說。「心神念念相傳而前後變易，故名『變易』。又諸聖所得之法身，神化自在，能變能易，故名『變易』。」以上三論宗說。唯識論八云：「三界粗異熟果，身命短長，隨因緣力，有定齊限，故名『分段』。……殊勝細異熟果，由悲願力，故轉身命，無定齊限，故名『變易』；或名『意生身』，隨意願成就故；亦名『變化身』，無漏定力，轉令異本，如變化故。」」爾時天魔候得其便，飛精附人，口說經法，其人竟不覺知魔著，亦言自得無上涅槃，來彼求生善男子處，敷座說法。好言他方往還無滯，或經萬里，瞬息再來，皆於彼方取得其物；或於一處，在一宅中，數步之間，令其從東詣至西壁，是人急行，累年不到，因此心信，疑佛現前。口中常說『十方眾生皆是吾子，我生諸佛，我出世界，我是元佛，出世自然，不因修得』。此名『住世自在天魔』。使其眷屬，如遮文茶〔即起尸鬼，或名役使鬼。舊云「嫉妬女」，又曰「怒神」〕及四天王〔此等魔鬼隸屬於四天王管轄之下〕、毘舍童子〔即毘舍遮鬼，噉精氣鬼也〕，未發心者〔已發心則護人，未發心者則害人〕，利其虛明，食彼精氣。或不因師〔魔不附人〕，其修行人，親自觀見，稱執金剛，與汝長命，現美女身，盛行貪欲。未踰年歲，肝腦枯竭，口兼獨言〔行人與魔對話時，他人不聞，只聽行人獨言〕，聽若妖魅。前人未詳，多陷王難，未及遇刑，先已乾死，惱亂彼人，以至殂殞。汝當先覺，不入輪迴。迷惑不知，墮無間獄。」

「阿難當知，是十種魔，於末世時，在我法中，出家修道，或附人體〔附於出家人體〕，或自現形〔自現出家之形〕，皆言已成正遍知覺，讚歎婬欲，破佛律儀，先惡魔師，與魔弟子，婬婬相傳。如是邪精，魅其心腑，近則九生〔陳攖寧頂批 九生，九百年〕，多踰百世〔陳攖寧頂批 百世，三千年〕，令真修行，總爲魔眷，命終之後，必爲魔民，失正遍知，墮無間獄。汝今未須〔不必〕先取寂滅，縱得無學，留願入彼末法之中，起大慈悲，救度正心深信衆生，令不著魔，得正知見。我今度汝，已出生死。汝遵佛語，名報佛恩。阿難，如是十種禪那現境，皆是想陰用心交互，故現斯事。衆生頑迷，不自忖量，逢此因緣，迷不自識，謂言得聖，大妄語成，墮無間獄。汝等必須將如來語，於我滅後，傳示末法，遍令衆生開悟斯義，無令天魔得其方便，保持覆護，成無上道。」

大佛頂如來密因修證了義諸菩薩萬行首楞嚴經卷第九音釋

岐　音「奇」。

貶　筆歛切。

特伽羅　梵語也，華言「數取趣」。

凭　音「憑」。

勗　音「旭」，勉也。

湣 音「泯」，合也。

坼 丑格切。

眇 眉治切。

蟯 音「僥」。

蛔 音「回」。

踞 音「據」。

寱 音「藝」。

謐 音「密」。

訐 居謁切。

猥 烏罪切。

媟 音「洩」。

薄 音「博」。

蝕 音「食」。

遮文茶 鬼名。

毘舍童子 梵語也，華言「食精氣」。

銳 似芮切。

大佛頂如來密因修證了義諸菩薩萬行首楞嚴經卷第十

陳攖寧頂批　轉第六識成妙觀察智；　轉第七識成平等性智；　轉第八識成大圓鏡智。

〔原頂批　辨行陰十魔。〕「阿難，彼善男子，修三摩提，想陰盡者，〔原頂批　明行陰所自起。〕是人平常夢想銷滅，寤寐恒一，覺明虛靜，猶如晴空，無復麤重前塵影事。〔陳攖寧頂批　晝想夜夢，皆獨頭意識爲主。獨頭者，謂不與其他五識俱起。〕觀諸世間大地山河，如鏡〔想爲能緣，境爲所緣，想陰既空，前境自寂，終日緣境而無所住，故如鏡〕鑑明，來無所黏〔陳攖寧頂批　黏，泥炎切，同「粘」〕，過無蹤跡，虛受照應，了〔畢竟〕罔〔無〕陳習，唯一精真〔八識〕，生滅根元〔行陰之本〕，從此披露，見諸十方十二衆生，畢殫〔盡〕其類。〔粗重既滅，幽隱者露，故知三界生死根元，非關意識，皆是八識中含藏無量劫來之種子。故曰：「陀那微細識，習氣成暴流。」既見此根元，故能盡見十二類衆生，皆由此而生生滅滅。〕雖未通其各命由〔識也〕緒，見同生基〔行陰〕。〔雖未能通十二類生受命元由，已能見彼生類，俱由行起。〕猶如野馬，熠熠清擾。〔閃爍有光，乍起乍滅，微細擾動不停，以無想陰塵垢，故名「清擾」。無復粗影，故曰「清」； 尚有微細流逸，故曰「擾」。〕**爲浮根塵，究竟樞穴。**〔**陳攖寧頂批** 野馬，空中浮動之微塵。熠熠，同「煜煜」，音「亦」。浮塵，一切有爲法，如浮塵不實，塵翳真性，故曰「浮塵」。浮根，又曰「扶塵根」「五根」，有二種。在内正有發識取境之用者，名「勝義根」； 外形眼如葡萄、耳如卷葉等，名「浮根」，或「扶根」，或「扶塵根」。可參考本經卷四「浮根四塵」之說。〕**此則名爲『行陰區宇』。若此清擾熠熠元性，性入元澄**〔歸入藏識海〕，**一澄元習**〔一時澄清原來的習氣〕，**如波瀾滅**〔細流滅〕，**化爲澄水，名『行陰盡』。**〔**陳攖寧頂批** 行陰爲萬化生滅之元，以遷流造作故。盡此十二類生，皆從行出，以行是業體故。而未知眾生別種在識陰中。此即本識業苦種子，是眾生各別性命因由端緒。想陰如大流，行陰如細流，識陰如無波之流。前想陰盡，如大流息。此行陰現，如細流生。若將此細流元性元習，反入無波元澄之體，則此細流皆爲澄清之水。〕**是人則能超眾生濁。**〔生滅不停，業運常遷，名「眾生濁」。本乎行陰。 **陳攖寧頂批** 破行陰，超眾生濁。〕**觀其所由，幽隱**〔粗心不知〕**妄想，以爲其本。」**

〔**原頂批** 一，於圓元中起計度，墮二無因魔。〕**「阿難當知，是得正知奢摩他中諸善男子**〔夢想銷滅，寤寐恒一〕，**凝**〔不動〕**明**〔不惑〕**正**〔不偏〕**心，十類天魔不得其便**〔欲界貪愛不生，故魔無可乘之隙〕，**方得精研**〔因無想陰蓋覆〕，**窮生類本**〔即同生基〕。**於本類中生元露者**〔於同生基中，見己之行元，因作觀以觀之〕，**觀彼幽清圓擾動元。**〔**陳攖寧頂批** 隱密難見，曰「幽擾」； 微波輕動，曰「清擾」； 十二同基，曰「圓擾」； 合而言之，曰「動元」。〕**於圓元中起計度者，是人墜入二無因論**〔以不知善惡因由、差別種子在識陰〕。**一者，是**

人見本無因〔觀前際無因〕。〔陳攖寧頂批　本無因，本經卷四云：「汝今欲令見聞覺知，遠契如來常樂我淨，應當先擇死生根本，依不生滅圓湛性成，以湛旋其虛妄滅生，伏還元覺，得元明覺，無生滅性，爲因地心，然後圓成果地修證。如澄濁水，貯於靜器，靜深不動，沙土自沉，清水現前，名爲初伏客塵煩惱。去泥純水，名爲永斷根本無明。明相精純，一切變現，不爲煩惱，皆合涅槃清淨妙德。」〕何以故？是人既得生機全破〔行陰披露〕，乘於眼根八百功德，見八萬劫所有眾生業流灣環〔相續不斷〕，死此生彼〔正是同生之基〕。秪見眾生輪迴其處，八萬劫外冥無所觀〔冥諦，混沌，自然〕，便作是解。此等世間十方眾生，八萬劫來，無因自有。〔以未見藏識中異熟種子妄計無因。〕由此計度，亡正遍知，墮落外道，惑菩提性。二者，是人見末無因〔觀後際無因。蓋以前際無因，而推知後際無因〕。〔陳攖寧頂批　末無因。〕何以故？是人於生既見其根，知人生人，悟鳥生鳥，烏從來黑，鵠〔陳攖寧頂批　鵠，又名「天鵝」，體長三尺，形狀似鵝，全體白色，棲於水濱〕從來白，人天本豎，畜生本橫，白非洗成，黑非染造，從八萬劫，無復改移。今盡此形，亦復如是。而我本來不見菩提，云何更有成菩提事？當知今日一切物象，皆本無因。由此計度，亡正遍知，墮落外道，惑菩提性。〔觀八萬劫前，本來不見有生類從菩提性起，云何後際有成菩提之事？此由只見同生之基，而未見識陰，不能別見各命由緒，故起自然之計度。若證到四果，行開識現，便能別見各命由緒，即不執自然矣。既執無因，即非正知。觀前後止八萬劫，即非遍知，不達善惡循業發現，妄計自然而有、自然而無，故成外道邪見。〕是則名爲第一外道，立無因論。〔陳攖寧頂批　無因論是斷見。〕」

〔原頂批　二，於圓常中起計度，墮四遍常處。〕「阿難，是三摩中諸善男子，凝明正心，魔不得便，窮生類本，觀彼幽清，常擾動元。於圓常〔行陰生滅相續不失，故名「常」；計四種遍一切法，故名「圓」。〕中起計度者，是人墜入四遍常論。一者，〔陳攖寧頂批　心境常。〕是人窮心境性，二處無因，修習能知，二萬劫中，十方眾生，所有生滅，咸皆循環，不曾散失，計以爲常。〔研究心與境從何而有。見量有限，二萬劫外，則無所知，故曰「無因」。不計劫外無因爲斷滅，唯計劫内相續爲遍常。〕二者，〔陳攖寧頂批　四大常。〕是人窮四大元，四性常住，修習能知，四萬劫中，十方眾生，所有生滅，咸皆體恒，不曾散失，計以爲常。〔眾生雖有生滅，四大體性常恒。此亦僅限於劫内。〕三者，〔陳攖寧頂批　八識常。〕是人窮盡六根，末那〔第七識〕執受〔第八識〕，心意識中，本元由處〔行陰〕，性常恒故，修習能知，八萬劫中，一切眾生，循環不失，本來常住，窮不失性，計以爲常。〔無此生彼，本性常住，六識、八識皆依七識爲生滅，故計此生滅根元爲常住性，此還是細流之行陰。陳攖寧頂批　集起名心，謂第八識；相續名意，謂第七識；了別名識，謂前六識。〕四者，〔陳攖寧頂批　想盡常。〕是人既盡想元，生理更無流止運轉，生滅想心，今已永滅，理中自然，成不生滅，因心所度，計以爲常。〔妄謂流轉生滅皆屬想陰，今想心已由定力永滅，則不生不滅之理，自然屬行。意謂不必再研究，即可推知行陰是不生滅，而不知行陰正是生滅根元。〕由此計常，亡正遍知，墮落外道，惑菩提性。是則名爲第二外道，立圓〔遍〕常論。〔陳攖寧頂批　圓常論是常見。〕」

〔原頂批　三，於自他中起計度，墮四倒見魔。〕「又三摩中諸善男子，堅凝正心，魔不得便，窮生類本，觀彼幽清，常擾動元。於自他中起計度者，是人墜入四顛倒見，一分無常，一分常論。一者，是人觀妙明心，遍十方界湛然，以爲究竟神我，從是則計，我遍十方，凝明不動，一切衆生，於我心中自生自死，則我心性，名之爲常，彼生滅者，真無常性。〔陳攖寧頂批　神我是常，衆生無常。〕二者，是人不觀其心，遍觀十方恒沙國土，見劫壞處〔自三禪天以下〕，名爲究竟無常種性；劫不壞處〔自四禪天以上〕，名究竟常。〔陳攖寧頂批　劫不壞處爲常；劫壞處無常。〕三者，是人別觀我心，精〔不雜〕細〔不粗〕微密，猶如微塵，流轉十方，性無移改，能令此身，即生即滅，其不壞性，名我性常。一切死生〔自己之身〕從我流出〔從我心性流出〕，名無常性。〔陳攖寧頂批　我心是常，我身無常。〕四者，是人知想陰盡，見行陰流，行陰常流，計爲常性。色受想等，今已滅盡，名爲無常。〔陳攖寧頂批　行陰是常，色受想無常。〕由此計度，一分無常，一分常故，墮落外道，惑菩提性。是則名爲第三外道，一分常論。〔陳攖寧頂批　一分常，是亦常亦無常。〕

〔原頂批　四，於分位中起計度，墮四有邊魔。陳攖寧頂批　此就常、無常例，起邊、無邊論。常、無常以心性言，邊、無邊以分位言。　一，三際分位；　二，見聞分位；　三，彼我分位；　四，生滅分位。〕「又三摩中諸善男子，堅凝正心，魔不得便，窮生類本，觀彼幽清，常擾動元。於分位中生計度者，是人墜入四有邊論。一者，是人心計生元，流用不息。計過〔已過〕未〔未來〕者，名爲有邊；計相續心，名爲無邊。〔以其流用，成三際，故名「有邊」；以其不息而相續，故名「無邊」。〕二者，是人觀八萬劫，則見衆生，八萬劫前，寂無聞見。無聞見處，名爲無邊；有衆生處，名爲有邊。三者，是人計我遍知，得無邊性，彼一切人，現我知中〔現在我所知之中〕，我曾不知彼之知性，名彼不得無邊之心〔彼之知性，遍與不遍，我則不知，故謂「彼不得無邊」〕，但有邊性〔但可名爲有邊性〕。四者，是人窮行陰空〔觀此行陰，始有而後空，遂推及一切皆然〕，以其所見，心路籌度，一切衆生〔正報〕，一身之中，計其咸皆半生半滅，明其世界〔依報。由衆生推及世界，亦是半生半滅〕，一切所有，一半有邊〔以半生故〕，一半無邊〔以半滅故〕。由是計度，有邊、無邊，墮落外道，惑菩提性。是則名爲第四外道，立有邊論。〔陳攖寧頂批　前常、無常屬見分，此邊、無邊屬相分。〕」

〔原頂批　五，於中見中起計度，墮四矯亂魔。〕「又三摩中諸善男子，堅凝正心，魔不得便，窮生類本，觀彼幽清，常擾動元。於知見中生計度者，是人墜入四種顛倒不死矯亂遍計虛論。〔陳攖寧頂批　外道計天常住，名爲不死。計不亂答，得生彼天。若實不知而輒答者，恐成矯亂，故有問時，答言「秘密言辭，不應皆說」，或不定答。佛法呵云：「此真矯亂。」故名「不死矯亂遍計虛論」。〕一者，是人觀變化元，見遷流處，名之爲『變』；見相續處，名之爲『恒』〔常〕；見所見處，名之爲『生』；不見見處，名之爲『滅』；相續之因，性不斷處，名之爲『增』；正相續中，中所離處，名之爲『減』；各各生處，名之爲『有』；互互亡處，名之爲『無』。以理都觀〔總觀行陰〕，用心別見〔妄生八計〕，有求法人，來問其義，答言『我今亦生亦滅、亦有亦無、亦增亦減』，於一切時皆亂其語，令彼前人〔來問之人〕遺失章句〔無定義可尋〕。二者，是人諦觀其心，互互無處，因無得證，有人來問，唯答一字，但言其無，除無之餘，無所言說。三者，是人諦觀其心，各各有處，因有得證，有人來問，唯答一字，但言其是，除是之餘，無所言說。四者，是人有無俱見，其境枝故〔所見之境不定〕，其心亦亂〔能見之心亦不定〕，有人來問，答言『〔此處省文，當補入「亦無即是亦有，亦有之中不是亦無」二句〕亦有即是亦無，亦無之中不是亦有』，一切矯亂，無容窮詰。〔前言「亦有亦無」，乃兩端並陳，不能決定。此但舉一端，而兩端具在。又言「亦有即是亦無」，不專言「無」；「亦無之中不是亦有」，不專言「是」。 陳攖寧頂批 上言常無常、邊無邊，尚有區別，未至溷淆；此則即常即無常、即邊即無邊，一切矯亂。〕由此計度，矯亂虛無，墮落外道，惑菩提性。是則名爲第五外道，四顛倒性不死矯亂遍計虛論。」

〔原頂批 六，於無盡流起計度，墮死後有相魔。〕「又三摩中諸善男子，堅凝正心，魔不得便，窮生類本，觀彼幽清，常擾動元。於無盡流生計度者〔即行陰相續不斷，遷流無盡〕，是人墜入死後有相，發心顛倒。或自固身，云『色是我』〔堅執固守自身，謂四大之色皆是我〕；或見我圓，含遍國土〔我大色小〕，云『我有色』〔色在我身之內〕；或彼前緣〔前緣即目前之色〕，隨我回復〔我之外有色〕，云『色屬我』〔色但是我所〕；或復我依行中相續，云『我在色』〔我在色中，色大我小〕。〔陳攖寧頂批 一，色即是我；二，色在我中；三，我外有色；四，我在色中。〕皆計度言，死後有相。〔陳攖寧頂批 死後有相屬常見。〕如是循環，有十六相。〔陳攖寧頂批　十六相，色、受、想、行各有四相，共計十六。〕從此或計，畢竟煩惱，畢竟菩提，兩性並驅〔謂煩惱、菩提不相陵滅〕，各不相觸。由此計度，死後有故，墮落外道，惑菩提性。〔以爲聖則決定聖，凡則決定凡，無轉凡成聖之事。〕是則名爲第六外道，立五陰中死後有相心顛倒論。〔陳攖寧頂批　前五所計，或有，或無，或亦有亦無，不出三句，未見雙非，尚滯在行陰中。今計及死後有相、無相及有無俱非，又於後後有起涅槃見，後後無起斷滅見，則是行陰幾空，窺見識陰矣。〕

〔原頂批　七，於除三陰中生計度，墮死後無相魔。〕「又三摩中諸善男子，堅凝正心，魔不得便，窮生類本，觀彼幽清，常擾動元。於先除滅色、受、想中生計度者，是人墜入死後無相，發心顛倒。見其色滅〔形因色有〕，形無所因；觀其想滅〔心因想繫〕，心無所繫；知其受滅〔有受則連持色心〕，無復連綴〔無受則無綴〕。陰性銷散，縱有生理，而無受、想，與草木同。〔色、受、想三陰既銷，縱有行陰，亦歸斷滅。〕此質〔物質，即是肉體〕現〔現在〕前〔目前〕，猶不可得，死後云何更有諸相？因之勘校死後相無。如是循環，有八無相。〔陳攖寧頂批　八無相，色、受、想、行四陰，現在無因，將來無果。四因四果俱無，故曰「八無」。〕從此或計涅槃因果，一切皆空，徒有名字，究竟斷滅。〔行陰滅則歸藏識海，然藏識非可滅者，若認爲究竟斷滅，則不合理。〕由此計度，死後無故，墮落外道，惑菩提性。是則名爲第七外道，立五陰中死後無相心顛倒論。〔陳攖寧頂批　死後無相屬斷見。〕」

〔原頂批　八，於行存受想滅中生計度，墮死後有無俱非魔。〕「又三摩中諸善男子，堅凝正心，魔不得便，窮生類本，觀彼幽清，常擾動元。於行存〔有〕中，兼受想滅〔無〕，雙計有無，自體相破，是人墜入死後俱非〔非有非無〕，起顛倒論。〔以行陰之現有，而破前三之無； 以前三之已無，而破行陰之有。〕色、受、想中，見有非有；行遷流內，觀無不無。〔雖見行有，亦同前三陰之滅而非有； 雖見三無，亦同行遷流之存而不無。〕如是循環，窮盡陰界八俱非相〔窮四陰而遍計，皆是非有非無〕，隨得一緣，皆言死後有相無相。又計諸行性遷訛〔變易不定曰「遷」，有無皆非曰「訛」〕故，心發通悟，有無俱非，虛實失措。〔非無不可言虛，非有不可言實，由生存而推測死後。〕由此計度，死後俱非，後際〔將來〕昏瞢〔渺茫〕，無可道〔言說〕故，墮落外道，惑菩提性。是則名爲第八外道，立五陰中死後俱非心顛倒論。

〔陳攖寧頂批　死後俱非屬非有非無見。〕

〔原頂批　九，於後後無生計度，墮七斷滅魔。〕「又三摩中諸善男子，堅凝正心，魔不得便，窮生類本，觀彼幽清，常擾動元。於後後〔生而復滅〕無生計度者，是人墜入七斷滅論。或計身滅〔欲界人天二處〕，或欲盡滅〔初禪離欲〕，或苦盡滅〔二禪〕，或極樂滅〔三禪。三禪得無量樂〕，或極捨滅〔四禪四空。四禪苦樂二心俱時頓捨〕。如是循環，窮盡七際〔陳攖寧頂批　七際，四大洲、六欲天、初禪、二禪、三禪、四禪、無色界〕，現前銷滅，滅已無復。由此計度，死後斷滅，墮落外道，惑菩提性。是則名爲第九外道，立五陰中死後斷滅心顛倒論。〔陳攖寧頂批　前死後無相但屬身滅一際耳，此則窮盡七際。〕

〔原頂批　十，於後後有生計度，墮五涅槃魔。〕「又三摩中諸善男子，堅凝正心，魔不得便，窮生類本，觀彼幽清，常擾動元。於後後有〔見行陰滅而復生，名「後後有」〕生計度者，是人墜入五涅槃論〔妄於五處計涅槃之果〕。或以欲界爲正轉依〔謂轉生死依涅槃。陳攖寧頂批　欲界有六天，直解專指忉利天而言，謂「行人因此天澄瑩生明，超過日月，便計此爲轉依處，爲現涅槃」，此解恐不合經旨〕，觀見圓明，生愛慕故〔於欲界悟圓明之理，遂以欲界爲轉依處〕；或以初禪性無憂故；或以二禪心無苦故；或以三禪極悅〔極樂〕隨故；或以四禪苦樂二亡〔極捨〕，不受輪迴生滅性故，迷有漏天〔欲界天、色界天、無色天皆名「有漏」〕，作無爲解。五處安穩，爲勝淨依。〔欲界、初禪、二禪、三禪、四禪，共爲五處，乃最勝清淨可以依託之地。〕如是循環，五處究竟。〔陳攖寧頂批　以此爲極果。〕由此計度，五現涅槃，墮落外道，惑菩提性。是則名爲第十外道，立五陰中五現涅槃心顛倒論。」〔陳攖寧頂批　通曰：「既云後後無已，何以復後後有？　蓋此動元是滅不得者，非得真寂滅場地，妄於滅處見有可證，故云『後後有』。　蓋行陰刹那暫停，圓明略現，便謂此無生滅即是涅槃，乃於五處計涅槃果，使涅槃而有五也，可謂之真涅槃乎？　即前七際滅盡，立五涅槃，愛慕圓明，人天所共，苦樂二亡，不受生滅。　四禪與無色天同。　此皆不出三界，欲漏、有漏、無明漏依然潛伏，本於有爲功用純熟成就。　彼唯證無想定，便謂得無爲果，迷於有漏之中而不自覺。」〕

〔原頂批　總行陰十魔當辨。〕「阿難，如是十種禪那狂解，皆是行陰用心交互，故現斯悟。眾生頑迷，不自忖量，逢此現前，以迷爲解，自言登聖，大妄語成，墮無間獄。汝等必須將如來語，於我滅後，傳示末法，遍令眾生，覺了斯義，無令心魔〔到此程度，已無外魔，只有自己心魔〕，自起深孽，保持覆護，銷息邪見，教其身心，開覺真義，於無上道，不遭枝〔枝葉〕岐〔岐路〕，勿令心祈〔陳攖寧頂批　心祈，「祈」作「求」字解。莊子天地篇「予雖有祈嚮不可得也」，註謂「雖我有求嚮至道之情而終不可得」。〕，得少爲足，作大覺王清淨標指。」

〔原頂批　辨識陰十魔。〕「阿難，彼善男子，修三摩提，行陰盡者，諸世間性〔十二類異生性〕，幽清擾動，同分生機〔即所謂同生基〕，倏然隳裂沉細〔幽隱〕綱紐〔總機關〕，補特伽羅〔陳攖寧頂批　補特伽羅，舊譯曰「人」或「眾生」，新譯曰「數取趣」，謂數數往來諸趣也〕，酬業深脈，感應懸絕。〔中有身，受生償業之牽繫，一向是此感彼應，至此時遂懸遠隔絕矣。〕於涅槃天，將大明悟，如雞後鳴。〔原頂批　明識陰自起。　陳攖寧頂批　涅槃性天，爲五陰所覆，昏如長夜。每一陰現，如雞一鳴。至第五識陰現，如雞最後鳴。〕瞻顧東方，已有精色〔天將曉〕，六根虛靜，無復馳逸〔動擾相〕，內外〔內〕湛明〔陳攖寧頂批　磧砂本作「內外湛明」，宗通作「內內」解。楞嚴經纂註云：「內內湛明之說，解自長水，至於環師，皆以內內爲止觀深入之效。因吳興某解謂『內內』或作『內外』，然亦未敢妄改聖經。厥後不知何人妄改，故遵經語及義海正之。」〕，入無所入，深達十方〔行陰滅，識陰現〕十二種類受命元由〔識陰也〕。觀由執元〔無樞穴，故可觀；　無遷流，故可執〕，諸類不召〔不作業，故不召。即不受十二類生〕，於十方界，已獲其同〔斷異生性障，證遍行真如，入初地。即莊子所謂「天地與我並生，萬物與我爲一」之義〕，精色不沉〔不昏沉〕，發現幽秘〔不隱藏〕。此則名爲『識陰區宇』。」

〔原頂批　揖用歸體，反流旋一，曰「合」；　從體起用，順流成六，曰「開」。合開自在，曰「成就」也。　陳攖寧頂批　破識陰，超命濁。〕「若於羣召，已獲同中，銷磨六門，合開成就，見聞通鄰，互用清淨，十方世界，及與身心，如吠瑠璃〔青色寶石〕，內外明徹，名『識陰盡』〔即初乾慧地〕。〔若於十二類生受命元由已獲同中，能以定慧之力，銷磨六門，使其分者可合，壅者可開，開合自由，明不循根，其見其聞，與圓通鄰，則六根清淨而能互用，即前所云「返流全一，六用不行」。於是十方國土，皎然清淨，譬如瑠璃，內懸明月。〕是人則能超越命濁，觀其所由，罔象虛無，顛倒妄想，以爲其本。〔識陰微細難斷，即是命根。受命元由，皆基於此。識陰盡則根元俱盡，諸類不召，並其不召者而忘之；十方皆同，並其同者而泯之。故能超越命濁。息煖識三，和合成命，受生之際，識陰爲先。若本識既離，則息煖隨滅，此識謝命終，人皆如此，不可謂超命濁也。所謂「識陰盡」者，已無去後來先之識；所云「超命濁」者，已證阿羅漢，不受後有也。前數取趣身，各從其類，行陰盡者，已絕此脈。若此識陰，命脈更爲微細，故謂「罔象虛無」。罔者若無，象者若有，若有若無，畢竟虛無。虛無者，不生不滅真如體也；罔象者，八識中生滅影子也。故依真如，即名正覺；依八識，即係妄想，背覺合塵，故名顛倒。識陰盡者，則是轉識成智，轉生滅而依不滅也。

陳攖寧頂批 此段可參看本經卷八「第三增進修行漸次」。〕

〔**原頂批** 一，於圓元生勝解，墮因所因魔。〕「阿難當知，是善男子，窮諸行空，於識還元〔識由行流，行空則識還元〕，已滅生滅，而於寂滅，精妙未圓〔行陰既空，流注之相已滅，尚依識元湛不流處，猶有所覆，故曰「未圓」〕，能令己身，根隔合開〔六根間隔者，令其互用〕，亦與十方諸類通覺〔諸類之覺，即我之覺；我之覺，即諸類之覺〕。覺知通漝〔覺知相通而漝合〕，能入圓元。若於所歸，立真常因，生勝解者，是人則墮因所因執，娑毗迦羅所歸冥諦，成其伴侶，迷佛菩提，亡失知見。〔冥諦者，數論師所立二十五諦之第一諦也。又云「冥性」，又云「自性」，又云「本性」「勝性」「勝因」，爲萬物之本源，諸法由此生出。〕是名第一

立所得心〔心有所得〕，**成所歸果**〔果有所歸〕，**違遠圓通，背涅槃城，生外道種。」**〔陳攖寧頂批　圓元，即諸類受命之元，亦即諸類發覺之元。命由此立，覺由此起。所謂識元，乃覺所自出，而識元本體則不見有知覺之相。是覺者非常，而無覺者爲常。故覺歸無覺，即是真常之因，此特於八識未形以前，冥然罔覺者，認爲歸宿之地，即外道所謂冥諦。外道修禪，得五神通，能知前後八萬劫內事，八萬劫外，不能了知，故曰「冥」。智度論云：「覺諦者，此是陰中識。外道思惟，此識爲從因緣得，爲不從因緣。若從因緣，因緣是何物？若不從因緣，此識何來？既思惟不能了知，便計此識從前冥漠處生，故稱『冥諦』，亦名『世性』，一切世間，以此爲其本性也。」〕

〔原頂批　二，於自體生成勝解，墮能非能魔。〕**「阿難，又善男子，窮諸行空，已滅生滅，而於寂滅，精妙未圓。若於所歸，覽爲自體**〔前認識陰爲歸託處，此即以前所爲託處攬爲自體〕，**盡虛空界，十二類內，所有衆生，皆我身中，一類流出，生勝解者，是人則墮能非能執**〔陳攖寧頂批　此與行陰中一分常論同而不同。彼云「一切衆生，於我心中，自生自死」，此云「所有衆生，皆我身中，一類流出」。但彼見其行，故計生滅；此見其元，故計能爲。執我能生彼，彼不能生我，故曰「能非能執」〕，**摩醯首羅**〔色界頂天王〕，**現無邊身，成其伴侶，迷佛菩提，亡失知見。是名第二立能爲心，成能事果，違遠圓通，背涅槃城，生大慢天**〔即首羅天〕，**我遍圓種。」**〔數論外道所立二十五諦，神我—自性—大—我慢—五唯（色、聲、香、味、觸）、五知根（眼、耳、鼻、舌、身）、五作業根（口、手、足、男根、女根）、心根（末那識）、五大（空、風、火、水、地，五唯生五大）。神我雖有智的作用，然不能動；自性雖有活動作用，然不自生動機。蓋神我爲能使自性有活動者，自性爲能使活動動機實現者。楞嚴長水疏二曰：「我思勝境，冥性却變二十三諦爲我受用。我既受用，爲境纏縛，不得解脫。我若不思，冥諦

不變，既無纏縛，我即解脫，名爲『涅槃』。」〕

〔**原頂批**　三，於常位生勝解，墮常非常魔。」〕**「又善男子，窮諸行空，已滅生滅，而於寂滅，精妙未圓。若於所歸，有所歸依，自疑身心，從彼流出，十方虛空，咸其生起，即於都起**〔不自我起〕**，所宣流地**〔不自我流〕**，作真常身，無生滅解。在生滅中**〔於此識陰湛不搖處微細生滅中〕**，早計常住，既惑不生**〔既不見真不生滅性〕**，亦迷生滅**〔亦迷現在生滅法〕**，安住沉迷，生勝解者，是人則墮常非常執**〔以非常爲常〕**，計自在天成其伴侶**〔大自在天即摩醯首羅天〕**，迷佛菩提，亡失知見。**〔**陳攖寧頂批**　前云「若於所歸，立真常因」。歸既有所，是我有所歸。我所歸者，實能生我。於是自疑身心從彼識元流出，未有我時，先有此識，不但生我，能生一切。已知神我無常，識元是常，神元猶屬七識，識元純是八識。未動之初，即以此爲無生無滅，作真常之身，是以非常爲常。如彼計自在天能生我者，而以爲常，不知自在天亦非常住天也。〕**是名第三立因依心，成妄計果，違遠圓通，背涅槃城，生倒圓種。**〔因依識元能生我，妄計常住非由我。前計我圓生物，此計彼圓生我，故曰「倒圓」。雖欲忘我忘能，而不能盡泯其生相。**陳攖寧頂批**　提婆涅槃論：「外道摩醯首羅論師謂果是那羅延所作。梵天是因，摩醯首羅一體三分，所謂梵天、那羅延、摩醯首羅。地是依處，地主是摩醯首羅天。三界中所有一切，命非命物，皆是摩醯首羅所生。摩醯首羅身者，虛空是頭，地是身，水是尿，山是糞，一切衆生是腹中蟲，風是命，火是煖，罪福是業，又有日月爲眼之說。」涅槃經十九卷云：「一切衆生，悉是自在天之所作。自在天喜，衆生安樂；自在天嗔，衆生苦惱。一切衆生，若罪若福，乃自在天之所作，云何當言人有罪福？」〕

〔**原頂批**　四，於遍知生勝解，墮知無知魔。」〕**「又善男子，窮諸行空，已滅生滅，而於寂滅，精妙未**

圓。若於所知〔即所觀識陰〕，知遍圓故，因知立解〔謂識有知，而一切法由知起，因計知體圓遍諸法，遂立異解〕，十方草木，皆稱有情，與人無異。草木爲人，人死還成十方草樹，無擇遍知〔謂草木遍皆有知，無所別擇〕，生勝解者，是人則墮知無知〔以無知爲知〕執，婆吒、霰尼〔參考涅槃經三十九卷。陳攖寧頂批　婆吒，亦名「婆私吒」，誤作「私婆吒」，譯曰「最勝」，乃梵志名，外道之一，執涅槃無常，計草木有命；霰尼，一作「先尼」，又作「西儞迦」，譯曰「有軍」，外道梵志之名〕，執一切覺，成其伴侶，迷佛菩薩，亡失知見。是名第四計圓知心，成虛謬果，違遠圓通，背涅槃城，生倒知種〔以無知爲有知，故曰「倒知」〕。」

〔原頂批　五，於四大常住生勝解，墮生無生魔。〕「又善男子，窮諸行空，已滅生滅，而於寂滅，精妙未圓。若於圓融，根互用中，已得隨順，便於圓化，一切發生，求火光明，樂水清淨，愛風周流，觀塵成就，各各崇事。〔識陰盡者，銷磨六門，諸根互用。今雖未得互用，已得隨順，變化而無礙，便於圓化之中，妄計一切皆能發生勝果。現前地水火風，雖遷變無常，而成就、清淨、光明、周流之本性，則常住不壞。於此各各崇事，求出生死，非徒崇事其相，欲因相而得其性也。〕以此羣塵，發作本因，立常住解，是人則墮生無生執〔執爲能生勝果，而實不能生〕，諸迦葉波〔事火外道〕，並婆羅門，勤心役身，事火崇水，求出生死，成其伴侶，迷佛菩提，亡失知見。是名第五計著崇事，迷心從物，立妄求因，求妄冀果，違遠圓通，背涅槃城，生顛化種。〔外道崇奉四大之意，蓋欲與四大之性合而爲一，常住世間。此非所求而求，謂之妄求；非所冀而冀，謂之妄冀。四大能生，有爲之生者；四大能化，有爲之化者。四大爲所生所化，而非能生能化。執此不能生化者，而以爲生化，故曰「顛化」。蓋不知心爲萬化之原，迷心從物，妄矣。陳攖寧頂批　拜火教：波斯及印度古代宗教多崇拜火神，其教義以爲有陰陽二神，陽神爲善，陰神爲惡，以火代表陽神而崇拜之。唐朝與摩尼教及景教並傳入中國，當時稱爲「祆教」。（祆音「先」。）波斯之瑣羅亞斯德創立祆教尚在西曆紀元之前一千年，比佛教早五百年。」

〔原頂批　六，於四大永滅生勝解，墮歸無歸魔。陳攖寧頂批　前妄計四大爲不生滅，是墮常見；此毀滅羣化，依於永滅，是墮斷見。〕「又善男子，窮諸行空，已滅生滅，而於寂滅，精妙未圓。若於圓明〔識陰〕，計明中虛〔計圓明中虛無之相，以爲畢竟是空〕，非〔毀〕滅羣化，以永滅依〔依於永滅〕，爲所歸依〔以永滅爲涅槃〕，生勝解者，是人則墮歸無歸執〔歸於無所歸處〕，無想天中，諸舜若多〔空性。陳攖寧頂批　卷三末云：「舜若多性可銷亡。」又卷四云：「舜若多神，無身覺觸，如來光中，映令暫現。」〕，成其伴侶，迷佛菩提，亡失知見。是名第六圓虛無心，成空亡果，違遠圓通，背涅槃城，生斷滅種。」

〔原頂批　七，於固身生勝解，墮貪非貪執魔。陳攖寧頂批　窺見圓明，便計明中虛相；窺見圓常，便計常不傾逝。然圓明未嘗不虛，而虛不可執，執虛則落空；精圓未嘗不常，而常不可執，執常則長勞。〕「又善男子，窮諸行空，已滅生滅，而於寂滅，精妙未圓。若於圓常〔識陰〕，固身常住，同於精圓〔欲使肉身常存，同於精圓不壞之體〕，長不傾逝，生勝解者，是人則墮貪非貪執〔貪其非可貪者〕，諸阿斯陀〔陳攖寧頂批　阿私陀，譯曰「無比端正」。因果經中，釋迦初生時，阿私陀仙人相之曰：「若在家者，年二十九，爲轉輪聖王；若出家者，成一切種智，廣濟天人。」〕，求長命者，成其伴侶，迷佛菩提，亡失知見。是名第七執著命元，立固妄因，趣長勞果，違遠圓通，背涅槃城，生妄延種。」〔原頂批　八，於留塵生勝解，墮真無真魔。　陳攖寧頂批　四諦，諦即真理。一，苦諦，是三界六趣的苦報；二，集諦，由貪、嗔、癡等煩惱與善、惡等行業召集三界六趣的苦報，所以集諦爲苦因；三，滅諦，即涅槃，即滅除惑業，出離生死；四，道諦，即趣向涅槃之道路，有八正道，正見、正思維、正語、正業、正命、正精進、正念、正定。道諦是滅諦之因。心經云：「無苦集滅道。」〕「又善男子，窮諸行空，已滅生滅，而於寂滅，精妙未圓。觀命互通，却留塵勞，恐其銷盡〔識陰爲十二類衆生之命元，識陰若盡，則誰證真常？故不捨塵勞。彼我之命互通，識陰盡，十方衆生命即皆盡，我命亦盡〕，便於此際，坐蓮華宮，廣化七珍，多增寶媛，縱恣其心，生勝解者，是人則墮真無真執〔妄計此是真行，而實非真行〕，吒枳迦羅〔即欲界頂之他化自在天〕，成其伴侶，迷佛菩提，亡失知見。是名第八發邪思因，立熾塵果，違遠圓通，背涅槃城，生天魔種。」

〔原頂批　九，於居滅生勝解，墮下乘魔。〕「又善男子，窮諸行空，已滅生滅，而於寂滅，精妙未圓。於命明中，分別精麤，疏決真僞，因果相酬，唯求感應，背清淨道。〔即識陰顯露，其中藏有漏與無漏種子。無漏者，精真；有漏者，粗僞。修道爲所感之因，證滅爲所應之果，守於滅而便休，不復更進，有欣厭之解，落於二邊，故曰「背清淨道」。　陳攖寧頂批　法界平等，離二無垢，名「清淨道」。〕所謂見苦、斷集、證滅、修道，居滅已休，更不前進，生勝解者，是人則墮定性聲聞〔所謂「不回心鈍阿羅漢」〕，諸無聞僧，增上慢者，成其伴侶，迷佛菩提，亡失知見。是名第九圓精應心〔圓滿其專精求應之因地心〕，成趣寂果，違遠圓通，背涅槃城，生纏空種〔被空所纏縛〕。〔此與前第六條「斷滅種」稍異。前一向歸無，屬無想

天；此有滅可證，屬四空天。〕」

〔原頂批　十，於覺明生勝解，墮下乘魔。聲聞緣覺已屬聖果，何爲亦與魔列耶？蓋爲捨有趣空，違遠中道，故等之以魔，而實與前之魔異。經云：「外道邪魔所感業終，墮阿鼻獄，其在聲聞緣覺，則但曰不成增進而已。」〕**「又善男子，窮諸行空，已滅生滅，而於寂滅，精妙未圓。若於圓融，清淨覺明**〔圓融清淨，則非背清淨道，但嫌其滯於覺明耳。不墮於有，故不著於因果感應；不墮於無，故不限於居滅已休〕，**發研深妙**〔發深妙之悟，研深妙之理〕，**即立涅槃，而不前進，生勝解者，是人則墮定性辟支**〔陳攖寧頂批　辟支，具云「辟支迦佛陀」，新翻「鉢喇翳迦佛陀」，三乘中之中乘也，有獨覺及緣覺二義〕，**諸緣獨倫，不回心者，成其伴侶，迷佛菩提，亡失知見。是名第十圓覺㴱心**〔圓滿其求合於覺之因地心〕，**成湛明果，違遠圓通，背涅槃城，生覺圓明，不化圓種**〔即不能圓化之意。但「覺」字尚未能除，滯在圓明一路，堅執不化〕。」

〔原頂批　總識陰十魔當辨。陳攖寧頂批　十二因緣。過去：一，無明（惑），最初一念妄動；二，行（業），過去世無量之行業。過去因、現世果：三，識，含藏識依業受報；四，名色，名即心，色即身（尚在胎中）；五，六入，即六根，尚未出胎；六，觸，出胎後六根六塵接觸；七，受，美惡苦樂之領受。現在世惑因：八，愛（惑），十幾歲後之貪戀；九，取（惑），因貪愛便欲取得；十，有（業），有即業。未來：十一，生，未來世受生；十二，老死，未來世之苦果。心經云：「無無明，亦無無明盡，乃至無老死，亦無老死盡。」〕**「阿難，如是十種禪那，中途成狂，因依迷惑**〔因其依於無明妄想〕，**於未足中，生滿足證，皆是識陰用心交互，故生斯位**〔已證小乘果位〕。**眾生頑迷，不自忖量，逢此現前，各以所愛先習迷心**〔無始以來的習氣，總不外乎一個「愛」字〕，**而自**

休息，將爲畢竟所歸寧地，自言滿足無上菩提，大妄語成，外道邪魔〔前八種〕，所感業終，墮無間獄，聲聞緣覺〔後二種〕，不成增進。汝等存心秉如來道，將此法門，於我滅後，傳示末世，普令衆生覺了斯義，無令見魔，自作沉孽，保綏〔陳攖寧頂批　綏，安也〕哀救，銷息邪緣，令其身心，入佛知見，從始成就，不遭歧路。〔前云心魔，此云見魔，心尚流動兼七識，見唯執持兼七識。已至八識湛不搖處，不能轉識成智，故十種皆云「迷佛菩提，亡失知見」。此知見，即佛知見。非實亡也，爲識陰所覆耳。八識即如來藏性，悟之則能轉識而成聖果，迷之則爲識轉而入輪迴，故能悟入佛之知見，則從始入門，即得成就，不爲岐見所惑。〕如是法門，先過去世恒沙劫中微塵如來，乘此心開，得無上道。識陰若盡，則汝現前諸根互用。從互用中，能入菩薩金剛乾慧，圓明精心，於中發化，如淨瑠璃〔陳攖寧頂批　瑠璃，漢書西域傳：「罽賓國出珠璣、珊瑚、虎魄、璧流離。」孟康註：「流離青色如玉。」師古引魏略云：「大秦國出赤、白、黑、黃、青、綠、縹、紺、紅、紫十種流離。」王先謙補註引徐松曰：「璧流離，梵書作『吠瑠璃』，或云『毗瑠璃』。」〕，內含寶月〔可參看本經卷八第三增進修行漸次。本經前云：「有三摩提，名『大佛頂首楞嚴王』，具足萬行，十方如來，一門超出妙莊嚴路。」〕。〔原頂批　前云「受因若盡，上歷六十聖位」，此云「識陰若盡，能入金剛乾慧，乃超妙莊嚴海」。其意各別。蓋從下望上之謂「歷」，和身已到之謂「入」。禪宗所謂「一超直入如來地」，正是此意耳。〕如是乃超十信、十住、十行、十回向。四加行心，菩薩所行，金剛十地，等覺圓明，入於如來妙莊嚴海，圓滿菩提，歸無所得。〔原頂批　總結五陰之魔當辨。陳攖寧頂批　金剛經第十：「佛告須菩提：『於意云何？如來昔在然燈佛所，於法有所得否？』『不也，世尊，如來在然燈佛所，於法實無所得。』」又第十七卷：「須菩提實無有法，如來得阿耨多羅三藐三菩提。」又第廿二：「我於阿耨多羅三藐三菩提，乃至無有少法可得，是名阿耨多羅三藐三菩提。」心經云：「無智亦無得。」〕此是過去先佛世尊，奢摩他〔止〕中，毗婆舍那〔觀〕，覺明分析微細魔事。〔本經卷八「五十五位真菩提路」一章云：「奢摩他中，用諸如來毘婆舍那，清淨修證，漸次深入。」〕魔境現前，汝能諳識，心垢洗除，不落邪見，陰魔銷滅，天魔摧碎，大力鬼神，褫魄逃逝，魑魅魍魎，無復出生。直至菩提無諸少乏，下劣增進，於大涅槃，心不迷悶。若諸末世，愚鈍衆生，未識禪那〔本經卷一，阿難殷勤啓請十方如來得成菩提，妙奢摩他、三摩、禪那、最初方便〕，不知說法，樂修三昧，汝恐同邪，一心勸令持我佛頂陀羅尼咒〔原頂批　此又提起神咒，可見神咒之力，最初究竟，皆得其力〕。若未能誦，寫於禪堂，或帶身上，一切諸魔，所不能動。汝當恭欽，十方如來，究竟修進，最後垂範。」

〔原頂批　問五陰滅起之因。〕阿難即從座起，聞佛示誨，頂禮欽奉，憶持無失，於大衆中，重復白佛：「如佛所言，五陰相中，五種虛妄，爲本想心。我等平常，未蒙如來微細開示。又此五陰，爲併銷除，爲次第盡。如是五重，詣何爲界？唯原如來發宣大慈，爲此大衆，清淨心目，以爲末世一切衆生作將來眼。」

〔原頂批　本覺原無妄因，妄想故生五陰。〕佛告阿難：「精真妙明，本覺圓淨，非留死生，及諸塵垢，乃至虛空，皆因妄想之所生起。斯元本覺妙明真精，妄以發生諸器世間，如演若多〔可參看卷四「演若達多」〕迷頭認影，妄元無因，於妄想中，立因緣性。迷因緣者，稱爲自然。彼虛空性，猶實幻生。因緣自然，皆是衆生妄心計度。阿難，知妄所起，說妄因緣。若妄元無，說妄因緣，元無所有，何況不知推自然者？是故如來與汝發明，五陰本因，同是妄想。」

〔原頂批　明色陰由妄想生。〕「汝體先因父母想生，汝心〔若〕非想，則不能來想中傳命。如我先言，心想醋味，口中涎生；心想登高，足心酸起。懸崖不有，醋物未來，汝體必〔若〕非虛妄通〔同〕倫，口水如何因談醋出？是故當知，汝現色身，名爲堅固第一妄想。」

〔原頂批　明受陰由妄想生。〕「即此所說，臨高想心，能令汝形真受酸澀。由因受生〔受陰〕，能動色體〔即形受酸澀〕。汝今現前順益違損，二現驅馳，名爲虛明第二妄想。〔因違順之幻境，受損益之幻覺，兩種相反之性，感受未有停止。虛故能容納，明故有感覺。〕」

〔原頂批　明想陰由妄想生。〕「由汝念慮〔慮情，意識〕，使汝色身〔實質〕。身非念倫，汝身何因隨念所使？種種取像，心生形取，與念相應，寤即想心，寐爲諸夢，則汝想念，搖動妄情，名爲融通第三妄想。」

〔原頂批　明行陰由妄想生。〕「化理不住，運運密移，甲長髮生〔就生之一面說〕，氣銷容皺〔就滅之一面說〕，日夜相代〔此「代」字，即「新陳代謝」之「代」。新陳代謝，即是生滅〕，曾無覺悟。〔吾人肉體經過一晝夜，其中已有變化，而自己不知。〕阿難，此若非汝，云何體遷？如必是真，汝何無覺？則汝諸行，念念不停，名爲幽隱第四妄想。」

〔原頂批　明識陰由妄想生。〕「又汝精明，湛不搖處〔第八識〕，名恒常者，於身不出見聞覺知〔即識之用〕。若實精真，不容習妄。何因汝等曾於昔年覩一奇物，經歷年歲，憶忘俱無，於後忽然覆覩前異，記憶宛然，曾不遺失，則此精了湛不搖中，念念受薰，有何籌筭〔八識恒而不審〕？阿難當知，此湛非真，如急流水，望如恬靜，流急不見，非是無流。若非想元，寧受妄習，非汝六根互用開合，此之妄想，無時得滅。故汝現在，見聞覺知，中串習幾〔習氣幾微，如串珠相似〕，則湛了內，罔〔似無〕象〔若有〕虛無，第五顛倒微細精想。」

〔原頂批　明五陰所起邊際。　陳攖寧頂批　此以漸入微，由五塵五識、六識、七識而至八識，乃五陰淺深之界。〕

「阿難，是五受陰，五妄想成，汝今欲知因界淺深，唯色與空，是色邊際；唯觸〔根塵相對曰「觸」〕及離〔根塵不相對曰「離」〕，是受邊際；唯記與忘，是想邊際；唯滅與生，是行邊際；湛入合湛〔上「湛」字，言生滅；下「湛」字，言不生滅〕，歸識邊際。〔識稱湛了，已滅生滅，性入元澄，而合乎湛。有入有合，即有邊際，乃識界也。蓋湛入爲識陰，真性不名湛入，以周遍法界無出入故。湛出爲行，湛入爲識，內內湛明，入無所入，即至不生滅地。〕」

〔原頂批　明五所滅漸次。頓悟之理，是即事之理，非三乘斷空之理；漸除之事，是即理之事，非凡夫著有之事。

陳攖寧頂批　一念無明，即爲識本；　此識動相，即爲行本；　動必取境，即爲想本；　能取之見，即爲受本；　所取之相，即爲色本。如耳根圓通工夫，動靜二相，了然不生，即色陰盡；　聞所聞盡，即受陰盡；　覺所覺空，即想陰盡；　生滅既滅，即行陰盡；　忽然超越世出世間，十方圓明，即識陰盡。〕「此五陰元，重疊生起。生因識有，滅從色除。理則頓悟，乘悟併銷。事非頓除，因次第盡。我已示汝劫波巾結，何所不明，再此詢問？汝應將此妄想根元，心得開通，傳示將來末法之中諸修行者，令識虛妄，深厭自生，知有涅槃，不戀三界。」

〔原頂批　明財施福德多。〕「阿難，若復有人，遍滿十方，所有虛空，盈滿七寶，持以奉上微塵諸佛，承事供養，心無虛度。於意云何？是人以此施佛因緣，得福多不？」阿難答言：「虛空無盡，珍寶無邊。昔有衆生，施佛七錢，捨身猶獲轉輪王位，況復現前虛空既窮，佛土充遍，皆施珍寶，窮劫思議，尚不能及，是福云何更有邊際？」〔陳攖寧頂批　轉輪王，此王身具三十二相。即位時，由天感得輪寶，轉其輪寶而降伏四方，故曰「轉輪王」，又曰「轉輪聖帝」。以能飛行空中，故又曰「飛行皇帝」。在增劫，人壽至二萬歲以上時，即出世；　在減劫，人壽自無量歲至八萬歲時，乃出世。其輪寶有金、銀、銅、鐵四種。金輪王領四大洲，銀輪王領東、西、南三大洲，銅輪王領東、南二大洲，鐵輪王領南閻浮提一洲。轉輪王於輪寶外尚有六寶，曰象寶、馬寶、珠寶、女寶、主藏臣寶、主兵臣寶，復有千子。（以上見涅槃經十二、長阿含經六、俱舍論十二。）〕

佛告阿難：「諸佛如來，語無虛妄，若復有人，身具四重〔陳攖寧頂批　四重，又名「四棄」，又名「四波羅夷」，犯婬、盜、殺人、妄語四重罪〕、十波羅夷〔陳攖寧頂批　十波羅夷，又名「十重戒」，四重加酤酒、說四眾過、自讚毀他、慳惜加毀、嗔心不悔、謗三寶〕，瞬息即經此方他方阿鼻地獄，乃至窮盡十方無間〔即無間地獄〕，靡不經歷。能以一念，將此法門，於末劫中，開示未學，是人罪障，應念銷滅，變其所受地獄苦因成安樂國，得福超越前之施人百倍、千倍、千萬億倍，如是乃至算數譬喻所不能及。〔原頂批　以誦持此經咒即得正覺故也。〕阿難，若有眾生，能誦此經，能持此咒，如我廣說，窮劫不盡。〔誦經持咒之人所得之福報，比前更多。〕依我教言，如教行道，直成菩提，無復魔業。」

〔原頂批　通結一部。〕佛說此經已，比丘、比丘尼、優婆塞、優婆夷，一切世間天、人、阿修羅及諸他方菩薩、二乘〔陳攖寧頂批　二乘，即小乘中之聲聞、辟支二種〕、聖仙童子〔陳攖寧頂批　聖仙童子，或謂即天仙類，或謂是仙趣修內教者〕並初發心大力鬼神，皆大歡喜，作禮而去。

大佛頂如來密因修證了義諸菩薩萬行首楞嚴經卷第十音釋

殫　音「丹」，盡也。

緒　音「序」，端也。

野馬　空中擾動浮埃。

熠　羊入切，光明閃爍貌。

樞　昌朱切。

灣　烏關切。

孽　魚列切。

綴　陟衛切。

摩醯首羅　即大自在天神，三目八臂。

婆吒、霰尼　二外道名。

阿斯陀　華言「無比」，即長壽仙。

吒枳迦羅　即大自在天類。

秉　音「丙」。

媛　於願切，美女也。

霰　蘇見切。

褫　敕爾切。

串　古患切，常也。

「湛」字各說

當知了別見聞覺知，圓滿湛然，性非從所。（見本經卷三，廿三頁前。）

汝元不知，如來藏中，性識明知，覺明真識，妙覺湛然，遍周法界。（見本經卷三，廿三頁後。）

妙湛總持不動尊。（本經卷三，廿四頁。）

則汝身中，堅相爲地，閏濕爲水，煖觸爲火，動搖爲風。由此四纏，分汝湛圓妙覺明心，爲視爲聽，爲覺爲察，從始入終，五疊渾濁。（本經卷四，第十四頁後。）

若無所明，則無明覺。有所非覺，無所非明，無明又非覺湛明性。（卷四，第二頁後七行。）

汝今欲令見聞覺知，遠契如來常樂我淨，應當先擇死生根本，依不生滅圓湛性成，以湛旋其虛妄滅生，伏還元覺。得元明覺，無生滅性，爲因地心，然後圓成果地修證。（卷四，第十五頁後。）

我今備顯六湛圓明，本所功德，數量如是，隨汝詳擇其可入者。（卷四，十八頁前。）

當知是根，非一非六，由無始來，顛倒淪替，故於圓湛一六義生。（卷四，十九頁前。）

由明暗等二種相形，於妙圓中黏湛發見。由動靜等二種相擊，於妙圓中黏湛發聽。

（共有六黏湛。卷四，二十頁。）

如來先說湛精圓常。（卷四，二十二頁後。）

如勞目精，則有狂華，於湛精明，無因亂起。（卷五，五頁前。）

我以旋湛，心光發宣，如陰濁流，久成清瑩。（卷五，十五頁。）

執持智明，周遍寂湛，寂妙常凝，名定心住。（卷八，十信，四頁。）

本覺湛然，覺齊佛覺，名等一切佛回向。（卷八，六頁。）

澄心不動，寂湛生光，如是一類，名少光天。（卷九，第一頁。）

內外湛明，入無所入。（卷十，第十頁前。）

是名第十圓覺湣心，成湛明果。（卷十，第十四頁後。）

又汝精明湛不搖處，則此精了湛不搖中。此湛非真，如急流水。（卷十，十八頁前。）

則湛了內罔象虛無，第五顛倒微細精想。湛入合湛，歸識邊際。（卷十，十八頁後。）

腦電波，一天八十六萬四千，一年三千一百五十三萬六千，十年三萬一千五百三十六萬。卷二「十番顯見」第四「顯見不失」：「聚緣內搖，趣外奔逸，昏擾擾相，以爲心性。」卷四「六受同根」：「浮根四塵，流逸奔色、奔聲、奔香、奔味、奔觸、奔法。」卷十：「猶如野馬，熠熠清擾，爲浮根塵，究竟樞穴。」

陳攖寧 著

楞嚴經釋要

楞嚴經釋要序

陳攖寧　書

佛說無所不通，故用三觀六印以爲修習之法，於此經亦無所不通； 用十玄六相以爲修習之法，於此經亦無不通。 又佛語不相因襲，故法華有法華之矩，華嚴有華嚴之矩，楞嚴有楞嚴之矩。 是編專以此經本來面目爲主，故不敢多著一義，又恐註解多則讀者勢將認註爲經也。 總之，此經專重初心及因地心。 何謂初心？ 必真知真覺方能得因地心，得因地心方能有果地覺。 此三大事不明，則雖記其條文，稽其義類，而於此經真旨未能聞達，則條文、義類皆屬衆枝衆葉，而非根本也。 因本愼經尊經之義，將經中應機說法之脈絡列科判於左。

初心

緣起

徵心

一

二
三
四
五
六
七
欲顯真心先放寶光
二種根本總提經旨
先斥攀緣非心
次指離塵而有分別
將說真心重現寶光
一,以客塵說開示
(一)拳與眼非一例
(二)眼與心非一例
(三)勿認物爲己
(四)聞恒河說略知主體

（五）示以正例

二，使認知我真

（一）還者是物，不還非物

（二）非物即我真

（三）轉物不爲物轉

（四）無是非是

三，見猶離見，以破妄執

自然

因緣

和合

四，破妄顯真

破五陰

破六入

破十二處

破十八界

七大相破，實皆真性

五，得見真心

因地心

先除疑，始能求入門

除山河大地之疑

除何因有妄之疑

除遍容陵滅之疑

自然說破盡

因緣說破盡

和合說破盡

獲大宅求入門

第一決定義

依不生滅湛旋生機

劫濁

見觸

煩惱觸

眾生濁
命濁
第二決定義
隨拔一根，盡脱諸黏
黏湛發視
黏湛發聽
黏湛發齅
黏湛發嘗
黏湛發觸
黏湛發知
識心銷落，性非銷落
解結
六結
三次第
說圓通
二十四聖各說圓通

觀音耳門六層
忽然超越
三十二應
十四無畏
四不思議
文殊選擇圓通

歸果地覺

先須持戒
殺、盜、婬、妄
次或持咒
道場
說咒
護咒
修證階位
破十二類生

第一漸次
第二漸次
第三漸次
兩乾慧夾五十五位
初乾
十信
十住
十行
十回向
四加行
十地
等覺
金剛乾慧
盡妙覺成無上道
文殊請經名
真心之反面

地獄類
鬼類
畜生類
人類
十種仙
三界諸天
四種修羅
真心之背面
色陰十魔
受
想
行
識
陰盡頓超
補完解結次第六項兼以結束全經要旨
讚歎

大佛頂如來密因修證了義諸菩薩萬行首楞嚴經釋要卷第一

佛乃至極之聖，頂乃最尊無上之頂，佛相好中名爲「無見頂相」，喻最尊也；密因，揀非事相修行顯因之可見者；了義，謂一切諸佛，乘此一心，以躋極果，究竟無餘；首楞嚴，此云一切事究竟堅固，明其徹流底源，不動不壞。

如是我聞，一時，佛在室羅筏城祇桓精舍與大比丘衆千二百五十人俱，皆是無漏大阿羅漢，佛子住持，善超諸有，能於國土成就威儀，從佛輪轉，妙堪遺囑，嚴淨毘尼，弘範三界，應身無量，度脱衆生，拔濟未來，越諸塵累。

毘尼，此云「善治」，亦即律戒之總名；應身，緣感則應，隨類化身，如觀音三十二應。

其名曰大智舍利弗、摩訶目犍連、摩訶拘絺羅、富樓那彌多羅尼子、須菩提、優波尼沙

陀等，而爲上首。復有無量辟支無學並其初心同來佛所，屬諸比丘休夏自恣，十方菩薩咨決心疑，欽奉慈嚴，將求密義。即時如來敷座宴安，爲諸會中宣示深奧，法筵清衆，得未曾有。迦陵僊音，遍十方界。恒沙菩薩，來聚道場。文殊師利而爲上首。

休夏者，佛制夏月護生避嫌，九旬禁足安居，不令乞食；自恣者，期滿解制，即孤山所指七月十四、十五、十六也，考劾九旬德業，自疑己過者自請問佛，自不知過者恣任僧舉也。

時波斯匿王爲其父王諱日營齋，請佛宮掖，自迎如來，廣設珍羞無上妙味，兼復親延諸大菩薩。城中復有長者居士同時飯僧，佇佛來應。佛敕文殊分領菩薩及阿羅漢，應諸齋主。惟有阿難先受別請，遠遊未還，不遑僧次。既無上座及阿闍黎，途中獨歸，其日無供。即時阿難執持應器，於所遊城次第循乞，心中初求最後檀越以爲齋主。無問淨穢、剎利尊姓及旃陀羅，方行等慈，不擇微賤，發意圓成一切衆生無量功德。

阿難，此云「慶喜」。佛成道日，淨飯王弟斛飯王復報生子，淨飯賜名「慶喜」，是佛堂弟。

阿難已知如來世尊訶須菩提及大迦葉爲阿羅漢，心不均平，欽仰如來，開闡無遮，度諸疑謗，經彼城隍，徐步郭門，嚴整威儀，肅恭齋法。

爾時，阿難因乞食次，經歷婬室，遭大幻術摩登伽女，以娑毗迦羅先梵天咒攝入婬席，婬躬撫摩，將毀戒體。如來知彼婬術所加，齋畢旋歸，王及大臣、長者、居士俱來隨佛，願聞法要。於時，世尊頂放百寶無畏光明，光中出生千葉寶蓮，有佛化身結跏趺坐，宣說神咒，敕文殊師利將咒往護。惡咒銷滅，提獎阿難及摩登伽歸來佛所。

以上此經緣起。

阿難見佛，頂禮悲泣，恨無始來，一向多聞，未全道力，殷勤啟請十方如來得成菩提妙奢摩他三摩禪那最初方便。於時復有恒沙菩薩及諸十方大阿羅漢、辟支佛等，俱願樂聞，退坐默然，承受聖旨。

菩提，此云「覺道」，是佛三智圓滿無上究竟之果； 奢摩他，本不動搖、不生滅之真心，開解照了爲義，乃正因佛性略兼了因，即定之慧也； 三摩，即契入真性行起，能絕寂定爲義，亦即正因佛性略兼緣因，乃即慧之定也； 禪那，即正因佛性略兼緣了二因，乃定慧雙融之性體也。

「十方如來得成菩提妙奢摩他」，是全經總綱；「最初方便」四字，則由此直攝至三卷之末。

佛告阿難：「汝我同氣，情均天倫。當初發心，於我法中，見何勝相，頓捨世間深重恩愛？」阿難白佛：「我見如來三十二相勝妙殊絕，形體暎徹，猶如瑠璃。常自思惟，此相非是欲愛所生。何以故？欲氣麤濁，腥臊交遘，膿血雜亂，不能發生勝淨妙明紫金光聚，是以渴仰從佛剃落。」

佛言：「善哉，阿難。汝等當知，一切衆生，從無始來，生死相續，皆由不知常住真心、性淨明體，用諸妄想。此想不真，故有輪轉。」

是經由此起首處，至三卷之末，阿難、大衆自獲真心，是爲第一大關節。前三卷所說，專爲使獲真心也，共爲一大節，中分五小段。

開卷用三番提挈：阿難聞妙奢摩他，是總起處；佛說生死相續皆由不知常住真心，是經總挈處；下文有大佛頂首楞嚴王，是佛重爲提挈。總之，此三番所提之實際，只一真心而已。

「汝今欲研無上菩提真發明性，應當直心酬我所問，十方如來同一道故。出離生死，皆以直心，心言直故。如是乃至終始地位，中間永無諸委曲相。阿難，我今問汝，當汝發心緣於如來三十二相，將何所見？誰爲愛樂？」阿難白佛言：「世尊，如是愛樂，用我心目。由目觀見如來勝相，心生愛樂，故我發心，願捨生死。」

佛告阿難：「如汝所說，真所愛樂，因於心目。若不識知心目所在，則不能得降伏塵勞。譬如國王爲賊所侵，發兵討除，是兵要當知賊所在。使汝流轉心目爲咎，吾今問汝，惟心與目，今何所在？」

阿難白佛言：「世尊，一切世間，十種異生，同將識心居在身內。縱觀如來青蓮華眼，亦在佛面。我今觀此，浮根四塵，只在我面。如是識心，實居身內。」

浮根四塵，即浮塵四根，眼、耳、鼻、舌也。

佛告阿難：「汝今現坐如來講堂，觀祇陀林今何所在？」「世尊，此大重閣清淨講堂，在給孤園。今祇陀林實在堂外。」「阿難，汝今堂中先何所見？」「世尊，我在堂中，先見如來，次觀大眾。如是外望，方矚林園。」「阿難，汝矚林園，因何有見？」「世尊，此大講堂，户牖開豁，故我在堂得遠瞻見。」

爾時，世尊在大眾中，舒金色臂，摩阿難頂，告示阿難及諸大眾：「有三摩提，名大佛頂首楞嚴王，具足萬行，十方如來，一門超出，妙莊嚴路。汝今諦聽。」阿難頂禮，伏受慈旨。

三摩提，此云「等持」，既是諸定共名，亦是全定總名，不比阿難所請三名中之三摩，乃總中之別。

此仍是全經總挈處。

佛告阿難：「如汝所言，身在講堂，戶牖開豁，遠矚林園。亦有眾生，在此堂中，不見如來見堂外者。」阿難答言：「世尊，在堂不見如來，能見林泉，無有是處。」「阿難，汝亦如是。汝之心靈，一切明了，若汝現前所明了心實在身內，爾時先合了知內身，頗有眾生先見身中，後觀外物，縱不能見心肝脾胃、爪生髮長、筋轉脈搖，誠合明了，如何不知？必不內知，云何知外？是故應知，汝言覺了能知之心，住在身內，無有是處。」

阿難稽首而白佛言：「我聞如來如是法音，悟知我心實居身外。所以者何？譬如燈光，然於室中，是燈必能先照室內，從其室門，後及庭院。一切眾生，不見身中，獨見身外，亦如燈光居在室外，不能照室。是義必明，將無所惑。同佛了義，得無妄耶？」

佛告阿難：「是諸比丘，適來從我室羅筏城，循乞摶食，歸祇陀林，我已宿齋。汝觀比丘，一人食時，諸人飽不？」阿難答言：「不也，世尊。何以故？是諸比丘，雖阿羅漢，軀命不同，云何一人能令眾飽？」

佛告阿難：「若汝覺了知見之心，實在身外，身心相外，自不相干，則心所知，身不能覺，覺在身際，心不能知。我今示汝兜羅綿手，汝眼見時，心分別不？」阿難答言：「如是，世尊。」佛告阿難：「若相知者，云何在外？是故應知，汝言覺了能知之心，住在身外，無有是處。」

阿難白佛言：「世尊，如佛所言，不見內故，不居身內，身心相知，不相離故，不在身外。我今思惟，知在一處。」佛言：「處今何在？」阿難言：「此了知心，既不知內，而能見外。如我思忖，潛伏根裏，猶如有人，取瑠璃椀，合其兩眼。雖有物合，而不留礙。彼根隨見，隨即分別。然我覺了能知之心，不見內者，為在根故。分明矚外無障礙者，潛根內故。」

佛告阿難：「如汝所言，潛根內者，猶如瑠璃，彼人當以瑠璃籠眼，當見山河，見瑠璃不？」「如是，世尊。是人當以瑠璃籠眼，實見瑠璃。」佛告阿難：「汝心若同瑠璃合者，當見山河，何不見眼？若見眼者，眼即同境，不得成隨。若不能見，云何說言此了知心潛在根內如瑠璃合？是故應知，汝言覺了能知之心，潛伏根裏，如瑠璃合，無有是處。」

阿難白佛言：「世尊，我今又作如是思惟，是眾生身，腑藏在中，竅穴居外，有藏則暗，有竅則明。今我對佛，開眼見明，名為見外；閉眼見暗，名為見內。是義云何？」佛告阿難：「汝當閉眼見暗之時，此暗境界，為與眼對，為不對眼？若與眼對，暗在眼前，云何成內？若成內者，居暗室中，無日月燈，此室暗中，皆汝焦腑。若不對者，云何成見？若離外見，內對所成，合眼見暗，名為身中，開眼見明，何不見面？若不見面，內對不成。見面若成，此了知心，及與眼根，乃在虛空，何成在內？若在虛空，自非汝體。即應如來今見汝面，亦是汝身。汝眼已知，身合非覺，必汝執言，身眼兩覺，應有二知，即汝一身，應成兩佛。是故應知，汝言見暗名見內者，無有是處。」

阿難言：「我嘗聞佛開示四眾，由心生故，種種法生。由法生故，種種心生。我今思惟，即思惟體實我心性。隨所合處，心則隨有，亦非內、外、中間三處。」佛告阿難：「汝今說言，由法生故，種種心生，隨所合處，心隨有者，是心無體則無所合。若無有體而能合者，則十九界因七塵合，是義不然。若有體者，如汝以手自挃其體，汝所知心，為復內出？為從外入？若復內出，還見身中；若從外來，先合見面。」

阿難言：「見是其眼，心知非眼，為見非義。」佛言：「若眼能見，汝在室中，門能見不？則諸已死，尚有眼存，應皆見物。若見物者，云何名死？阿難，又汝覺了能知之心，若必有體，爲復一體，爲有多體？今在汝身，爲復遍體，爲不遍體？若一體者，則汝以手挃一支時，四支應覺。若咸覺者，挃應無在。若挃有所，則汝一體自不能成。若多體者，則成多人，何體爲汝？若遍體者，同前所挃。若不遍者，當汝觸頭，亦觸其足。頭有所覺，足應無知。今汝不然。是故應知，隨所合處，心則隨有，無有是處。」

阿難白佛言：「世尊，我亦聞佛與文殊等諸法王子談實相時，世尊亦言心不在內亦不在外。如我思惟，內無所見，外不相知。內無知故，在內不成；身心相知，在外非義。今相知故，復內無見，當在中間。」佛言：「汝言中間，中必不迷，非無所在。今汝推中，中何爲在？爲復在處，爲當在身。若在身者，在邊非中，在中同內。若在處者，爲有所表？爲無所表？無表同無，表則無定。何以故？如人以表，表爲中時，東看則西，南觀成北。表體既混，心應雜亂。」

阿難言：「我所說中，非此二種。如世尊言，眼色爲緣，生於眼識。眼有分別，色塵無知，識生其中，則爲心在。」佛言：「汝心若在根塵之中，此之心體，爲復兼二？爲不兼二？若兼二者，物體雜亂，物非體知，成敵兩立，云何爲中？兼二不成，非知不知，即無體性，中何爲相？是故應知，當在中間，無有是處。」

阿難白佛言：「世尊，我昔見佛與大目連、須菩提、富樓那、舍利弗四大弟子共轉法輪，常言覺知，分別心性，既不在內，亦不在外，不在中間，俱無所在。一切無著，名之爲心，則我無著，名爲心不？」佛告阿難：「汝言覺知分別心性，俱無在者。世間虛空水陸飛行諸所物象，名爲一切。汝不著者，爲在爲無？無則同於龜毛兔角，云何不著？有不著者，不可名無。無相則無，非無則相。相有則在，云何無著？是故應知，一切無著，名覺知心，無有是處。」

自起首至此爲一段，七處徵心而不得，而後下文再另求之。直至三卷之末，始得真心。

迷其真心，則不能無所，有所則處處迷執、處處虛妄。迷者以俗諦答佛所問，佛即以俗諦破之，而答者遂一語不能成立。非對真諦不能成立也，乃俗諦中自無可以成立之地耳。

爾時，阿難在大眾中，即從座起，偏袒右肩，右膝著地，合掌恭敬，而白佛言：「我是如來最小之弟，蒙佛慈愛，雖今出家，猶恃憍憐，所以多聞。未得無漏，不能折伏娑毘羅咒，爲彼所轉，溺於婬舍，當由不知真際所詣。惟願世尊，大慈哀愍，開示我等奢摩他路，令諸闡提隳彌戾車。」作是語已，五體投地。及諸大眾，傾渴翹佇，欽聞示誨。

爾時，世尊從其面門放種種光，其光晃耀，如百千日。普佛世界，六種震動，如是十方微塵國土，一時開現，佛之威神，令諸世界合成一界。其世界中所有一切諸大菩薩，皆住本國，合掌承聽。

佛告阿難：「一切眾生，從無始來，種種顛倒，業種自然，如惡叉聚。諸修行人，不能得成無上菩提，乃至別成聲聞緣覺，及成外道諸天魔王及魔眷屬，皆由不知二種根本，錯亂修習，猶如煮沙欲成嘉饌，縱經塵劫，終不能得。云何二種？阿難，一者，無始生死根本，則汝今者與諸眾生，用攀緣心為自性者；二者，無始菩提涅槃元清淨體，則汝今者識精元明，能生諸緣，緣所遺者，由諸眾生遺此本明，雖終日行，而不自覺，枉入諸趣。」

菩提真性、菩提涅槃，義翻「圓寂」，真本圓而妄本寂。

「阿難，汝今欲知奢摩他路，原出生死，今復問汝。」即時，如來舉金色臂，屈五輪指，語阿難言：「汝今見不？」阿難言：「見。」佛言：「汝何所見？」阿難言：「我見如來舉臂屈指為光明拳，耀我心目。」佛言：「汝將誰見？」阿難言：「我與大眾，同將眼見。」佛告阿難：「汝今答我，如來屈指為光明拳，耀汝心目，汝目可見，以何為心，當我拳耀？」

阿難言：「如來現今徵心所在，而我以心推窮尋逐。即能推者，我將爲心。」佛言：「咄！阿難，此非汝心。」阿難矍然避座合掌，起立白佛：「此非我心，當名何等？」

七處徵心既皆非心，示拳時總指出「此非汝心」。此段提出非心，亦直攝至三卷之末，必使知生平自以爲心者實非心，而後可引之使別求心也。

佛告阿難：「此是前塵虛妄相想，惑汝真性。由汝無始至於今生，認賊爲子，失汝元常，故受輪轉。」阿難白佛言：「世尊，我佛寵弟，心愛佛故，令我出家，我心何獨供養如來，乃至遍歷恒沙國土，承事諸佛及善知識，發大勇猛，行諸一切難行法事，皆用此心。縱令謗法，永退善根，亦因此心。若此發明不是心者，我乃無心，同諸土木。離此覺知，更無所有。云何如來說此非心？我實驚怖。兼此大眾，無不疑惑。惟垂大悲，開示未悟。」

爾時，世尊開示阿難及諸大眾，欲令心入無生法忍。於師子座摩阿難頂而告之言：「如來常說，諸法所生，唯心所現。一切因果，世界微塵，因心成體。阿難，若諸世界，一切所有，其中乃至草葉縷結，詰其根元，咸有體性。縱令虛空，亦有名貌。何況清淨妙淨明心，性一切心，而自無體？」

無生法忍，即空其所空，而雙空又皆滅也。各宗階位所判不同，詳見五卷、八卷、十卷。五卷解結次第說，至無生法忍而止，至八卷三漸次始重提出曰「是人即獲無生法忍」。

「若汝執吝分別覺觀，所了知性，必爲心者，此心即應離諸一切色香味觸諸塵事業，別有全性。如汝今者，承聽我法，此則因聲而有分別，縱滅一切見聞覺知，內守幽閒，猶爲法塵分別影事。」

「因聲而有分別」與「滅一切見聞覺知」二者，雖似不同，皆見聞未能離塵也。無聲無色，即無聲無色之塵也。須知世之言主靜者，只此耳。

「我非敕汝執爲非心，但汝於心微細揣摩，若離前塵，有分別性，即真汝心。若分別性，離塵無體，斯則前塵分別影事。塵非常住，若變滅時，此心則同龜毛兔角，則汝法身同於斷滅，其誰修證無生法忍？」

即時，阿難與諸大眾，默然自失。佛告阿難：「世間一切諸修學人，現前雖成九次第定，不得漏盡成阿羅漢，皆由執此生死妄想，誤爲真實。是故汝今雖得多聞，不成聖果。」

九次第定，謂四禪定、四空定加滅受想。

阿難聞已，重復悲淚，五體投地，長跪合掌而白佛言：「自我從佛發心出家，恃佛威神，常自思惟，無勞我修，將謂如來惠我三昧。不知身心本不相代，失我本心，雖身出家，心不入道。譬如窮子，捨父逃逝。今日乃知，雖有多聞，若不修行，與不聞等。如人說食，終不能飽。世尊，我等今者，二障所纏，良由不知寂常心性。惟願如來哀愍窮露，發妙明心，開我道眼。」

即時如來從胸卍字湧出寶光，其光晃昱，有百千色，十方微塵，普佛世界，一時周遍，遍灌十方所有寶剎諸如來頂，旋至阿難及諸大眾。

卍，彼方「萬」字，如來胸前萬德吉祥紋也。

告阿難言：「吾今為汝建大法幢，亦令十方一切眾生，獲妙微密，性淨明心，得清淨眼。阿難，汝先答我，見光明拳，此拳光明，因何所有？云何成拳？汝將誰見？」阿難言：「由佛全體，閻浮檀金，赩如寶山，清淨所生，故有光明。我實眼觀五輪指端屈握示人，故有拳相。」佛告阿難：「如來今日實言告汝，諸有智者，要以譬喻而得開悟。阿難，譬如我拳，若無我手，不成我拳；若無汝眼，不成汝見。以汝眼根，例我拳理，其義均不？」阿難言：「唯然。世尊，既無我眼，不成我見。以我眼根，例如來拳，事義相類。」

閻浮，此云「勝金」，須彌南方有此檀樹，果汁入水，沙石成金。此金一粒，置常金中，悉皆失色。佛之身色似之。

佛告阿難：「汝言相類，是義不然。何以故？如無手人，拳畢竟滅。彼無眼者，非見全無。所以者何？汝試於途，詢問盲人：『汝何所見？』彼諸盲人必來答汝：『我今眼前惟見黑暗，更無他矚。』以是義觀，前塵自暗，見何虧損？」

使離塵得見，亦非易事，故舉例問之，待其自失，而後可以引而知。拳之於眼，即塵之於根。塵與根非一例，眼與心非一例，不明主客，故誤謂一例耳。

阿難言：「諸盲眼前，惟覩黑暗，云何成見？」佛告阿難：「諸盲無眼，惟觀黑暗，與有眼人，處於暗室，二黑有別？爲無有別？」「如是，世尊，此暗中人，與彼羣盲，二黑校量，曾無有異。」「阿難，若無眼人，全見前黑，忽得眼光，還於前塵，見種種色，名眼見者；彼暗中人，全見前黑，忽獲燈光，亦於前塵，見種種色，應名燈見。若燈見者，燈能有見，自不名燈。又則燈觀，何關汝事？是故當知，燈能顯色，如是見者，是眼非燈；眼能顯色，如是見性，是心非眼。」

阿難雖復得聞是言，與諸大眾口已默然，心未開悟，猶冀如來慈音宣示，合掌清心，佇佛悲誨。

爾時，世尊舒兜羅綿網相光手，開五輪指，誨敕阿難及大眾：「我初成道於鹿園中，爲阿若多五比丘等及汝四眾言：『一切眾生不成菩提及阿羅漢，皆由客塵煩惱所誤。』汝等當時，因何開悟，今成聖果？」

拳與眼，眼與心，主客不明，則自失其主，故喚起羅漢，爲說主客，以開其心。

時憍陳那起立白佛：「我今長老，於大眾中，獨得解名，因悟『客塵』二字成果。世尊，譬如行客，投寄旅亭，或宿或食。宿食事畢，俶裝前途，不遑安住。若實主人，自無攸往。如是思惟，不住名客，住名主人，以不住者名爲客義。又如新霽，清暘昇天，光入隙中，發明空中諸有塵相，塵質搖動，虛空寂然。如是思惟，澄寂名空，搖動名塵，以搖動者名爲塵義。」佛言：「如是。」

即時，如來於大眾中屈五輪指，屈已復開，開已又屈，謂阿難言：「汝今何見？」阿難言：「我見如來百寶輪掌，衆中開合。」佛告阿難：「汝見我手，衆中開合，爲是我手，有開有合，爲復汝見，有開有合？」阿難言：「世尊寶手，衆中開合，我見如來手自開合，非我見性有開有合。」佛言：「誰動誰靜？」阿難言：「佛手不住，而我見性尚無有靜，誰爲無住？」佛言：「如是。」如來於是從輪掌中飛一寶光在阿難右，即時阿難回首右盼。又放一光在阿難左，阿難又則回首左盼。佛告阿難：「汝頭今日因何搖動？」阿難言：「我見如來出妙寶光，來我左右，故左右觀，頭自搖動。」「阿難，汝盼佛光左右動頭，爲汝頭動？爲復見動？」「世尊，我頭自動，而我見性，尚無有止，誰爲搖動？」佛言：「如是。」

百寶者，貴重之稱； 輪掌者，佛之手足中心各有一千輻輪相，故云耳。

於是如來普告大衆：「若復衆生以搖動者名之爲塵，以不住者名之爲客，汝觀阿難，頭自動搖，見無所動。又汝觀我手自開合，見無舒卷。云何汝今以動爲身、以動爲境，從始洎終，念念生滅，遺失真性，顛倒行事，性心失真，認物爲己，輪迴是中，自取流轉？」

於此指明流動生滅只屬塵，而真性本無動，勿認物爲己也。

大佛頂如來密因修證了義諸菩薩萬行首楞嚴經釋要卷第二

爾時，阿難及諸大眾，聞佛示誨，身心泰然。念無始來，失却本心，妄認塵緣分別影事，今日開悟，如失乳兒，忽遇慈母。合掌禮佛，願聞如來，顯出身心，真妄虛實，現前生滅，與不生滅，二發明性。時波斯匿王起立白佛：「我昔未承諸佛誨敕，見迦旃延、毘羅胝子，咸言此身死後斷滅，名爲涅槃，我雖值佛，今猶狐疑。云何發揮證知此心不生滅地？今此大眾諸有漏者，咸皆願聞。」

前文稱「不住名客，住名主人」，住即不動之義。無手則拳滅，無眼而見精不滅。又左右顧盼，頭自動搖，見無動搖，則主客已顯。二卷再申明之。

迦旃延，此云「剪髮」，計一切髮亦有亦無；毘羅胝，此云「不作」，計諸法自然。外道六師之二說，道不同，皆以斷見爲主。

佛告大王：「汝身現在，今復問汝，汝此肉身爲同金剛常住不朽？爲復變壞？」「世尊，我今此身，終從變滅。」佛言：「大王，汝未曾滅，云何知滅？」「世尊，我此無常變壞之身，雖未曾滅，我觀現前，念念遷謝，新新不住，如火成灰，漸漸銷殞，殞亡不息，決知此身當從滅盡。」

佛言：「如是。大王，汝今生齡已從衰老，顏貌何如童子之時？」「世尊，我昔孩孺，膚腠潤澤，年至長成，血氣充滿，而今頹齡，迫於衰耄，形色枯悴，精神昏昧，髮白面皺，逮將不久，如何見比充盛之時？」

佛言：「大王，汝之形容，應不頓朽。」王言：「世尊，變化密移，我誠不覺，寒暑遷流，漸至於此。何以故？我年二十，雖號年少，顏貌已老初十歲時，三十之年又衰二十。於今六十，又過於二。觀五十時，宛然强壯。世尊，我見密移，雖此殂落，其間流易，且限十年。若復令我微細思惟，其變寧惟一紀二紀，實爲年變。豈惟年變，亦兼月化。何直月化，兼又日遷。沉思諦觀，刹那刹那，念念之間，不得停住，故知我身終從變滅。」

匿王與瑠璃王時期不同，然廢父王以至入地獄，不過十數日之事。而此經前後淺深懸殊，其問答非一時所能了解，故非一時所說也。餘詳四卷。

一念具九十刹那，以利刃透九十紙爲一念。

佛告大王：「汝見變化遷改不停，悟知汝滅，亦於滅時，汝知身中有不滅耶？」波斯匿王合掌白佛：「我實不知。」佛言：「我今示汝不生滅性。大王，汝年幾時，見恒河水？」王言：「我生三歲，慈母攜我謁耆婆天，經過此流，爾時即知是恒河水。」佛言：「大王，如汝所說，二十之時，衰於十歲，乃至六十，日月歲時，念念遷變，則汝三歲見此河時，至年十三，其水云何？」王言：「如三歲時，宛然無異。乃至於今年六十二，亦無有異。」佛言：「汝今自傷髮白面皺，其面必定皺於童年，則汝今時，觀此恒河，與昔童時觀河之見，有童耄不？」王言：「不也，世尊。」佛言：「大王，汝面雖皺，而此見精，性未曾皺。皺者爲變，不皺非變。變者受滅，彼不變者，元無生滅，云何於中受汝生死，而猶引彼末伽梨等，都言此身死後全滅？」王聞是言，信知身後捨生趣生，與諸大眾，踊躍歡喜，得未曾有。

末伽黎，此云「不見道」。

阿難即從座起，禮佛合掌，長跪白佛：「世尊，若此見聞，必不生滅，云何世尊名我等輩，遺失真性，顛倒行事？願興慈悲，洗我塵垢。」即時如來垂金色臂，輪手下指，示阿難言：「汝今見我母陀羅手，爲正爲倒？」阿難言：「世間衆生以此爲倒，而我不知誰正誰倒。」佛告阿難：「若世間人以此爲倒，即世間人將何爲正？」阿難言：「如來竪臂，兜羅綿手上指於空，則名爲正。」佛即竪臂，告阿難言：「若此顛倒，首尾相換，諸世間人，一倍瞻視，則知汝身與諸如來清淨法身比類發明。如來之身，名正遍知。汝等之身，號性顛倒。隨汝諦觀，汝身佛身，稱顛倒者，名字何處，號爲顛倒？」於時阿難與諸大衆，瞪瞢瞻佛，目睛不瞬，不知身心顛倒所在。佛興慈悲，哀愍阿難及諸大衆，發海潮音，遍告同會：「諸善男子，我常說言，色心諸緣，及心所使，諸所緣法，唯心所現。汝身汝心，皆是妙明真精妙心中所現物，云何汝等遺失本妙圓妙明心、寶明妙性，認悟中迷？晦昧爲空，空晦暗中，結暗爲色，色雜妄想，想相爲身，聚緣內搖，趣外奔逸，昏擾擾相，以爲心性。一迷爲心，決定惑爲色身之內。不知色身外洎山河虛空大地，咸是妙明真心中物。譬如澄清百千大海棄之，惟認一浮漚體，目爲全潮，窮盡瀛渤。汝等即是迷中倍人，如我垂手，等無差別，如來說爲可憐愍者。」

自七處徵心之末至此，可爲第二段。此段之初，破其塵心非心，欲求其心，須分主客，乃知其有主體仍係推測倒知。至此示以正知之心境，則塵影之外，別有心體矣。總之，是求心而知有此心也。「一倍顛倒」，「迷中倍人」，謂不知正義不知倒。

自「我常說言，色心諸緣」起，至「可憐愍者」止，一百七十二字，最當諦觀。此是佛法至寶，由此可以得正知、離倒見也。惟乍聞之者，聞所未聞，未敢認爲己心，以其緣心未破故也。

阿難承佛悲救深誨，垂泣叉手，而白佛言：「我雖承佛如是妙音，悟妙明心，元所圓滿常住心地，而我悟佛現說法音，現以緣心，允所瞻仰，徒獲此心，未敢認爲本元心地。願佛哀愍，宣示圓音，拔我疑根，歸無上道。」

佛告阿難：「汝等尚以緣心聽法，此法亦緣，非得法性。如人以手指月示人，彼人因指，當應看月。若復觀指，以爲月體，此人豈惟亡失月輪，亦亡其指。何以故？以所標指爲明月故。豈惟亡指，亦復不識明之與暗。何以故？即以指體爲月明性，明暗二性無所了故。汝亦如是。若以分別，我說法音，爲汝心者，此心自應離分別音，有分別性。譬如有客寄宿旅亭，暫止便去，終不常住。而掌亭人都無所去，名爲亭主。此亦如是。若真汝心，則無所去，云何離聲無分別性？斯則豈惟聲分別心，分別我容，離諸色相，無分別性。如是乃至分別都無，非色非空，拘舍離等，昧爲冥諦。離諸法緣，無分別性，則汝心性，各有所還，云何爲主？」

外道立廿五諦，首號「冥諦」。彼謂冥初生覺是萬法之元始，尊爲極則之理。今非色非空，正齊此見矣。

阿難言：「若我心性，各有所還，則如來說妙明元心，云何無還？惟垂哀愍，爲我宣說。」

佛告阿難：「且汝見我，見精明元，此見雖非妙精明心，如第二月，非是月影。汝應諦聽，今當示汝無所還地。」

捏目觀月，成兩月輪，不離月體，但多一捏，放之即淨。

「阿難，此大講堂，洞開東方，日輪升天，則有明曜，中夜黑月，雲霧晦暝，則復昏暗。户牖之隙，則復見通。牆宇之間，則復觀壅。分別之處，則復見緣。頑虛之中，遍是空性。鬱浡之象，則紆昏塵。澄霽斂氛，又觀清淨。阿難，汝咸看此諸變化相，吾今各還本所因處。云何本因？阿難，此諸變化，明還日輪。何以故？無日不明，明因屬日，是故還日。暗還黑月，通還户牖，壅還牆宇，緣還分別，頑虛還空，鬱浡還塵，清明還霽，則諸世間一切所有，不出斯類。汝見八種見精明性，當欲誰還？何以故？若還於明，則不明時，無復見暗。雖明暗等種種差別，見無差別。諸可還者，自然非汝。不汝還者，非汝而誰？則知汝心，本妙明淨，汝自迷悶，喪本受輪，於生死中，常被漂溺，是故如來，名可憐愍。」

阿難言：「我雖識此見性無還，云何得知是我真性？」

常人偶聞「山河大地皆是真心」，必不敢認。雖取還與不還二義開之，必仍不敢認。此無他，心之自認未明也。故下文再使自認何者爲物、何者爲己。

佛告阿難：「吾今問汝，今汝未得無漏清淨，承佛神力，見於初禪，得無障礙。而阿那律見閻浮提，如觀掌中菴摩羅果。諸菩薩等見百千界，十方如來窮盡微塵，清淨國土，無所不矚。眾生洞視，不過分寸。」

初禪能見一四天下；阿那律，此云「無滅」，昔因其施供，受福不滅，是佛從弟，晝眠被訶，精進失目，遂證四果得天眼，見大千如觀掌果。

「阿難，且吾與汝觀四天王所住宮殿，中間遍覽水陸空行，雖有昏明種種形像，無非前塵分別留礙。汝應於此，分別自他。今吾將汝擇於見中，誰是我體？誰爲物象？阿難，極汝見源，從日月宮，是物非汝。至七金山，周遍諦觀，雖種種光，亦物非汝。漸漸更觀，雲騰鳥飛，風動塵起，樹木山川，草芥人畜，咸物非汝。」

七金山皆以純金爲體，此中光明最多，故言種種光。

「阿難，是諸近遠諸有物性，雖復差殊，同汝見精，清淨所矚，則諸物類，自有差別，見性無殊。此精妙明，誠汝見性。若見是物，則汝亦可見吾之見。若同見者，名爲見吾。吾不見時，何不見吾不見之處？若見『不見』，自然非彼不見之相。若不見吾『不見之地』，自然非物，云何非汝？又則，汝今見物之時，汝既見物，物亦見汝，體性紛雜，則汝與我，並諸世間，不成安立。阿難，若汝見時，是汝非我。見性周遍，非汝而誰？云何自疑汝之真性，性汝不真，取我求實？」

既不是物，自當是己。使之不認爲己而不得。然而塵心未破之時，認不動之真爲己，而不真之塵仍覺立於相對之境，故有夾斷縮小之疑。

阿難白佛言：「世尊，若此見性，必我非餘。我與如來，觀四天王勝藏寶殿，居日月宮，此見周圓，遍娑婆國。退歸精舍，只見伽藍，清心戶堂，但瞻簷廡。世尊，此見如是，其體本來周遍一界，今在室中，唯滿一室？爲復此見，縮大爲小？爲當牆宇，夾令斷絕？

我今不知斯義所在，願垂弘慈，爲我敷演。」

勝藏寶殿，天王殿中眾寶俱在，故稱「勝藏」； 日月宮，皆摩尼寶成； 娑婆國，指一小剎言，非大千也； 伽藍，此云「園」。

佛告阿難：「一切世間，大小內外，諸所事業，各屬前塵，不應說言。見有舒縮，譬如方器，中見方空。吾復問汝，此方器中，所見方空，爲復定方？爲不定方？若定方者，別安圓器，空應不圓；若不定者，在方器中，應無方空。汝言不知斯義所在，義性如是，云何爲在？阿難，若復欲令入無方圓，但除器方，空體無方，不應說言更除虛空方相所在。若如汝問入室之時，縮見令小，仰觀日時，汝豈挽見齊於日面？若築牆宇，能夾見斷，穿爲小竇，寧無續跡？是義不然。一切眾生，從無始來，迷己爲物，失於本心，爲物所轉。故於是中，觀大觀小，若能轉物，則同如來，身心圓明，不動道場，於一毛端，遍能含受十方國土。」

阿難白佛言：「世尊，若此見精，必我妙性，今此妙性現在我前，見必我真，我今身心，復是何物？而今身心分別有實，彼見無別，分辨我身。若實我心，令我今見，見性實我，而身非我，何殊如來先所難言物能見我？惟垂大慈，開發未悟。」

身心實有其體又有能分別也。若失彼見則無分別者也，而却能分辨我之身。若彼之無分別，實我之心，則有分別之身心別是一物。而有分別之身心，又能見彼無分別之見精，則是物能見我矣。以有分別之身心當屬物故也。

佛告阿難：「今汝所言，見在汝前，是義非實。若實汝前，汝實見者，則此見精既有方所，非無指示。且今與汝坐祇陀林，遍觀林渠，及與殿堂，上至日月，前對恒河。汝今於我師子座前，舉手指陳，是種種相。陰者是林，明者是日，礙者是壁，通者是空。如是乃至草樹纖毫，大小雖殊，但可有形，無不指著。若必其見，現在汝前，汝應以手確實指陳何者是見。阿難當知，若空是見，既已成見，何者是空？若物是見，既已是見，何者爲物？汝可微細披剝萬象，析出精明淨妙見元，指陳示我，同彼諸物分明無惑。」阿難言：「我今於此重閣講堂，遠洎恒河，上觀日月，舉手所指，縱目所觀，指皆是物，無是見者。世尊，如佛所說，況我有漏初學聲聞，乃至菩薩，亦不能於萬物象前，剖出精見，離一切物，別有自性。」佛言：「如是如是。」佛復告阿難：「如汝所言，『無有見精，離一切物，別有自性』，則汝所指，是物之中無是見者。今復告汝，汝與如來坐祇陀林，更觀林苑，乃至日月種種象殊，必無見精受汝所指。汝又發明，此諸物中，何者非見？」阿難言：「我實遍見此祇陀林，不知是中何者非見。何以故？若樹非見，云何見樹？若樹即見，復云何樹？如是乃至若空非見，云何見空？若空即見，復云何空？我又思惟，是萬象中微細發明，無非見者。」佛言：「如是如是。」

於是大眾非無學者，聞佛此言，茫然不知是義終始，一時惶悚，失其所守。如來知其魂慮變慴，心生憐愍，安慰阿難及諸大眾：「諸善男子，無上法王，是真實語，如所如說，不誑不妄，非末伽梨四種不死矯亂論議。汝諦思惟，無忝哀慕。」

前云「何者爲見」，使離塵也。至此乃忽轉至「何者非見」，是佛乘機使更轉見歸性也。先離塵，後轉見，是大轉關，是由淺入深。

此外道，謂有不死天，一生不亂。答人者當生彼天四種矯亂論議，謂亦變亦恒，亦生亦滅，亦有亦無，亦增亦減，皆持兩可，終無決定。

是時，文殊師利法王子，愍諸四眾，在大眾中，即從座起，頂禮佛足，合掌恭敬而白佛言：「世尊，此諸大眾，不悟如來發明二種精見色空是非是義。世尊，若此前緣色空等象，若是見者，應有所指；若非見者，應無所矚。而今不知是義所歸，故有驚怖，非是疇昔善根輕尠。惟願如來大慈發明，此諸物象與此見精，元是何物，於其中間無是非是。」

標出主旨，又直縮至三卷之末。而主旨之要訣，則在「見非是見」一語。文殊特略啟此旨耳。

佛告文殊及諸大眾：「十方如來及大菩薩，於其自住三摩地中，見與見緣，並所想相，如虛空華，本無所有。此見及緣，元是菩提妙淨明體，云何於中有是非是？文殊，吾今問汝，如汝文殊，更有文殊是文殊者，爲無文殊？」「如是。世尊，我真文殊，無是文殊。何以故？若有是者，則二文殊。然我今日非無文殊，於中實無是非二相。」佛言：「此見妙明，與諸空塵，亦復如是。本是妙明無上菩提淨圓真心，妄爲色空。及與聞見，如第二月，誰爲是月？又誰非月？文殊，但一月真，中間自無是月非月。是以汝今觀見與塵，種種發明，名爲妄想，不能於中出是非是。由是真精妙覺明性，故能令汝出指非指。」

從文殊說至此，是此卷及三卷主旨，亦是總挈。

不可依妄想而生出是與非是，由是故此妙覺明性，能令汝離是指非指。

自得聞妙明真心之後，而未敢認爲本元心地至此，可爲第三段。未敢自認，佛以「有還」「無還」曉之。遂疑，縱然無還，何必是我之性？佛又曉以「絕不屬物，非已而誰」。然既知非物矣，固當屬心矣。惟此心與平素之身心，二而對存，則平素之身心，復是何物？至此轉之，使身心外塵，同時跡化而爲性，則略見無畔無對之心體矣。由不認己心，而認知有此己心矣。

下一段由則知心體而未離計執之想，遂覺此心體爲最死最實之體，而與外道之真我遍滿無分也。

阿難白佛言：「世尊，誠如法王所說，覺緣遍十方界，湛然常住。性非生滅，與先梵志娑毘迦羅所談冥諦及投灰等諸外道種，說有真我遍滿十方，有何差別？」

梵志，此云「淨裔」，謂是梵天苗裔，即婆羅門。

「世尊亦曾於楞伽山爲大慧等敷演斯義，『彼外道等，常說自然，我說因緣，非彼境界』。我今觀此，覺性自然，非生非滅，遠離一切虛妄顛倒，似非因緣，與彼自然。云何開示，不入羣邪，獲真實心，妙覺明性？」

菩提妙明真心無方無朕，阿難領色空見聞只是真心之說，而執著之見未銷，故所擬真心不離朕跡，與外道「真我遍滿十方」之說相混。

佛告阿難：「我今如是開示方便，真實告汝，汝猶未悟，惑爲自然。阿難，若必自然，自須甄明有自然體。汝且觀此妙明見中，以何爲自？此見爲復，以明爲自？以暗爲自？以空爲自？以塞爲自？阿難，若明爲自，應不見暗；若復以空爲自體者，應不見塞。如是乃至諸暗等相，以爲自者，則於明時，見性斷滅，云何見明？」

阿難言：「必此妙見性非自然，我今發明是因緣生。心猶未明，諮詢如來，是義云何合因緣性？」

佛言：「汝言因緣，吾復問汝。汝今因見，見性現前。此見爲復，因明有見？因暗有見？因空有見？因塞有見？阿難，若因明有，應不見暗；如因暗有，應不見明。如是乃至因空因塞，同於明暗。復次，阿難，此見又復緣明有見？緣暗有見？緣空有見？緣塞有見？阿難，若緣空有，應不見塞；若緣塞有，應不見空。如是乃至緣明緣暗，同於空塞。當知如是精覺妙明，非因非緣，亦非自然，非不自然，無非不非，無是非是，離一切相，即一切法。」

有自而然，是心有朕跡，妄意一實體而計之者也。因緣云者，在權小則只用俗諦，因彼緣此、因前緣後之計執說也。佛言「無非不非，無是非是」，乃離計執而無朕跡之真心也。下文「見見之時，見非是見」與此同。

「汝今云何於中措心，以諸世間戲論名相而得分別？如以手掌撮摩虛空，秖益自勞，虛空云何隨汝執捉？」

阿難白佛言：「世尊，必妙覺性非因非緣，世尊云何常與比丘宣說見性具四種緣？所謂因空、因明、因心、因眼，是義云何？」佛言：「阿難，我說世間諸因緣相，非第一義。阿難，吾復問汝，諸世間人，說我能見，云何名見？云何不見？」阿難言：「世人因於日、月、燈光，見種種相，名之爲見。若復無此三種光明，則不能見。」「阿難，若無明時，名不見者，應不見暗。若必見暗，此但無明，云何無見？阿難，若在暗時，不見明故，名爲不見。今在明時，不見暗相，還名不見。如是二相，俱名不見。若復二相，自相陵奪，非汝見性於中暫無。如是則知二俱名見，云何不見？是故阿難，汝今當知，見明之時，見非是明；見暗之時，見非是暗；見空之時，見非是空；見塞之時，見非是塞。四義成就。汝復應知，見見之時，見非是見，見猶離見，見不能及，云何復說因緣自然及和合相？汝等聲聞，狹劣無識，不能通達清淨實相。吾今誨汝，當善思惟，無得疲怠妙菩提路。」

「見見之時，見非是見」二句，下「見」字是常人之見，上「見」字是能看破常人之有見耳。上「見」字是能看破也。此是真心無翳，而能看破常人之有翳，乃所謂「實相」也。

塵見雖名爲見，尚不能知性見之見，此即「見不能及」也。何況因緣自然和合，皆係塵見所見之塵，更何能濫及性見哉！

實相有二說，一說「諸相非相，方爲實相」；一說「山河全露，法身萬相，當體真實」。前說是離一切妄，乃得真實；後說是相只是性，性外無相。故皆真實，語異而實一也。

阿難白佛言：「世尊，如佛世尊爲我等輩宣說因緣，及與自然諸和合相與不和合，心猶未開，而今更聞見見非見，重增迷悶。伏願弘慈，施大慧目，開示我等，覺心明淨。」作是語已，悲淚頂禮，承受聖旨。爾時世尊憐愍阿難及諸大眾，將欲敷演大陀羅尼諸三摩提妙修行路，告阿難言：「汝雖強記，但益多聞，於奢摩他，微密觀照，心猶未了。汝今諦聽，吾當爲汝分別開示，亦令將來諸有漏者獲菩提果。」

陀羅尼，此云「總持」，謂總一切法，持無量義，即圓湛不生滅根性也；諸三摩提，總目二十五圓通妙修行路，密指耳門；將欲敷衍者，謂將於初心說完之後即演講此也。

一卷徵心之後，將逐層開示真心，乃先提起佛欲大衆得無生法忍，意謂欲令其得五卷、六卷、八卷之無生法忍，故必先開顯三卷末之真心也。此處亦謂欲令知諸圓通法與觀音妙法，故須將三卷末之初心逐層開示。

「阿難，一切衆生，輪迴世間，由二顛倒分別見妄，當處發生，當業輪轉。云何二見？一者，衆生別業妄見；二者，衆生同分妄見。云何名爲別業妄見？阿難，如世間人，目有赤眚，夜見燈光，別有圓影，五色重疊。於意云何？此夜燈明所現圓光，爲是燈色？爲當見色？阿難，此若燈色，則非眚人何不同見，而此圓影惟眚之觀？若是見色，見已成色，則彼眚人見圓影者，名爲何等？復次，阿難，若此圓影，離燈別有，則合旁觀屏帳几筵，有圓影出。離見別有，應非眼矚，云何眚人目見圓影？是故當知色實在燈，見病爲影，影見俱眚，見眚非病，終不應言。是燈是見，於是中有非燈非見。如第二月，非體非影。何以故？第二之觀，捏所成故，諸有智者，不應說言。此捏根元，是形非形，離見非見。此亦如是，目眚所成。今欲名誰，是燈是見。何況分別，非燈非見。」

影見俱眚，覺知其爲眚，此覺知不得謂之病也；見眚之見，非同常人之見，是性之覺知也。

「云何名爲同分妄見？阿難，此閻浮提，除大海水，中間平陸有三千洲，正中大洲，東西括量，大國凡有二千三百，其餘小洲在諸海中，其間或有三兩百國，或一或二，至於三十、四十、五十。阿難，若復此中有一小洲，只有兩國，唯一國人同感惡緣，則彼小洲當土眾生，覩諸一切不祥境界。或見二日，或見兩月，其中乃至暈適佩玦，彗孛飛流，負耳虹蜺，種種惡相。但此國見，彼國眾生，本所不見，亦復不聞。阿難，吾今爲汝，以此二事，進退合明。阿難，如彼眾生，別業妄見，矚燈光中所現圓影，雖現似境，終彼見者，目眚所成。眚即見勞，非色所造。然見眚者，終無見咎。例汝今日以目觀見山河國土及諸眾生，皆是無始見病所成。見與見緣，似現前境。元我覺明，見所緣眚，覺見即眚。本覺明心，覺緣非眚。」

覺明無端生見，而與物緣，此即眚也。若能覺其爲緣，則非眚矣。此本覺明心之覺也。

「覺所覺眚，覺非眚中。此實見見，云何復名覺聞知見？是故汝今見我及汝，並諸世間十類眾生，皆即見眚。非見眚者，彼見真精，性非眚者，故不名見。」

「覺所覺眚」下「覺」字，即由見而覺之見覺； 上「覺」字，即能了此見覺之爲眚耳。此上一「覺」者，即「見見」之上一「見」字也，超乎見聞覺知之上者也。

「阿難，如彼衆生同分妄見，例彼妄見別業一人，一病目人，同彼一國。彼見圓影，眚妄所生。此衆同分，所見不祥。同見業中，瘴惡所起，俱是無始見妄所生。例閻浮提三千洲中，兼四大海娑婆世界，並洎十方諸有漏國，及諸衆生，同是覺明無漏妙心，見聞覺知，虛妄病緣，和合妄生，和合妄死。若能遠離諸和合緣，及不和合，則復滅除諸生死因，圓滿菩提不生滅性，清淨本心，本覺常住。」

此轉見入性也，純由「見非是見」一語轉成。

「阿難，汝雖先悟本覺妙明，性非因緣，非自然性，而猶未明，如是覺元，非和合生，及不和合。阿難，吾今復以前塵問汝，汝今猶以一切世間妄想，和合諸因緣性，而自疑惑證菩提心和合起者，則汝今者妙淨見精，爲與明和？ 爲與暗和？ 爲與通和？ 爲與塞和？ 若明和者，且汝觀明，當明現前，何處雜見？ 見相可辨，雜何形像？ 若非見者，云何見明？ 若即見者，云何見見？ 必見圓滿，何處和明？ 若明圓滿，不合見和，見必異明。雜則失彼性明名字。雜失明性，和明非義。彼暗與通，及諸羣塞，亦復如是。復次，阿難，又汝今者妙淨見精，爲與明合？爲與暗合？爲與通合？爲與塞合？若明合者，至於暗時，明相已滅，此見即不與諸暗合，云何見暗？若見暗時，不與暗合，與明合者，應非見明。既不見明，云何明合，了明非暗？彼暗與通，及諸羣塞，亦復如是。」

阿難白佛言：「世尊，如我思惟，此妙覺元，與諸緣塵，及心念慮，非和合耶？」

佛言：「汝今又言覺非和合，吾復問汝，此妙見精非和合者，爲非明和？爲非暗和？爲非通和？爲非塞和？若非明和，則見與明，必有邊畔。汝且諦觀，何處是明？何處是見？在見在明，自何爲畔？阿難，若明際中必無見者，則不相及，自不知其明相所在，畔云何成？彼暗與通，及諸羣塞，亦復如是。又妙見精，非和合者，爲非明合？爲非暗合？爲非通合？爲非塞合？若非明合，則見與明，性相乖角，如耳與明，了不相觸。見且不知明相所在，云何甄明合非合理？彼暗與通，及諸羣塞，亦復如是。」

「阿難，汝猶未明一切浮塵諸幻化相，當處出生，隨處滅盡，幻妄稱相，其性真爲妙覺明體？如是乃至五陰六入，從十二處，至十八界。因緣和合，虛妄有生；因緣別離，虛妄名滅。殊不能知，生滅去來，本如來藏，常住妙明，不動周圓，妙真如性。性真常中，求於去來，迷悟生死，了無所得。」

如來藏總目眾生本覺性體，言眾生心中隱覆如來，故名「如來藏」，即起信論中之一心也。妙真如性者，一心開二門：一者，心真如門；二者，心生滅門。眾生順生死流，故生滅全顯而真如全隱。然生滅無體，而其體全是真如，故佛明此生滅去來，即眾生如來藏中妙真如性隨緣詐現而已。

自疑與外道真我相混之問至此，可為第四段。佛破其疑，仍用轉化之法。見非是見，則因緣自然俱銷化矣；見眚銷，則妄相妄計俱泯矣。末復泯和合之有無，而歸於幻化，其性真為妙覺明體。總之，是自然因緣和合，本無跡而轉入體性也。下文即大泯一切之跡，泯諸跡而顯其體性焉。

前文說非自然、非因緣，已將見妄喝破。加以非和合、非不和合，則見妄破盡。破盡即顯真性，故五陰、六入、十二處、十八界，直用本如來藏妙真如性領起。若仍用見妄推求，則不能讀矣。

「阿難，云何五陰本如來藏妙真如性？阿難，譬如有人以清淨目觀晴明空，惟一晴虛，迥無所有。其人無故，不動目睛，瞪以發勞，則於虛空別見狂華，復有一切狂亂非相。色陰當知，亦復如是。」

「阿難，是諸狂華，非從空來，非從目出。如是阿難，若空來者，既從空來，還從空入。若有出入，即非虛空。空若非空，自不容其華相起滅，如阿難體不容阿難。若目出者，既從目出，還從目入。即此華性，從目出故，當合有見。若有見者，去既華空，旋合見眼。若無見者，出既翳空，旋當翳眼。又見華時，目應無翳，云何晴空，號清明眼？是故當知，色陰虛妄，本非因緣，非自然性。」

眼能有見，若從眼出其性，不能與眼相反，故此華亦當有見。有見則還入眼時，此華當能見眼。若謂此華無見，則出眼之後，固能翳空而蔽之矣。及其入眼，亦應蔽眼也。又人之見此華時，是華已出眼之外，則目應無所翳矣，何待眼外空中無華而後號「清明眼」乎？

「阿難，譬如有人，手足晏安，百骸調適，忽如忘生，性無違順，其人無故以二手掌於空相摩，於二手中，妄生澀滑冷熱諸相，受陰當知，亦復如是。阿難，是諸幻觸，不從空來，不從掌出。如是阿難，若空來者，既能觸掌，何不觸身，不應虛空選擇來觸？若從掌出，應非待合。又掌出故，合則掌知，離則觸入，臂腕骨髓，應亦覺知入時蹤跡，必有覺心，知出知入，自有一物身中往來，何待合知，要名為觸？是故當知，受陰虛妄，本非因緣，非自然性。」

「阿難，譬如有人談說酢梅，口中水出；思蹋懸崖，足心酸澀。想陰當知，亦復如是。阿難，如是酢說，不從梅生，非從口入。如是阿難，若梅生者，梅合自談，何待人說？若從口入，自合口聞，何須待耳？若獨耳聞，此水何不耳中而出？想蹋懸崖，與說相類。是故當知，想陰虛妄，本非因緣，非自然性。」

「阿難，譬如瀑流，波浪相續，前際後際，不相踰越。行陰當知，亦復如是。阿難，如是流性，不因空生，不因水有，亦非水性，非離空水。如是阿難，若因空生，則諸十方無盡虛空，成無盡流，世界自然俱受淪溺。若因水有，則此瀑流，性應非水，有所有相，今應現在。若即水性，則澄清時，應非水體。若離空水，空非有外，水外無流。是故當知，行陰虛妄，本非因緣，非自然性。」

「因水有」與下文「即水性」不同，因甲有乙，二相自有可分之處。

「阿難，譬如有人取頻伽瓶，塞其兩孔，滿中擎空，千里遠行，用餉他國。識陰當知，亦復如是。阿難，如是虛空，非彼方來，非此方入。如是阿難，若彼方來，則本瓶中既貯空去，於本瓶地，應少虛空；若此方入，開孔倒瓶，應見空出。是故當知，識陰虛妄，本非因緣，非自然性。」

大佛頂如來密因修證了義諸菩薩萬行首楞嚴經釋要卷第三

「復次，阿難，云何六入本如來藏妙真如性？阿難，即彼目睛瞪發勞者，兼目與勞，同是菩提瞪發勞相。因於明暗二種妄塵，發見居中，吸此塵象，名爲見性。此見，離彼明暗二塵，畢竟無體。如是阿難，當知是見，非明暗來，非於根出，不於空生。何以故？若從明來，暗即隨滅，應非見暗；若從暗來，明即隨滅，應無見明；若從根生，必無明暗，如是見精，本無自性；若於空出，前矚塵象，歸當見根，又空自觀。何關汝入？是故當知，眼入虛妄，本非因緣，非自然性。」

俗諦着跡，反覆究詰，必皆不通。以跡屬後起，皆有對待，無法獨成；受他方牽引，故更無法對成，二相反故。此尚是以俗諦駁俗諦也。若依真諦，則對待相依，各無自體，只空花也。

「阿難，譬如有人以兩手指急塞其耳，耳根勞故，頭中作聲，兼耳與勞，同是菩提瞪發勞相。因於動靜二種妄塵，發聞居中，吸此塵象，名聽聞性。此聞離彼動靜二塵，畢竟無體。如是阿難，當知是聞，非動靜來，非於根出，不於空生。何以故？若從靜來，動即隨滅，應非聞動；若從動來，靜即隨滅，應無覺靜；若從根生，必無動靜，如是聞體，本無自性。若於空出，有聞成性，即非虛空，又空自聞，何關汝入？是故當知，耳入虛妄，本非因緣，非自然性。」

「阿難，譬如有人急畜其鼻，畜久成勞，則於鼻中聞有冷觸，因觸分別，通塞虛實，如是乃至諸香臭氣，兼鼻與勞，同是菩提瞪發勞相。因於通塞二種妄塵，發聞居中，吸此塵象，名嗅聞性。此聞離彼通塞二塵，畢竟無體。當知是聞，非通塞來，非於根出，不於空生。何以故？若從通來，塞則聞滅，云何知塞？如因塞有，通則無聞，云何發明香臭等觸？若從根生，必無通塞，如是聞機，本無自性。若從空出，是聞自當回嗅汝鼻，空自有聞，何關汝入？是故當知，鼻入虛妄，本非因緣，非自然性。」

「阿難，譬如有人以舌舐吻，熟舐令勞，其人若病，則有苦味。無病之人，微有甜觸。由甜與苦，顯此舌根不動之時淡性常在，兼舌與勞，同是菩提瞪發勞相。因甜苦、淡二種妄塵，發知居中，吸此塵象，名知味性。此知味性，離彼甜苦及淡二塵，畢竟無體。如是阿難，當知如是嘗苦淡知，非甜苦來，非因淡有，又非根出，不於空生。何以故？若甜苦來，淡則知滅，云何知淡？若從淡出，甜即知亡，復云何知甜苦二相？若從舌生，必無甜淡及與苦塵。斯知味根，本無自性。若於空出，虛空自味，非汝口知，又空自知，何關汝入？是故當知，舌入虛妄，本非因緣，非自然性。」

「阿難，譬如有人以一冷手，觸於熱手，若冷勢多，熱者從冷。若熱功勝，冷者成熱。如是以此合覺之觸，顯於離知，涉勢若成，因於勞觸，兼身與勞，同是菩提瞪發勞相。因於離合二種妄塵，發覺居中，吸此塵象，名知覺性。此知覺體，離彼離合違順二塵，畢竟無體。如是阿難，當知是覺，非離合來，非違順有，不於根出，又非空生。何以故？若合時來，離當已滅，云何覺離？違順二相，亦復如是。若從根出，必無離合違順四相，則汝身知，元無自性，必於空出，空自知覺，何關汝入？是故當知，身入虛妄，本非因緣，非自然性。」

「阿難，譬如有人勞倦則眠，睡熟便寤，覽塵斯憶，失憶爲忘，是其顛倒。生住異滅，吸習中歸，不相踰越，稱意知根。兼意與勞，同是菩提瞪發勞相。因於生滅二種妄塵，集知居中，吸撮內塵。見聞逆流，流不及地，名覺知性。此覺知性，離彼寤、寐生滅二塵，畢竟無體。如是阿難，當知如是覺知之根，非寤寐來，非生滅有，不於根出，亦非空生。何以故？若從寤來，寐即隨滅，將何爲寐？必生時有，滅即同無，令誰受滅？若從滅有，生即滅無，誰知生者？若從根出，寤寐二相，隨身開合。離斯二體，此覺知者，同於空華，畢竟無性。若從空生，自是空知，何關汝入？是故當知，意入虛妄，本非因緣，非自然性。」

初憶爲生，正憶爲住，始忘爲異，忘盡爲滅。憶則逆緣，謝落五塵；忘則昏住，不及之境。逆流即生塵，不及即滅塵。

從對待之一面，均不能證其由來。又此六入專從是之一面破之耳，若反之再從非之一面求之，亦皆破也。若更進而盡取是非之兩面總言之，則愈無可立。故知此六節皆省文，以前卷既已反正言之。六入只是菩提瞪發勞相，離塵無體。此後十二處，處皆不成，實無處所可得也。

「復次，阿難，云何十二處本如來藏妙真如性？阿難，汝且觀此祇陀樹林及諸泉池，於意云何？此等爲是色生眼見、眼生色相。阿難，若復眼根生色相者，見空非色，色性應銷，銷則顯發，一切都無。色相既無，誰明空質？空亦如是。若復色塵生眼見者，觀空非色，見即銷亡。亡則都無，誰明空色？是故當知，見與色空，俱無處所，即色與見，二處虛妄，本非因緣，非自然性。」

「阿難，汝更聽此祇陀園中，食辦擊鼓，衆集撞鐘，鐘鼓音聲，前後相續，於意云何？此等爲是聲來耳邊？耳往聲處？阿難，若復此聲來於耳邊，如我乞食室羅筏城，在祇陀林則無有我。此聲必來阿難耳處，目連、迦葉應不俱聞。何況其中一千二百五十沙門，一聞鐘聲，同來食處。若復汝耳往彼聲邊，如我歸住祇陀林中，在室羅城則無有我。汝聞鼓聲，其耳已往擊鼓之處，鐘聲齊出，應不俱聞。何況其中，象、馬、牛、羊種種音響，若無來往，亦復無聞。是故當知，聽與音聲，俱無處所，即聽與聲，二處虛妄，本非因緣，非自然性。」

「阿難，汝又齅此爐中旃檀，此香若復然於一銖，室羅筏城四十里內，同時聞氣，於意云何？此香爲復生旃檀木，生於汝鼻？爲生於空？阿難，若復此香生於汝鼻，稱鼻所生，當從鼻出。鼻非旃檀，云何鼻中有旃檀氣？稱汝聞香，當於鼻入。鼻中出香，說聞非義。若生於空，空性常恒，香應常在，何藉爐中，爇此枯木？若生於木，則此香質，因爇成煙，若得鼻聞，合蒙煙氣，其煙騰空，未及遥遠，四十里內，云何已聞？是故當知，香鼻與聞，俱無處所，即齅與香，二處虛妄，本非因緣，非自然性。」

「阿難，汝常二時衆中持鉢，其間或遇酥酪醍醐，名爲上味，於意云何？此味爲復生於空中？生於舌中？爲生食中？阿難，若復此味生於汝舌，在汝口中，只有一舌，其舌爾時已成酥味，遇黑石蜜，應不推移。若不變移，不名知味。若變移者，舌非多體，云何多味一舌之知？若生於食，食非有識，云何自知？又食自知，即同他食，何預於汝名味之知？若生於空，汝噉虛空，當作何味？必其虛空，若作鹹味，既鹹汝舌，亦鹹汝面，則此界人，同於海魚。既常受鹹，了不知淡。若不識淡，亦不覺鹹。必無所知，云何名味？是故當知，味舌與嘗，俱無處所，即嘗與味，二俱虛妄，本非因緣，非自然性。」

「阿難，汝常晨朝以手摩頭，於意云何？此摩所知，誰爲能觸？能爲在手？爲復在頭？若在於手，頭則無知，云何成觸？若在於頭，手則無用，云何名觸？若各各有，則汝阿難，應有二身。若頭與手，一觸所生，則手與頭，當爲一體。若一體者，觸則無成。若二體者，觸誰爲在？在能非所，在所非能，不應虛空，與汝成觸。是故當知，覺觸與身，俱無處所，即身與觸，二俱虛妄，本非因緣，非自然性。」

「阿難，汝常意中所緣，善、惡、無記三性，生成法則。此法爲復即心所生？爲當離心別有方所？阿難，若即心者，法則非塵，非心所緣，云何成處？若離於心，別有方所，則法自性，爲知非知？知則名心，異汝非塵，同他心量，即汝即心，云何汝心更二於汝？若非知者，此塵既非色、聲、香、味，離、合、冷、煖及虛空相，當於何在？今於色空，都無表示，不應人間更有空外。心非所緣，處從誰立？是故當知，法則與心，俱無處所，則意與法，二俱虛妄，本非因緣，非自然性。」

「復次，阿難，云何十八界本來如來藏妙真如性？阿難，如汝所明，眼色爲緣，生於眼識。此識爲復因眼所生，以眼爲界？因色所生，以色爲界？阿難，若因眼生，既無色空，無可分別，縱有汝識，欲將何用？汝見又非青、黃、赤、白，無所表示，從何立界？若因色生，空無色時，汝識應滅，云何識知是虛空性？若色變時，汝亦識其色相遷變。汝識不遷，界從何立？從變則變，界相自無。不變則恒。既從色生，應不識知虛空所在。若兼二種，眼、色共生，合則中離，離則兩合，體性雜亂，云何成界？是故當知，眼色爲緣，生眼識界，三處都無，則眼與色，及色界三，本非因緣，非自然性。」

根塵若合一處，其間自無空隙容識，而中界之識，即應離而在旁，何成中界？又此根塵，若離在兩處，則所生之識，亦當分在兩處，而與之各合。

「阿難，又汝所明，耳聲爲緣，生於耳識。此識爲復因耳所生，以耳爲界？因聲所生，以聲爲界？阿難，若因耳生，動靜二相，既不現前，根不成知，必無所知。知尚無成，識何形貌？若取耳聞，無動靜故，聞無所成，云何耳形雜色觸塵名爲識界？則耳識界，復從誰立？若生於聲，識因聲有，則不關聞，無聞則亡聲相所在。識從聲生，許聲因聞而有聲相，聞應聞識，不聞非界，聞則同聲，識已被聞，誰知聞識？若無知者，終如草木，不應聲聞雜成中界。界無中位，則內外相復從何成？是故當知，耳聲爲緣，生耳識界，三處都無，則耳與聲，及聲界三，本非因緣，非自然性。」

「阿難，又汝所明，鼻香爲緣，生於鼻識。此識爲復因鼻所生，以鼻爲界？因香所生，以香爲界？阿難，若因鼻生，則汝心中以何爲鼻？爲取肉形雙爪之相？爲取齅知動搖之性？若取肉形，肉質乃身，身知即觸，名身非鼻，名觸即塵，鼻尚無名，云何立界？若取齅知，又汝心中以何爲知？以肉爲知，則肉之知，元觸非鼻；以空爲知，空則自知，肉應非覺。如是則應虛空是汝，汝身非知，今日阿難應無所在。以香爲知，知自屬香，何預於汝？若香臭氣，必生汝鼻，則彼香臭二種流氣，不生伊蘭及旃檀木。二物不來，汝自齅鼻，爲香爲臭？臭則非香，香應非臭。若香臭二俱能聞者，則汝一人應有兩鼻，對我問道有二阿難，誰爲汝體？若鼻是一，香臭無二，臭既爲香，香復成臭，二性不有，界從誰立？若因香生，識因香有，如眼有見，不能觀眼，因香有故，應不知香。知則非生，不知非識。香非知有，香界不成。識不知香，因界則非從香建立。既無中間，不成內外，彼諸聞性，畢竟虛妄。是故當知，鼻香爲緣，生鼻識界，三處都無，則鼻與香，及香界三，本非因緣，非自然性。」

「阿難，又汝所明，舌味爲緣，生於舌識。此識爲復因舌所生，以舌爲界？因味所生，以味爲界？阿難，若因舌生，則諸世間，甘蔗、烏梅、黃連、石鹽、細辛、薑、桂，都無有味，汝自嘗舌，爲甜爲苦？若舌性苦，誰來嘗舌？舌不自嘗，孰爲知覺？舌性非苦，味自不生，云何立界？若因味生，識自爲味，同於舌根，應不自嘗，云何識知是味非味？又一切味，非一物生。味既多生，識應多體。識體若一，體必味生。鹹淡甘辛，和合俱生，諸變異相，同爲一味，應無分別。分別既無，則不名識，云何復名舌味識界？不應虛空，生汝心識，舌味和合，即於是中，元無自性，云何界生？是故當知，舌味爲緣，生舌識界，三處都無，則舌與味，及舌界三，本非因緣，非自然性。」

「阿難，又汝所明，身觸爲緣，生於身識，此識爲復因身所生，以身爲界？因觸所生，以觸爲界？阿難，若因身生，必無合離，二覺觀緣，身何所識？若因觸生，必無汝身，誰有非身知合離者？阿難，物不觸知，身知有觸；知身即觸，知觸即身；即觸非身，即身非觸。身觸二相，元無處所，合身即爲身自體性，離身即是虛空等相。內外不成，中云何立？中不復立，內外性空，則汝識生，從誰立界？是故當知，身觸爲緣，生身識界，三處都無，則身與觸，及身界三，本非因緣，非自然性。」

物不觸知，徒物不能自觸而知也；身知有觸，身因有知而即有觸也。知身即觸，身知即因觸而顯也；　知觸即身，知觸即因身而顯，是則身觸必不相離也。　即觸非身，若即觸則非身矣；　即身非觸，若即身則非觸矣。

「阿難，又汝所明，意法爲緣，生於意識。此識爲復因意所生，以意爲界？　因法所生，以法爲界？　阿難，若因意生，於汝意中，必有所思，發明汝意。若無前法，意無所生，離緣無形，識將何用？　又汝識心，與諸思量，兼了別性，爲同爲異？　同意即意，云何所生？異意不同，應無所識。若無所識，云何意生？　若有所識，云何識意？　惟同與異，二性無成，界云何立？」

思量兼了別性，指七識意根，而略帶八識了別之性。

「若因法生，世間諸法，不離五塵，汝觀色法，及諸聲法、香法、味法及與觸法，相狀分明，以對五根，非意所攝。汝識決定，依於法生，今汝諦觀，法法何狀？　若離色空、動靜、通塞、合離、生滅，越此諸相，終無所得。生則色空諸法等生，滅則色空諸法等滅。所因既無，因生有識，作何形相？　相狀不有，界云何生？　是故當知，意法爲緣，生意識界，三處都無，則意與法，及意界三，本非因緣，非自然性。」

今汝諦觀法塵之法作何相狀，以法塵乃五塵謝落之影子，故約五塵對辯無體。五陰須只從「無體」看破，六入須從「只是菩提瞪發勞相」看破，十二處須從「不能立」看破，十八界須從「界非真有」看破。總之，皆以如來藏妙真如性開示之。而「顯真」之說，則多在七大。七大本賅攝一切者也，故就賅攝一切者以顯遍體純真，而真性自豁然呈露。然非先將五陰、六入、十二處、十八界之真妄說明，又何能顯七大皆性哉？

阿難白佛言：「世尊，如來常說和合因緣，一切世間種種變化，皆因四大和合發明，云何如來因緣、自然二俱排擯？我今不知斯義所屬，惟垂哀愍，開示衆生，中道了義，無戲論法。」

爾時，世尊告阿難言：「汝先厭離聲聞緣覺諸小乘法，發心勤求無上菩提，故我今時，爲汝開示第一義諦。如何復將世間戲論、妄想因緣而自纏繞？汝雖多聞，如說藥人，真藥現前，不能分別，如來說爲真可憐愍。汝今諦聽，我當爲汝分別開示，亦令當來修大乘者通達實相。」阿難默然，承佛聖旨。

「阿難，如汝所言，四大和合，發明世間種種變化。阿難，若彼大性體非和合，則不能與諸大雜和，猶如虛空，不和諸色。若和合者，同於變化，始終相成，生滅相續，生死死生，生生死死，如旋火輪，未有休息。阿難，如水成冰，冰還成水。」

「汝觀地性，麤爲大地，細爲微塵。至鄰虛塵，析彼極微色邊際相，七分所成。更析鄰虛，即實空性。阿難，若此鄰虛，析成虛空，當知虛空出生色相。汝今問言，由和合故，出生世間諸變化相。汝且觀此一鄰虛塵，用幾虛空和合而有？不應鄰虛，合成鄰虛，又鄰虛塵析入空者，用幾色相合成虛空？若色合時，合色非空。若空合時，合空非色。色猶可析，空云何合？」

鄰虛者，與空爲鄰也；　極微色邊際相，言此極微，乃色法之邊際，過此將無色相。取一極微，又析七分，方成鄰虛。

「汝元不知，如來藏中，性色真空，性空真色，清淨本然，周遍法界，隨眾生心，應所知量，循業發現。世間無知，惑爲因緣，及自然性，皆是識心分別計度。但有言說，都無實義。」

性具之色，即真體之空；　性具之空，即真體之色，係如來藏中渾涵未發，即色空融一如此也。

「阿難，火性無我，寄於諸緣。汝觀城中未食之家，欲炊爨時，手執陽燧，日前求火。阿難，名和合者，如我與汝，一千二百五十比丘，今爲一眾。眾雖爲一，詰其根本，各各有身，皆有所生氏族名字。如舍利弗，婆羅門種；優樓頻螺，迦葉波種；乃至阿難，瞿曇種姓。阿難，若此火性，因和合有，彼手執鏡，於日求火，此火爲從鏡中而出？爲從艾出？爲於日來？阿難，若日來者，自能燒汝手中之艾，來處林木皆應受焚。若鏡中出，自能於鏡出然及艾，鏡何不鎔？紆汝手執，尚無熱相，云何融泮？若生於艾，何藉日鏡光明相接，然後生火？汝又諦觀，鏡因手執，日從天來，艾本地生，火從何方遊歷於此？日鏡相遠，非和非合，不應火光無從自有。汝猶不知如來藏中，性火真空，性空真火，清淨本然，周遍法界，隨眾生心，應所知量。阿難，當知世人一處執鏡，一處火生，遍法界執，滿世間起，起遍世間，寧有方所，循業發現。世間無知，惑爲因緣，及自然性，皆是識心分別計度。但有言說，都無實義。」

「阿難，水性不定，流息無恒，如室羅城迦毘羅僊、斫迦羅僊及鉢頭摩、訶薩多等諸大幻師，求太陰精，用和幻藥。是諸師等，於白月晝，手執方諸，承月中水。此水爲復從珠中出？空中自有？爲從月來？阿難，若從月來，尚能遠方令珠出水，所經林木皆應吐流，流則何待方諸所出？不流，明水非從月降。若從珠出，則此珠中常應流水，何待中宵承白月晝？若從空生，空性無邊，水當無際，從人洎天，皆同滔溺，云何復有水陸空行？汝更諦觀，月從天陟，珠因手持，承珠水盤，本人敷設，水從何方流注於此？月珠相遠，非和非合，不應水精，無從自有。汝尚不知，如來藏中，性水真空，性空真水，清淨本然，周遍法界，隨眾生心，應所知量，一處執珠，一處水出，遍法界執，滿法界生，生滿世間，寧有方所，循業發現。世間無知，惑為因緣，及自然性，皆是識心分別計度。但有言說，都無實義。」

迦毘羅，此云「青色」；斫迦羅，此云「鴛鴦」；方諸陰隧，水精珠也。

「阿難，風性無體，動靜不常。汝常整衣入於大眾，僧伽黎角，動及旁人，則有微風拂彼人面。此風為復出袈裟角，發於虛空，生彼人面？阿難，此風若復出袈裟角，汝乃披風，其衣飛搖，應離汝體。我今說法會中垂衣，汝看我衣，風何所在？不應衣中有藏風地。若生虛空，汝衣不動，何因無拂？空性常住，風應常生。若無風時，虛空當滅。滅風可見，滅空何狀？若有生滅，不名虛空。名為虛空，云何風出？若風自生，被拂之面，從彼面生，當應拂汝。自汝整衣，云何倒拂？汝審諦觀，整衣在汝，面屬彼人，虛空寂然，不參流動，風自誰方鼓動來此？風空性隔，非和非合，不應風性，無從自有。汝宛不知，如來藏中，性風真空，性空真風，清淨本然，周遍法界，隨眾生心，應所知量。阿難，如汝一人微動服衣，有微風出，遍法界拂，滿國土生，周遍世間，寧有方所，循業發現。世間無知，惑爲因緣，及自然性，皆是識心分別計度。但有言說，都無實義。」

僧伽黎，此云「大衣」。

「阿難，空性無形，因色顯發。如室羅城去河遙處，諸剎利種，及婆羅門、毘舍、首陀，兼頗羅墮、旃陀羅等，新立安居，鑿井求水。出土一尺，於中則有一尺虛空。如是乃至出土一丈，中間還得一丈虛空。虛空淺深，隨出多少。此空爲當因土所出？因鑿所有？無因自生？阿難，若復此空，無因自生，未鑿土前，何不無礙？惟見大地，迥無通達。若因土出，則土出時，應見空入。若土先出，無空入者，云何虛空因土而出？若無出入，則應空土元無異因，無異則同，則土出時，空何不出？若因鑿出，則鑿出空，應非出土。不因鑿出，鑿自出土，云何見空？汝更審諦，諦審諦觀，鑿從人手，隨方運轉，土因地移，如是虛空因何所出？鑿空虛實，不相爲用，非和非合，不應虛空，無從自出。若此虛空，性圓周遍，本不動搖，當知現前地、水、火、風，均名五大，性真圓融，皆如來藏，本無生滅。阿難，汝心昏迷，不悟四大，元如來藏，當觀虛空，爲出爲入，爲非出入。汝全不知，如來藏中，性覺真空，性空真覺，清淨本然，周遍法界，隨衆生心，應所知量。阿難，如一井空，空生一井，十方虛空，亦復如是，圓滿十方，寧有方所，循業發現。世間無知，惑爲因緣，及自然性，皆是識心分別計度。但有言說，都無實義。」

「阿難，見覺無知，因色空有。如汝今者，在祇陀林，朝明夕昏，設居中宵，白月則光，黑月便暗，則明暗等，因見分析。此見爲復，與明暗相，並太虛空，爲同一體？爲非一體？或同非同？或異非異？阿難，此見若復與明與暗，及與虛空，元一體者，則明與暗，二體相亡。暗時無明，明時無暗。若與暗一，明則見亡。必一於明，暗時當滅。滅則云何見明見暗？若明暗殊，見無生滅，一云何成？若此見精，與明與暗，非一體者，汝離明暗，及與虛空，分析見元，作何形象？離明離暗，及離虛空，是見元同龜毛兔角。明、暗、虛空，三事俱異，從何立見？明暗相背，云何或同？離三元無，云何或異？分空分見，本無邊畔，云何非同？見暗見明，性非遷改，云何非異？汝更細審，微細審詳，審諦審觀，明從太陽，暗隨黑月，通屬虛空，壅歸大地，如是見精，因何所出。見覺、空頑，非和非合，不應見精，無從自出。若見聞知，性圓周遍，本不動搖，當知無邊不動虛空，並其動搖地、水、火、風，均名六大。性真圓融，皆如來藏，本無生滅。阿難，汝性沉淪，不悟汝之見聞覺知本如來藏。汝當觀此見、聞、覺、知，爲生爲滅？爲同爲異？爲非生滅？爲非異同？汝曾不知，如來藏中，性見覺明。覺精、明見，清淨本然，周遍法界，隨眾生心，應所知量。如一見根，見周法界。聽、齅、嘗觸，覺觸、覺知，妙德瑩然，遍周法界，圓滿十虛，寧有方所，循業發現。世間無知，惑爲因緣，及自然性，皆是識心分別計度。但有言說，都無實義。」

性見覺明者，謂性之見即覺上之明；覺精明見者，謂真覺之精即性明之見；性見明見，猶言性色真色以性融大之辭；覺明覺精，猶言真空性空直目性體之意。合而言之，不過性見相即而已。此乃如來藏中未發真體。此覺明，非指妄明。

「阿難，識性無源，因於六種根塵妄出。汝今遍觀此會聖眾，用目循歷，其目周視，但如鏡中，無別分析。汝於識中，次第標指，此是文殊，此富樓那，此目犍連，此須菩提，此舍利弗。此識了知，爲生於見？爲生於相？爲生虛空？爲無所因，突然而出？阿難，若汝識性，生於見中，如無明暗，及與色空，四種必無，元無汝見，見性尚無，從何發識？若汝識性生於相中，不從見生，既不見明，亦不見暗，明暗不矚，即無色空。彼相尚無，識從何發？若生於空，非相非見。非見無辨，自不能知明暗色空；非相滅緣，見聞覺知，無處安立。處此二非，空則同無，有非同物，縱發汝識，欲何分別？若無所因，突然而出，何不日中，別識明月？汝更細詳，微細詳審，見託汝睛，相推前境，可狀成有，不相成無，如是識緣，因何所出？識動見澄，非和非合，聞聽覺知，亦復如是。不應識緣，無從自出。若此識心，本無所從，當知了別，見聞覺知，圓滿湛然。性非從所，兼彼虛空，地、水、火、風，均名七大。性真圓融，皆如來藏，本無生滅。阿難，汝心麤浮，不悟見聞，發明了知，本如來藏。汝應觀此六處識心，爲同爲異？爲空爲有？爲非同異？爲非空有？汝元不知，如來藏中，性識明知，覺明真識，妙覺湛然，遍周法界，含吐十虛，寧有方所，循業發現。世間無知，惑爲因緣，及自然性，皆是識心分別計度。但有言說，都無實義。」

性真之色，即妙明之知；本覺之明，即性真之識。

爾時，阿難及諸大眾，蒙佛如來微妙開示，身心蕩然，得無罣礙。是諸大眾，各各自知，心遍十方，見十方空，如觀手中所持葉物。一切世間諸所有物，皆即菩提妙明元心，心精遍圓，含裹十方。反觀父母所生之身，猶彼十方虛空之中，吹一微塵，若存若亡，如湛巨海，流一浮漚，起滅無從，了然自知，獲本妙心，常住不滅。禮佛合掌，得未曾有。於如來前，說偈讚佛：

「妙湛總持不動尊，首楞嚴王世希有。

妙湛，讚，讚真諦般若德也；總持，讚，讚俗諦解脱德也；不動，讚，讚中諦法身德也。

又即三而一，故曰「妙湛」；即一而三，故曰「總持」；非三非一，故曰「不動」。

銷我億劫顛倒想，不歷僧祇獲法身。

顛倒想者，謂我法二執分別也。如執緣塵分別以爲心相，計五蘊四大以爲身相；迷心爲在色身之内；認物爲己，迷己爲物；身心萬法，謂爲各有自體性相；四大悉疑和合因緣等類。

唯識云：「地前歷一僧祇，初地至七地滿二僧祇，八地至等覺是三僧祇，然後獲究竟法身。」

願今得果成寶王，還度如是恒沙衆。

將此深心奉塵刹，是則名爲報佛恩。

伏請世尊爲證明，五濁惡世誓先入。

如一衆生未成佛，終不於此取泥洹。

五濁，謂動濁、見濁、煩惱濁、衆生濁、命濁，與此經後所說者不同，意獨指於娑婆世界苦穢濁惡，剛强難化也；泥洹，此云「滅度」。

大雄大力大慈悲，希更審除微細惑。
令我早登無上覺，於十方界坐道場。
舜若多性可銷亡，爍迦羅心無動轉。」

自一卷之初至此，爲一至大之關節。前四段隨破隨示，泯見相而歸真性。四段之後至此，爲第五段，大併五陰、六入、十二處、十八界、七大，皆如來藏無相之性體。故自開卷至此，一切俗諦妄見，無一不泯，而實明妙性全彰。聞者遂皆獲真心，以其泯妄相而盡歸一心故也。至此則三卷經文非爲徒勞，俾得此真以爲初心也。

讀者須知，山河大地，應念化爲無上知覺，是未起修時已獲之心境也。觀此三卷之末，阿難、大衆均未起修，而已獲此法身。明明云「是諸大衆各各自知心遍十方，一切世間諸所有物皆即菩提妙明元心」，此當作何解哉？惜乎經文甚明，而讀經者不知未起修時須先得此初心，於是使前三卷我佛說法徒勞。而最初用功無有初心之可依，則五十五位未起修之初心，更不可得也。何者？此心雖妙，尚非五十五位前之初心。必須依此三卷末之初心用功以脫六根。六根既脫之後，並脫法執，而所得之真心，乃爲最初乾慧，名曰「初心」，亦名「因地心」。

陳攖寧 著

楞嚴經耳根圓通法門淺釋

此是未定之初稿，不能發表

弁言

此稿成於己丑秋季，當時爲少數人研究楞嚴經中「返聞」工夫而作，初無公開發表之意。後爲陳叔平君所見，欲將此稿送登本刊〔蒲團子按　指覺有情半月刊〕，徵余同意未決。今春王元章君又欲攜至南通，刊印小册，分贈與人，奈原稿忘記放置何處，倉猝難以尋覓，故未及帶去。盛君壽君在某處聽講楞嚴，欲將此稿油印，散給一般到會聽講諸公，余恐引起別種誤會，遂作罷論。近日沈敬仲君來寓，閱之數遍，極言：「此稿於學者有益，應公諸大眾，勿任其埋沒在舊書堆中。」余謂：「淺釋較各家註解不無異同，免惹是非之爭。」沈謂：「學問上事，仁者見仁，智者見智，有何妨礙？況各家楞嚴註解，闡明教義與發揮玄談者，堪稱完備，而工夫實際下手之法，皆未曾顯說，今得此篇，以補其不足，正是學者所需要。」昨晤陳叔平君，談及此事，彼仍勸我將稿送覺有情登出，並言本刊編者常望來稿。余甚愧久無以報命，遂不再堅執。

此稿外面傳鈔者，業已數起，恐其輾轉流布，漸次失真，如能在月刊上發表，彼等鈔本當有所依據而校正其錯誤。因此將舊稿整理一遍。〔此處未完。〕

楞嚴經耳根圓通法門淺釋

從聞思修

聞是能聞之性，思是正念思維。思維與思想不同：思想是雜亂的，思維是單純的；思想是浮動的，思維是沉靜的；思想是永遠攀緣前境，不肯放棄的，思維是暫借前境，繫心一處，不久即須脫離的。所以禪家工夫，名曰「思維修」。

入三摩地

三摩地，是譯音，不是譯義。「三」字不作數目解，「地」字不作方所解。三摩地之義，即是「定」。入三摩地，即是入定。但定之程度，有深淺不同，此處所謂定者，當超出四禪定及四空定以上，而近乎首楞嚴三昧（三昧即三摩地）。

聞思是禪、是修；三摩是定，是證。此二句經文，言由禪的工夫而得定的效果。從禪入定，有修有證。此是總說，以後再分說。

初於聞中

初步下手，專從耳根能聞之功用上做起，不用其他眼、鼻、舌、身、意五根。

入流忘所

常人以耳聞聲，都是把自己的覺性粘滯在耳根上，作爲追求外面聲塵之用，本經卷四所云「浮根四塵，流逸奔聲」是也。做禪定工夫，要反其道而行之。正當聞聲的時候，只不過聞到這個聲音而已，對於聲之大小長短，音之高低清濁，好聽不好聽，皆不去分別，聽到後來，連聲音也忘了，各種雜念也都停止不起了，這樣就叫作「忘所」。覺性向外奔是出流，覺性向內反轉是入流，故曰「入流忘所」。强名爲內，並非死守在身內；雖說是入，實無所入。莊子所謂「聽止於耳，心止於符」，其作用與此大同小異。但初步做工夫，須選擇幾種聲音而聽之，不可隨便亂聽。

選擇之條件如次：（一）聲音平和無刺激性；（二）聲音日夜相續不斷；（三）聲音前後一律，沒有變化；（四）近處沒有別種聲音擾亂。

要合於以上的條件，只有山巖前瀑布聲，或山溪旁流泉聲，久聽可以使人入定。瀑布聲要遠聽，近則喧鬧；流泉聲要近聽，遠則不聞。故結茅須在遠近適宜處。若茅蓬左右無水聲者，可於室內放置大自鳴鐘一座，用功時可聽鐘擺聲，但嫌敲打報時之銅鈴聲頗有妨礙，容易受驚，最好只開一邊發條，將報時的發條作廢，則鐘擺雖動，而鐘鈴不響矣。

尚有松樹林中的松濤聲，雖亦和平悅耳，但嫌其聲大小斷續，未能前後一律，故不十分合用。

以上各法，乃余往年在山中實地試驗之談，非理想可比，如果依法做去，決定能夠達到入流忘所之境界。否則，這道門檻永無跨進之一日。若用別種法門，亦未嘗不可，但於旋聞返聞没有關係。〔皖南多山，松樹成林，綿亘數里，微風鼓蕩，如音樂聲。余慕陶弘景故事，嘗於光緒末年往彼處松林中靜坐，實驗半月之久。聽瀑布及流泉聲，乃民國十年在九江廬山實驗多時，奈遠近皆無適當之房屋可住，只能席地而坐，天雨則不能出門，遂於無辦法中想得一法，即聽自鳴鐘之法是也。有數次靜坐，恰到好處，被鐘聲打斷，從頭再做，頗費工夫，後將敲打的發條停止不開，方免此弊。〕

所入既寂

聲所既忘，入流亦忘，於是外面聲塵並內面工夫作用都忘了，此時只感覺一種靜相。寂即靜也。靜相雖比動相有幽閒之美，然靜亦是病，不可永久死守在這個靜上。

動靜二相

靜與動是相對的，是兩邊的，是比較出來的。如何是靜？離動即是靜，先動後不動即是靜，彼動此不動亦是靜。

了然不生

有動纔有靜，無動即無靜，動相既遣，靜相亦難以獨存。只要不去貪着，靜相在某一時期中忽然消失，此時只剩得一個了然的境界。

「了然」二字，指耳根功能而言。凡做工夫先聽到有聲，這是動相；但因那個聲音和平而不刺激，所以聽到後來，雖有聲亦不覺其有聲，這是靜相；再到後來，耳根與聲塵脱離關係，心中既不散亂，亦不昏沉，耳根並不起有聲無聲之感，這就是了然不生。

如是漸增

由此再加工夫，漸漸向前增進。

聞所聞盡

聞是耳根，所聞是聲塵。耳根雖與聲塵脫離關係，但是聞性尚粘滯在耳根上，並未與耳根脫離關係，雖已忘所，猶未忘能。須知根與塵亦是相對的，塵既不緣，根無所偶，自不能永久的獨存，只要不死守在了然的境界上，總有一個時期，聞性與耳根脫離，而能聞與所聞俱盡矣。

是誰知道盡聞？就是自己的覺性知道。覺性粘滯在耳根上，叫作聞性，聞聲；覺性粘滯在眼根上，叫作見性，見色；覺性粘滯在鼻根上，叫作嗅性，嗅香；覺性粘滯在舌根上，叫作嘗性，嘗味；覺性粘滯在身根上，叫作感性，感觸；覺性粘滯在意根上，叫做辨性，辨法。〔身根在神經末梢，意根在神經總樞。〕

盡聞不住

工夫做到盡聞〔盡聞即是上句「聞所聞盡」之意〕的程度，覺性已與耳根脫離，同時亦暫與其他諸根脫離，此時只剩得一個覺在。這種境界雖好，但亦不可久住在上面。若住在覺上，覺即是病。覺性本是一，分出則有六，收回仍是一。雖已由各處集中於一處，但嫌其尚困陷於肉體之內，未能大而化之，故以爲病。

覺所覺空

覺是能覺之觀照，所覺是盡聞之境界。粗的能所雖除，細的能所儼然存在。「能」與「所」是相對的。如果不住在盡聞上，則所覺之境界空。所既去了，能亦不立，於是能覺之觀照亦空，此時只剩得一個空在。設若心中知道有空，而住於空上，空亦是病。

空覺極圓

覺與空，並非不好，但覺要覺得究竟，空要空得徹底。覺不究竟，則是眾生的明覺，而非菩薩的慧覺；空不徹底，則是小乘的偏空，而非大乘的真空。

如何是慧覺？覺即是空，非覺外別有空。如何是真空？空即是覺，非空外別有覺。明覺未嘗不是覺，偏空未嘗不是空，但嫌其滯於局部，而不圓滿，必到慧覺真空之地步，方可稱爲極圓。

空所空滅

有所空之境，必有能空之心。「能」與「所」對，「心」與「境」對，只要去了這一邊，那一邊也就隨之而去。學者證到空境之後，而又不住於空，則所空之境與能空之心俱滅矣。

生滅既滅

凡是相對的，都不出生滅法。動與靜對，動相雖去，靜相猶存，耳根尚未離塵，此時須要不住在靜上，則動靜二塵俱滅矣； 塵與根對，聲塵雖去，聞根猶存，覺性尚未離根，此時須要不住在聞上，則根與塵俱滅矣； 根與覺對，聞根雖脱，知覺猶存，本性尚未離覺，此時須要不住在覺上，則覺與所覺俱滅矣； 覺與空對，覺境雖遣，空境尚存，自性尚知有空，此時須要不住在空上，則空與所空俱滅矣； 一切俱滅，而又不住在滅上，方可謂生滅既滅。

寂滅現前

有生有滅的叫作生滅，無生無滅的就是寂滅。凡是可以滅的境界，都將他一概滅却，最後證得這個無始終、無内外的本體。因其本自無生，何處有滅？ 到此地步，方可謂寂滅現前，又名爲無生法忍。

以上幾層工夫，步步前進，一步深似一步，須按着先後次序做去，不可躐等而求。自初步「入流忘所」起，以後每逢變换一個境界，只以「不住」二字應付，即可通過，再向前進；若住在上面，則難以進步。程度雖有淺深不同，工夫却是先後一貫，並且要老老實實的用功，絲毫不能取巧。

關於工夫先後淺深之程度，試用普通常識作爲譬喻說明如左。

第一步，入流忘所。譬喻冰山推倒，碎爲冰塊。

第二步，了然不生。譬喻冰塊消融，烊爲清水。

第三步，聞所聞盡。譬喻清水蒸發，散爲水汽。

第四步，覺所覺空。譬喻水汽化解，分爲氫氧。

第五步，空所空滅。譬喻氫氧分子，析爲原子。

第六步，寂滅現前。譬喻原子打破，變爲能力。

物質還源，能力不可思議；覺性歸元，靈力不可思議。所以觀音大士有三十二應，十四種無畏，四不思議，皆歸元以後之事。世人並未曾做這種歸元工夫，遂武斷的斥爲迷信，似非學者實事求是的態度。須知，佛法專重在破除迷信，迷信不破，就根本不認識佛法，所有批評，皆未免隔靴搔癢。彼斥人爲迷者，自己又何嘗覺悟耶？今試問彼自己身體從何而來？曰父母生的。問父母從何而來？曰祖父母生的。問祖父母從何而來？曰人類始祖一代一代傳下來的。問始祖從何而來？曰他種高等動物變的。問高等動物從何而來？曰低等動物變的。問下等動物從何而來？曰原始細胞逐漸演進的。問原始細胞從何而來？曰水中生的。問水從何而來？曰地球表面最初熱氣冷凝的。問地球從何而來？曰太陽中由速轉離心力分出來的。問太陽從何而來？曰星雲星霧團結而成的。問星雲星霧從何而來？曰稀薄氣體濃集而起的。問稀薄氣體從何而來？曰太空中自然生出來的。問太空從何而來？何故要從無中生有？追根究底，問到此處，則瞠目結舌，不能回答矣。

最後一個問題，若不能解決，就讓你用盡知識，使盡聰明，還是墮在迷津，而未登覺岸。假使不求之於佛學，無論世間何種科學、哲學，皆不能解決這個問題。若肯虛心研究佛學，當可得到一點影響的認識、比量的覺悟。至於親切的認識，現量的覺悟，全靠自己依法用功，實修實證，非語言文字所能形容，非念慮思想所能測度，說易固不易，說難亦不難，在乎各人自己的根器。

附錄問答

或問：「初做工夫，要求進步，當然不可住在半途，但是到了最後一步進無可進、滅無可滅的境界，是否能够常住？」

答曰：「不能常住。一者佛法上不容許，二者業習上不容許。因爲大乘佛法都講無所住，若有所住，便不合大乘的修法。况且你就勉强要住，而你自己歷劫以來的業識已成習慣，你要收，他要放，你要入，他要出，定力勝不過業力，刹那間，你的覺性又奔逸到六根門頭上來了。工夫淺的，一奔就要和外塵相接觸，如劣馬脱韁，滑車下坡，不到盡頭不止；工夫加深以後，雖仍舊奔逸，但有時亦可半途停頓在『了然不生』的境界上，此時若挽得住，又可多延長些時間；工夫再深，奔逸的歷程更短，或者在『聞所聞盡』的境界上就挽住了。」

或問：「挽住之後如何？」

答曰：「若不能再向前進，定力難以維持長久，稍微放鬆，便立刻趣外奔逸，逐塵而出。」

或問：「既然如此，工夫豈不是白做嗎？」

答曰：「不是白做。你做一遍有一遍的效力。初次做到那個地步，雖不能常住，路程總算經過，境界總算認得，下次再去時，總比上次要熟悉一點。」

或問：「下次再到時，能常住否？」

答曰：「仍不可能。」

或問：「既然不能常住，又何必再去呢？」

答曰：「這句話不是有大志、有決心做工夫的人所應該說的。請看世間各種技藝，如拳術、戲劇、音樂、書畫、琴棋等類，就讓你是天才，一回兩回就學得好嗎？縱然他是愚笨，只要肯拼用十年廿年苦功，你敢說他永遠學不會嗎？這條路你若是走過幾千百次，已經走得爛熟，那個目的地又被你認得十分真切，業力漸漸銷除，定力漸漸增長，到了相當時期，自然能夠常住。」

或問：「常住豈不又違背佛法嗎？」

答曰：「起心作意，勉强要住，佛法雖不容許，任運無爲，安穩而住，在佛法上是講得通。否則，本經如何有十住十地之位次，他經如何有『阿鞞跋致』之名稱？『阿鞞跋致』譯爲『不退轉』，既不退轉，豈非常住？又各經中多說『無生法忍』，亦是安住於無生之理體而不動之義。」

或問：「證到這個寂滅的境界，有什麼好處呢？」

答曰：「小乘工夫，到此境界，即可滅識歸盡，脫離三界輪迴，永不再來受苦；大乘工夫，到此境界，即可轉識成智，體上起用，廣度衆生，圓成佛果。」

或問：「既然有這許多好處，爲什麼現代學佛的人不做這種工夫？」

答曰：「他們避難就易，皆走到念佛生西一條路上去了。」

或問：「避難就易，按事理本應該如此做法，爲什麼我們偏要捨易圖難呢？」

答曰：「事在人爲，說難說易，皆非確論。實際上，觀音大士專從耳根圓照三昧，與勢至菩薩兼攝六根、淨念相繼，乃同等的作用，兩種法門並無難易差別。這件事要看學人前生的根基如何。若是念佛的根基，則宜於淨土法門；若是坐禪的根基，則宜於反聞法門。所謂輕車熟路，順水行舟，事半而功倍。設所取法門，不適合機宜，則事倍而功半，甚至於不能接受。又如某人前生做過仙道工夫者，今生對於淨土法門，必格格不入，而於禪定法門，雖不大歡迎，却有幾分接近。像這種人，即不必勉强教他念佛，縱然說得舌敝唇焦，亦無濟於事，只有觀世音菩薩之反聞法、周利槃特迦之調出入息法、孫陀羅難陀之觀鼻端白法，尚屬契機。所以本經中文殊菩薩說偈云：『歸元性無二，方便有多門。』（反聞用耳根，調息用鼻根，觀息用眼根，仙道初下手時，亦有這一類的法門。）再者，世人說念佛最易，皆指口中念誦佛號一事而言，若要念到心口一如，現前親證念佛三昧，未必敢說是易。況且勢至念佛，要兼攝六根；觀音反聞，僅攝一根。雖說『六結不同，一巾所造』，六即是一，六不嫌多；『一處休復，六用不成』，一即是六，一不嫌少。亦不只難易相等而已，何嘗有此難彼易之分？假使我們用反聞之法，僅用耳朵聽聽聲音，不求以後的進步，我說比較念佛更易。因爲念佛尚要開口動舌，反聞連口舌都不要動，更覺得省事。所以說『事在人爲，難易皆非確論』。」

或問：「雖說反聞與念佛，兩種法門，難易相等，我仍舊抱定念佛宗旨，永不改變，你看如何？」

答曰：「能有這樣定見最好，但要曉得諸經所謂念佛，都是指心中憶念而言，世人以口中誦念爲念佛，恐不合經旨。彌陀經上雖有執持名號之說，但一日至七日一心不亂，方得往生，仍是注重在心的作用，修淨土者不可不知此義。請勿忘記彌陀經上『一心不亂』那句最重要的訓誡，將來臨命終時，方不至於失望。」

或問：「念佛不難，若要一心不亂，確是難事，如何能做到呢？」

答曰：「要求一日、二日以至四、五、六、七日一心不亂，大難大難。若求一秒鐘至七秒鐘一心不亂，人人都可以做到，以後逐漸增加上去，由一分鐘至七分鐘，亦非難事。能得幾分鐘，就不怕没有一小時；能得一小時的一心不亂，大功告成矣。」

或問：「經中只言一日至七日，未見有一小時之說。一小時比較一日，相差太遠，如何能說成功？」

答曰：「普通念佛之人，未能離俗，充乎其量，只可以做到這樣地步，已算是難能可貴了。若要做到一日至七日，必須拋棄家庭，脫離社會，在山林寂靜之處，專修念佛三昧，禮拜、持名、觀想、禪定，輪流做去，繼續不斷，方有希望，談何容易？果真做到，已是上三品資格，往生與否，自不成問題。一小時一心不亂，雖比不上一日至七日，但可望中品往生，故認爲成功。」

或問：「觀無量壽佛經言，五逆十惡之人，臨命終時，十念即可往生。像這種人，平日未嘗念佛，更談不到一心不亂。既然一樣的往生，我們何必如此苦幹？」

答曰：「十念往生，事或有之，但居極少數。他自己平日既無把握，外人又不敢保證，冒險僥倖，知者不爲。我們應取穩妥可靠的辦法，纔是正辦。如果能夠做到一小時的一心不亂，在平日早有把握，決定可以自信而無疑惑，何至於等到臨危頃刻之間張皇失措？」